AF462431

45248

PRINCIPES DU DROIT

BIBLIOTHÈQUE IMPÉRIALE

DU MÊME AUTEUR :

Essais de Littérature du Droit, 1859, 1 vol. gr. in-18........ 4 fr.

De l'Autorité et de la Liberté, 1864, 1 vol. in-8°............ 4 fr.

C.

SAINT-DENIS. — TYPOGRAPHIE DE A. MOULIN.

PRINCIPES

DU DROIT

PAR

H. THIERCELIN

DOCTEUR EN DROIT

ANCIEN AVOCAT A LA COUR DE CASSATION

2e Édition

PARIS

GUILLAUMIN ET Cie, LIBRAIRES

Éditeurs du **Journal des Économistes**, de la **Collection des principaux Économistes**
du **Dictionnaire de l'Économie politique**,
du **Dictionnaire Universel du Commerce et de la Navigation**, etc.

14, RUE RICHELIEU

1865

AVERTISSEMENT

Nous réimprimons, après quelques années, un volume dont la destinée a été meilleure que nous n'aurions pensé. Quand ce livre parut, la grande orgie des intérêts matériels se prolongeait encore. Parler alors du droit et de ses principes, en vérité, ce ne pouvait être qu'une ironie, à moins que ce ne fût de la déraison. Si dans ces jours néfastes nous avons cependant trouvé des lecteurs, peut-être nous est-il permis d'espérer que ce fruit de méditations consciencieuses aura conservé quelque attrait scientifique à une heure où la renaissance de l'esprit public paraît inaugurer une ère nouvelle, et où le souffle de vie qui se ranime semble promettre des jours moins sombres à l'étude sincère et désintéressée.

Nos *Principes du Droit* sont un ouvrage didactique. Tout écrivain qui a pour objet d'enseigner doit choisir entre la méthode analytique et la méthode synthétique. Dans notre pensée, la synthèse, la déduction est la seule méthode qui convienne à l'exposition des sciences morales; c'est pour celle-ci que nous avons opté. Voici les raisons qui, dans le temps, ont déterminé notre choix.

L'analyse part de l'énoncé d'un problème pour remonter à la vérité générale sous l'empire de laquelle doit se placer la vérité particulière qu'on cherche. Étant donnés les trois côtés d'un triangle, le géomètre en cherche analytiquement le carré. Le naturaliste, le physicien, le chimiste n'avancent aussi que par cette voie. Toutes les sciences d'observation procèdent analytiquement depuis Bacon, parce qu'ayant pour principal objet de trouver ne loi naturelle inconnue, elles ne peuvent arriver à une conjecture fondée qu'en réduisant à ses éléments la difficulté particulière qu'elles ont entreprise, pour ensuite induire le général du particulier, par la force d'une croyance à l'universalité et à la permanence des lois de la nature, qu'aucun fait bien observé jusqu'ici n'a jamais ni contredite ni ébranlée.

Mais le moraliste ne procède pas ainsi. A la différence du savant, qui cherche une loi naturelle, et n'a plus, la loi trouvée, qu'à ranger sous la règle les faits particuliers d'où il est parti, le moraliste possède, saisit par intuition la loi morale, toujours certaine. Il n'a pas à la découvrir; elle brille de tout son éclat. Je connais le bien, le mal, le vrai, le juste en soi, ou je puis le connaître. Tandis que Newton n'arrive à la découverte de la loi de la gravitation qu'au dernier terme de ses efforts, Descartes pose ses principes au début même de sa philosophie. Les vérités premières de l'ordre moral se justifient par leur propre évidence. C'est par elles que le philosophe commence. Si donc j'ai à exposer les principes d'une des branches de la science morale, c'est du principe général, certain pour moi, que je dois partir, pour en faire sortir toutes les vérités particulières qu'il contient; autrement, à chercher par l'analyse une vérité générale que je connais ou peux connaître par une voie plus directe, je cours le risque de m'égarer dans le circuit, ou de m'en faire une idée fausse.

Nous posons ainsi, comme une condition de bonne habitude pour l'esprit et de certitude dans les résultats, ce principe, qu'une science s'enseigne de la manière qu'elle se fait. Toute autre méthode ne peut qu'en altérer le caractère et fausser le sens de celui qui s'y donne. Donc, aux sciences d'observation l'analyse, l'induction, parce qu'elles ont pour objet le monde extérieur, et que l'esprit y procède par mouvement de bas en haut; mais aux sciences morales la synthèse, la déduction, parce que l'homme en trouve les vérités premières en lui-même, et que la certitude, l'idée claire n'y brille qu'aux sommets les plus élevés.

Nous dirons peu de chose de cette nouvelle édition. — Prendre sur soi de prophétiser ce qui sera un jour n'est pas, en général, un métier sûr. Le fluctuations de notre société moderne et l'oscillation du mouvement qui la pousse vers la liberté aujourd'hui, pour la ramener demain vers l'autorité, peuvent troubler le jugement du philosophe à de certaines heures et déconcerter ses prévisions. Qui ne sent cependant que l'avenir est au droit, au droit individuel, à la justice sanctionnée, obligatoire pour tous, gouvernés et gouvernants? Nous y croyons personnellement de la même foi que nous croyons en Dieu. Confiant dans la puissance de cette sainte idée de la liberté, dont le spectacle encore récent des saturnales conservatrices n'était pas fait pour nous détacher, nous reproduisons sans additions ni retranchements des doctrines qui nous ont valu quelques suffrages à un moment où les doctrines libérales n'encouraient guère que la défiance ou la réprobation. Mais nous ne nous sommes pas fait faute de corriger des détails de forme. Trop souvent, hélas! des défaillances de plume pouvaient faire croire à des défaillances de la pensée. D'innombrables petites taches, de celles qui pèsent sur la conscience d'un auteur comme un remords, alors même qu'elles ne sont pas toutes son fait, affligeaient aussi nos souvenirs. Dans la mesure de notre force et dans celle que comporte la forme de l'ouvrage, dont nous n'avons pas voulu qu'une pensée plus mûre et par là plus libre dans son allure changeât le caractère primitif, fût-ce en mieux, ces défaillances ont été relevées et ces taches ont disparu. Nous sommes désormais en repos avec nous-même ; notre pensée a revêtu l'expression que nous y voulions donner. L'ouvrage restera vraisemblablement toujours tel qu'il reparaît aujourd'hui.

Nos *Principes du Droit* exposaient nos idées fondamentales sur le droit civil et politique. Dans un second écrit, publié récemment sous le titre : *De l'Autorité et de la Liberté*, nous avons traité avec tous ses développements la grande question de notre époque, celle des dogmes civils et politiques. S'il nous est donné d'achever notre œuvre, après quelques nouvelles années de méditation, nous exposerons, comme nous la concevons, la théorie du pouvoir politique, que nous n'avons pu qu'indiquer ici, heureux d'avoir consacré nos heures libres de la jeunesse et de l'âge viril à une tâche qui aura désormais notre pensée sans réserve, au seul objet digne d'occuper l'esprit de l'homme ici-bas, à la recherche de la vérité !

INTRODUCTION

PLACÉE EN TÊTE DE LA Ire ÉDITION.

Le livre que nous donnons au public n'est qu'un traité de droit naturel. Après les savants et volumineux ouvrages que le dix-septième siècle a produits, on pourrait croire que la matière est épuisée. Il n'en est rien cependant : les sciences morales sont une mine où il y aura toujours à exploiter des filons nouveaux. Et d'ailleurs, n'eût-on rien à enseigner, il est toujours opportun de répéter la vérité et de réfuter l'erreur ; car les idées et les systèmes sont éphémères en toutes choses : la vérité s'oubliant vite, quand par hasard on l'a saisie, a besoin d'être souvent rappelée, tandis que l'erreur, au contraire, comme le miasme dans le corps humain, germant incessamment d'elle-même, a besoin d'être aussi incessamment combattue.

Il est donc permis de chercher encore après

tant d'autres dont les découvertes, après tout, n'ont donné à l'esprit qu'une demi-satisfaction. La science du droit philosophique n'a pas commencé à Grotius, comme on le croit à tort; elle ne s'arrêtera pas à Kant. C'est cette croyance qui nous a fait écrire cet essai, pour lequel nous demandons la même faveur que nous accorderions si volontiers à tout esprit consciencieux qui voudrait renouveler la tentative, si difficile dans toutes les sciences, de trouver la vérité.

Mais la vérité a une mesure différente, selon que l'on en place la source dans un enseignement supérieur ou dans cette lumière intérieure, raison pour les uns, sentiment pour les autres, que tout homme porte avec soi. La règle de Bellarmin et de de Maistre n'est pas celle de Descartes et de Leibnitz : d'un côté est l'autorité régissant tous les actes de la vie humaine, enveloppant le monde moral comme d'un réseau, et assujettissant à son empire l'homme tout entier avec sa conscience et sa raison; de l'autre côté est la raison, la conscience, centre et point de départ de toute vérité, rayonnant jusqu'aux dernières extrémités de la pensée, avec la prétention d'éclairer de leurs lueurs même les vérités surnaturelles, ou tout au moins s'arrogeant le pouvoir de les juger.

Quel sera, de ces deux principes rivaux conduisant à des résultats tout opposés, celui qui convient à la science du droit? Et celui-ci, comment en fera-t-on l'application?

De ces deux méthodes en présence, l'une affirmant la vérité sur la foi d'une autorité supérieure, acceptant volontiers, au lieu de démonstrations véritables, les inductions surnaturelles et les conjectures prophétiques, l'autre passant tout au crible étroit de la raison humaine, et n'admettant que les idées que la raison perçoit clairement, quelle sera la bonne?

On comprend de suite l'importance de cette question de méthode, qu'on rencontre au seuil de toutes les sciences morales, et qui les domine toutes, puisque leur existence même, comme sciences indépendantes, est subordonnée à sa solution : selon que l'on suivra ou l'une ou l'autre voie, on arrivera à des résultats différents, et, dans notre matière, l'une conduira à l'affirmation, l'autre à la négation du droit.

Et il ne faut pas songer à les fondre en une, à les concilier, ce que l'on ne saurait réaliser, ni même imaginer un tracé parallèle. Tout instrument logique est absolu au moins dans son cercle; et nous montrerons en quelques lignes que ces deux règles du jugement ne peuvent pas même être contenues strictement chacune dans son domaine.

Dans cette alternative inévitable, en présence de cette nécessité d'opter pour l'une ou l'autre de ces deux voies, il est manifeste que c'est le principe rationnel seul qui peut baser le droit, quelque inacceptables que soient ses conséquences dans une sphère supérieure, quelle que soit son insuffisance à résoudre le problème de la destinée humaine. L'autorité ne peut être invoquée ; car le principe d'autorité dans l'ordre politique et civil, c'est la négation du droit, c'est l'absolutisme théocratique, c'est-à-dire l'anéantissement de la conscience et de la raison, dont il ne se peut pas cependant que Dieu ait doué l'homme uniquement pour que celui-ci en abdiquât l'usage.

Les absolutistes, en effet, qui promulguent en droit, en politique, on ne sait quelles idées auxquelles ils attachent la puissance mystérieuse des dogmes, ne peuvent s'en tenir à certains effets circonscrits du principe qu'impliquent leurs affirmations. Il ne leur est pas loisible de limiter à leur fantaisie les conséquences d'une doctrine dont ils prennent un côté ; car tout se tient en toutes choses, et l'engrenage des idées n'est pas moins puissant dans les sciences morales que ne l'est, dans la construction des machines industrielles, l'ensemble de rouages disposés selon les lois de la mécanique. Or cette irrésistible puissance de la logique, qui contraint à vouloir, au moins dans le cercle où l'on se trouve, tous les effets de la loi qu'on y établit, enchaîne l'absolutisme politique à une loi supérieure. Les dogmes politiques et civils ne peuvent être isolés, ils manqueraient de raison ; leurs défenseurs, qui l'ont bien compris, sont ainsi forcés de les rattacher au principe de l'autorité divine, à laquelle il reste à arracher ses secrets. Mais alors, sous l'empire du principe d'autorité ainsi entendu et l'absolutisme étant ainsi constitué, le droit n'est plus, car l'homme n'a rien à dire là où Dieu a parlé.

Quand on va au fond des mots et des choses, on trouve que l'autorité, telle que le sens commun l'a toujours comprise, est une puissance qu'on ne discute pas. Mais qui donc peut prétendre à être obéi sans justifier de ses raisons, sinon Dieu même? Une puissance humaine qui ne veut pas se laisser discuter, doit renoncer à user de la contrainte et s'en tenir à l'enseignement.

Si donc une puissance quelconque, monarchique, aristocratique, démocratique même, dispense le droit et le domine, elle ne peut le faire, répétons-le bien, par des raisons tirées de sa propre existence. Il lui faut un mandat supérieur, extra-humain, divin. Et dès lors elle se trouve dominée elle-même, absorbée par une puissance plus éminemment divine, qui sera une Église ; et le droit individuel, qui ne peut être qu'un appel à la force au nom de la raison, ne se concevra plus.

Les inévitables exigences de l'autorité ne pouvaient être comprises dans l'antiquité ni même dans nos temps modernes jusqu'à la Réforme ; car c'est à ce moment seulement que la lutte des deux principes de l'autorité et du droit a forcé chacun des deux à se manifester sous tout son jour. Dans les sociétés antiques, on peut dire que l'autorité ne se connaissait pas. Platon semble l'avoir entrevue quand il dit quelque part, par exemple, que le souverain ne doit pas être maître seulement comme le berger l'est de son troupeau, mais supérieur d'une façon toute divine. Mais cet aperçu de génie n'avait pas fructifié dans Platon lui-même ; et jusqu'à ce que l'autorité fût apparue avec le seul caractère qui lui convienne, c'est-à-dire comme s'exerçant en vertu d'une mission providentielle ; jusqu'à ce qu'elle se fût faite franchement principe théocratique, l'autorité n'avait qu'une marque, la force, s'appuyant accidentellement sur une superstition ou sur un mensonge.

Mais le principe théocratique pur ne pourra-t-il pas au moins lui-même se scinder? Ne sera-t-il pas possible de se soustraire quelque part à ses étreintes?

Poser la question sérieusement, ce serait presque prouver qu'on ne la comprend pas. Loin de justifier l'absolutisme politique, l'absolutisme religieux le fait juger en éclairant la voie où il le conduit.

Prenons la plus haute manifestation du principe d'autorité, l'Église catholique. L'autorité divine, dont l'Église est la dépositaire, est la seule que l'on puisse opposer à l'individu ; car il est bien certain que tout pouvoir qui ne serait pas, qui ne se croirait pas investi d'une autorité divine en principe, ne serait pas le représentant du principe d'autorité, mais seulement un pouvoir humain, justiciable de la raison humaine, et dont les actes accomplis en dehors de ce que la raison avoue ne seraient que des faits de force.

Cela ne doit pas avoir besoin de démonstration. Nulle puissance ne peut se refuser à discuter sur un pied d'égalité qu'en se déclarant investie d'un mandat divin ; et si toutes les religions commandent la foi, c'est que toutes ont pour base une révélation, qui n'est réelle, selon notre croyance personnelle de chrétien, que dans l'Église de Jésus-Christ.

Mais l'Église catholique a bien compris que l'autorité ne peut pas logiquement s'arrêter à moitié chemin de son œuvre. Au-dessous de la puissance suprême qui déclare la foi, pape, conciles, elle a placé les représentants de la puissance qui réglemente ; puis, au-dessous encore, ceux qui font, au tribunal de la pénitence, l'application de la loi à tous les cas particuliers ; de telle sorte que l'autorité spirituelle étend son empire à tous les actes de la vie de chacun, supprimant en définitive la raison et la conscience, qui ne peuvent plus se concevoir dès que les actes sont soumis au contrôle d'un pouvoir indiscutable, et qui est tel parce qu'il est divin.

Voilà le principe d'autorité dans son essence et avec toutes les conséquences qu'il recèle : principe et conséquences que les absolutistes sont condamnés à transporter dans l'ordre politique pour si peu qu'ils s'y engagent. Or nous disons, à l'encontre de cette doctrine, qui n'est acceptable qu'à la condition de se renfermer dans l'enceinte du temple, que le droit individuel, humain, subjectif, le seul droit qui se puisse concevoir, celui-là seulement qui autorise le recours à la force pour repousser une attaque injuste, a son principe dans l'homme même. Le pouvoir qui est en possession de la vérité surnaturelle, n'aura pas ainsi le droit de rendre obligatoires les préceptes qui en découlent. L'enseignement seul lui appartient. On peut discuter sur le droit, peut-être même discutera-t-on toujours ; mais si l'on considère que le droit, quelque idée qu'on s'en fasse, est une faculté qui nous est personnelle, inhérente à notre nature d'être intelligent et libre ; que l'autorité, au contraire, quelque part qu'on la place, le détruit dans l'ordre politique et civil, puisque toute autorité vient du dehors et a ainsi une source directement contraire, il faut bien reconnaître que l'autorité n'en peut donner la mesure, et que tout ce qu'elle peut répondre, si on l'interroge, c'est que le droit n'est pas.

L'autorité dispenserait le droit ! Mais elle n'existe que contre lui. Ses largesses ne seraient pas longues; il serait bientôt reconnu qu'elle n'a rien à donner.

On ne pense pas assez qu'autorité et droit sont deux termes opposés, comme révélation et raison, deux puissances qui se combattent, deux idées contraires et qui s'excluent, la négation l'une de l'autre. Il faut savoir que l'autorité n'a de motif d'être que pour soumettre le droit, et que le droit n'existe que comme argument contre l'autorité. Or, si cette contradiction est réelle, il faut de toute nécessité chercher la notion du droit dans la raison, et le principe d'autorité ne peut convenir.

Nous voulons poser nettement le principe de notre méthode, parce qu'il nous a toujours paru que les équivoques, la logomachie, les misérables querelles de mots sont en toutes choses le plus grand obstacle à la démonstration de la vérité. Alors que la logique est sévère (et dans toutes les écoles, en se perfectionnant par le concours de tous les adhérents, elle devient telle), les complaisances de mots sont de dangereuses puérilités. On ne peut savoir ce que l'on veut si l'on ne sait d'où l'on vient, et aussi si l'on ne s'avoue résolûment et le point de départ et le but. Quand les rationalistes, soumettant les dogmes au jugement de la raison, professent en paroles un certain respect pour l'autorité, *Ave, Rabbi*, c'est de la trahison; mais quand les absolutistes à leur tour feignent un soin touchant pour le droit, qu'ils ne ruinent pas moins là où ils le trouvent, je ne puis voir dans leur langage que l'expression d'une tendresse trompeuse, comme celle dont certaine fausse grand'mère d'un conte d'enfant nous offre dans ses discours le plus naïf et parfait modèle.

Est-ce à dire maintenant que le principe rationnel expliquera tout, même hors de la science du droit, et n'aura partout que des conséquences acceptables? Le soutenir témoignerait d'une vue bien courte; nous avons commencé par limiter son domaine. De même que le principe d'autorité est essentiellement théocratique et implique, une fois reconnu, la négation de la conscience, du devoir moral, du droit; de même aussi le principe rationnel, hors de sa sphère, vient heurter à tous les problèmes de la destinée humaine, sans qu'il lui soit accordé d'en résoudre aucun.

Nous sommes descendu du principe théocratique à ses conséquences, afin de l'apprécier par ses manifestations; faisons pour le principe rationnel une route semblable en sens inverse.

L'homme ne peut vivre isolé; il croit en Dieu d'une manière invincible, quoiqu'il ne puisse se le prouver. Croyant en Dieu, il lui faut des dogmes, d'où dépendra une morale, et par suite les principes mêmes qui sont le fondement des sociétés politiques. Mais ces dogmes, cette morale, ces principes seront enseignés par la révélation, fait naturel s'il en fut jamais; et alors où se placera la raison? Elle détruit tout cela.

Le principe rationnel va aussi loin dans son sens que le principe d'autorité, son contraire, va dans le sien. L'un arrive à tout nier, comme l'autre arrivait à tout prendre.

C'est d'ailleurs ce que l'histoire apprend, et les déductions solitaires du philosophe sont confirmées sur ce point par l'enseignement historique, qui n'y ajoute rien que la preuve. Qu'est-ce, par exemple, que ce grand fait historique de la Révolution française, le plus grand que l'histoire universelle ait encore enregistré, sinon l'émancipation de la raison dans l'ordre politique, et son autorité souveraine reconnue dans tous les rapports que crée l'état social, aussi bien dans ceux des gouvernés avec les gouvernants, que dans ceux des gouvernés entre eux? C'est le principe de Descartes qui triomphe alors dans l'ordre civil et politique, et le principe de Bellarmin est proscrit. Plus de priviléges, c'est-à-dire plus de dogmes civils! Plus de droit divin, c'est-à-dire plus de dogmes politiques! Car l'autorité qui est de toute nécessité un dogme, à moins qu'on n'appelle tout naïvement de ce nom la force brutale, cesse d'être l'autorité si elle doit s'expliquer au tribunal de la raison.

Certes, nous n'imaginerions pas aujourd'hui qu'on pût traiter du droit naturel sans partir de la Déclaration des droits, qui a bien assurément anéanti le principe d'autorité, ou plutôt sans partir du principe que la Déclaration des droits suppose. Cependant cette erreur déplorable, de suivre l'application de ce principe au delà du cercle du droit, a abusé l'Assemblée constituante elle-même, dans sa fameuse constitution civile du clergé, et la Révolution, entraînée par la force de projection qu'elle dut se donner, dépassait déjà l'application du principe rationnel, quoique dans ce cercle, dont nous en sommes encore, hélas ! à préciser les limites, le principe de 1789 fût bien assurément la vérité.

Pour faire disparaître cette antinomie logique, que tout philosophe de bonne foi ne fera nulle difficulté de reconnaître, il resterait bien que l'autorité et la raison pussent au moins s'exercer chacune dans un cercle limité. Cela a été le rêve de quelques penseurs, et de fait ce partage est à peu près observé; mais c'est un arrangement qui laisse à désirer, quoique l'homme dans son impuissance doive s'en contenter.

Descartes, avant de poser les raisons de son doute méthodique, et plus tard son principe de la certitude, déclare qu'il est des vérités révélées qui demeurent au-dessus de notre intelligence, et il expose qu'il a mis à part les vérités de la foi, comme choses qu'il n'est pas besoin de démontrer, et dont on ne peut se défaire même temporairement[1].

La précaution était sage, mais ce sera toujours un secret qu'il ait pu la prendre. Est-ce que les vérités de la foi ne sont pas tellement mêlées aux vérités métaphysiques, morales et politiques même, qu'il soit possible de les en séparer? Ce classement en deux parts ne s'est jamais fait rigoureusement; cette séparation ne se peut concevoir. Et puis, au point de vue catholique, ce serait une hérésie, cela ruinerait le principe de la confession, entre autres. Descartes, qui croyait mettre à couvert sa foi de chrétien sous cette distinction, n'apercevait pas que sa distinction est un leurre, et que son principe logiquement conduit jusqu'au bout devait infailliblement ruiner les bases de sa foi.

Il n'a pas manqué de docteurs dans les deux camps, pour annoncer fastueusement la conciliation de l'autorité et de la raison. Mais qu'est-il arrivé? selon sa tendance, chacun confisquait le principe contraire à son profit. La conciliation annoncée, le partage promis, aboutissaient à une spoliation.

Telle est bien, en effet, l'éternelle difficulté sur

[1] *Discours de la Méthode*, part. I et III.

laquelle on dissertera sans parvenir à s'entendre. Deux principes également vrais dans leurs commencements marchent à l'encontre l'un de l'autre; deux vérités se contredisent; deux affirmations incontestables se détruisent dans leurs résultats, quand elles viennent à se heurter. C'est notre condition, hélas! pauvres humains, d'osciller entre ces deux extrêmes sans pouvoir nous fixer nulle part. Et ce n'est pas seulement dans l'ordre politique et civil opposé à l'ordre religieux que cette contradiction se manifeste, c'est dans chacun des deux ordres pris isolément. Qui a jamais pu concilier la prescience divine et la volonté humaine? Mais l'impossibilité d'une conciliation de toutes ces antinomies, comme dirait Kant, ne doit pas déterminer le sacrifice d'aucun des deux principes opposés. Il faut savoir ignorer, et ne point aller par dépit, faiblesse ou orgueil, lâcher la vérité à l'une ou à l'autre de ses deux extrémités. Tenons-nous-en ici à la doctrine de Descartes, tout en constatant son inconséquence logique. Gardons bien les deux bouts de la chaîne, et résignons-nous à ne pas connaître le chaînon qui les joint. Croyants inconséquents, rationalistes illogiques, nous aurons au moins la paix de l'âme sans sacrifice. L'homme a une raison, une conscience; il faut en reconnaître l'empire dans le domaine du droit : que cela nous suffise ; le reste ne nous appartient pas.

Nous n'aurions pas tout dit, si, ne pouvant nous flatter de nous faire comprendre en quelques lignes, nous n'espérions au moins être à peu près deviné. Ce que nous voulons noter ici, c'est qu'on ne peut parler de droit sans en parler au nom d'une faculté dont il n'est personne qui ne puisse convenir, la raison ; c'est que, dans l'ordre politique, l'autorité qui ne s'appuie que sur elle-même n'est que la force brutale ; c'est que pour être acceptée, ne fût-ce que provisoirement, elle doit se rattacher au principe théocratique, qui peut seul la justifier. Mais alors c'en est fait pour tout et en toutes choses de la conscience et de la raison ; car le principe théocratique, par sa nature, n'admet nul partage et courbe tous les êtres sous la puissance de son joug.

Au reste, en réclamant pour la raison, la conscience, le droit (toutes ces choses n'en font qu'une), nous aimons à penser que nous travaillons à consolider l'ordre social, mieux que nous ne le ferions en défendant le principe d'autorité, qui n'a jamais fondé qu'un ordre mensonger. On invoque l'autorité dans les moments de péril ; les intérêts alarmés s'abritent alors derrière on ne sait quels mensonges de vertu, pour mériter l'appui tutélaire d'une force quelconque. Mais, après le danger réel ou imaginaire, quel changement dans l'attitude et le langage ! L'impudeur succède à la contrainte, et toutes ces âmes cupides et affaissées mettent fin à cette fatigante comédie de désintéressement que la peur seule faisait jouer. Nous avons vu cela. Au lieu de flatter la force, combien n'est-il pas plus élevé, plus conservateur et plus moral de rappeler l'immuable et austère règle du devoir et du droit !

Cette profession de foi était nécessaire peut-être au début d'un livre dont le principe rationnel pur fait tous les frais. Le droit individuel n'a qu'un principe, la conscience, la raison ; toute notre théorie aura pour départ ce point fondamental. Grotius, Hobbes, Kant, Spinoza lui-même, tous si différents entre eux touchant l'idée du droit, n'ont ici qu'un sentiment. Et ce n'est pas seulement la raison qui se soumet, qui doit être le principe du droit ; c'est la raison vraie, celle qui juge et prononce. Nous devions cette déclaration pour prévenir d'un coup toute une classe d'objections. Nous pouvons marcher maintenant. Si l'on veut bien nous accorder la conscience, tout un système, que nous allons exposer, s'ensuivra.

PRINCIPES DU DROIT

I

DE L'ÉTAT DE SOCIÉTÉ.

Nécessité de l'État social. — Sur quoi repose la sociabilité. — Comment l'état social est nécessaire. — De la guerre. — Du contrat social.

L'état de société est un fait universel. Un être humain sans relations avec ses semblables a toujours été une exception si rare, que lorsqu'elle s'est présentée on l'a signalée comme ces monstres dont les musées et les écrits des naturalistes conservent le souvenir, mais qui n'ont en eux ni la vertu de se reproduire ni la force de se développer.

L'état social est le seul dont l'histoire fasse mention. L'idée d'un état d'isolement antérieur aux premières sociétés ne s'est pas même conservée dans la mémoire des hommes; les sauvages du Nouveau-Monde, nomades, chasseurs, vivaient réunis; où l'on ne trouvait pas des nations on trouvait des peuplades; et tandis que toutes les traditions humaines rappellent jusqu'aux temps mystérieux où le monde se dégagea des mains du Créateur, nulle trace n'est restée dans la mémoire des hommes de l'état où auraient vécu, en un lieu quelconque du globe, des êtres humains sans lien entre eux et sans idée de la famille et de la société.

Un fait aussi général ne peut pas ne pas avoir sa raison d'être. Rien ne dure hors de son état naturel; et c'est une grande probabilité que tout être qui s'est conservé a vécu selon les lois de son espèce. Nous sommes bien près de reconnaître qu'une institution qui se retrouve partout où il y a des hommes est légitime et nécessaire; mais, comme la question de la formation de la société a été encore plus souvent mal posée que mal résolue, il n'est pas sans utilité de rechercher en quel sens on peut dire que la société est une nécessité de notre nature.

Selon quelques publicistes, la société est nécessaire parce qu'elle est; ils constatent le fait sans essayer de l'expliquer autrement. Ce n'est pas assez dire, car l'existence d'un fait n'en implique pas la nécessité. Que l'homme soit sociable, ce n'est pas douteux, puisqu'il vit en société, et personne ne le conteste, pas même ceux qui ne voient dans la société que l'effet d'un contrat librement consenti; mais il y a ceci à remarquer, que si l'homme n'est que sociable, la cause qui a formé la société et qui la maintient peut être, comme selon les conjectures de certains philosophes, une convention libre; tandis que si l'état social est pour l'homme un état naturel et hors duquel on ne saurait le concevoir, les droits et les devoirs sociaux ne pourront être déduits d'un contrat présumé.

Nous sommes obligé de remonter un peu haut dans nos recherches; mais les penchants naturels de l'homme ne peuvent être jugés et connus que par l'examen de sa nature. Or l'examen, même le plus superficiel, fait découvrir chez l'homme l'existence d'une faculté qui le porte invinciblement vers ses semblables. L'homme, comme l'a dit saint Augustin, est une intelligence servie par des organes [1]; mais il faut ajouter que ce n'est pas une intelligence simple. L'homme est un être pensant et sentant; il a la raison et la sensibilité; il a un esprit et un cœur, selon le langage vulgaire. De plus, sous l'impression du sentiment qu'il éprouve, il réagit vers la cause de son émotion, et c'est ainsi que naissent toutes les passions, les bonnes comme les mauvaises, et parmi celles-là le sentiment religieux et celui de la famille. Or cette faculté, sœur de l'intelligence, la sensibilité, le cœur, est le principe de la société; elle porte l'homme à vivre en groupe par l'effet de la sympathie qu'il éprouve pour ses semblables, comme les abeilles et les castors y vivent par instinct.

[1] « L'homme est une âme raisonnable qui use d'un corps mortel et terrestre. » (*Des Mœurs de l'Église catholique*, chap. XXVII, trad. d'ANT. ARNAUD).

L'homme a la passion de la société, s'il est permis de parler ainsi; il est nécessairement, inévitablement sociable. Cette sympathie, qui s'éveille au contact des hommes comme lui, n'a rien qui diffère de ces mouvements de l'âme se développant sous l'impression d'un sentiment ou agréable ou douloureux. Il faut la reconnaître, et on ne la conteste guère. Dieu a fait l'homme sociable en le faisant sensible, et la sociabilité est, de cette manière, aussi inhérente à l'homme que ses facultés les plus intimes.

Hobbes veut que la guerre soit l'état de nature. Les hommes sont pour lui naturellement ennemis, par la raison que tous étant en proie à une insatiable cupidité, chacun ne peut se satisfaire qu'au détriment de ses semblables. S'ils sont en société, c'est, au dire de Hobbes, par l'effet d'un sentiment de crainte réciproque, et parce qu'une égalité de forces qui se détruiraient les a conduits à désirer la paix dans l'état social, où ils vivent par un mobile intéressé plus que par sympathie [1]. Mais cette explication est démentie par l'histoire, et se trouve contredite par l'observation des faits de la conscience. Les hommes réunis sous l'impression de la crainte, par l'effet de la force, ou pour un but d'intérêt commun, après avoir stipulé librement les conditions de l'association, c'est le roman de l'état social. L'esprit de rapine et d'injustice ne prouve rien contre la sociabilité, car

[1] Hobbes, *De Cive*, cap. I.

s'il a son principe dans l'amour de soi-même, c'est cet amour de soi, inné chez l'homme, qui est aussi le principe du penchant qui le porte vers ses semblables. Et il faut bien le dire, au risque de faire de la métaphysique inopportune, l'égoïsme et la sympathie sont, à tout prendre, un même sentiment; au moins peuvent-ils être ramenés à un même principe. Ce que l'homme aime en lui, c'est le principe qui le constitue. Quand ce principe, cette force, se rencontre ailleurs, il l'aime là où il le trouve; et par là on peut conjecturer que deux êtres absolument semblables, s'il en était, ne pourraient se séparer.

Mais comment l'aptitude de l'homme à vivre en société et le penchant qui l'y porte rendent-ils l'état social naturel et nécessaire? Là est la véritable question, qui n'a point été abordée par les adversaires les plus convaincus du contrat social; car, encore une fois, écarter l'idée d'un contrat social, ce n'est pas expliquer la nécessité de l'état de société.

C'est encore dans l'âme humaine qu'il faut chercher la réponse. L'homme est un être pensant et sentant; mais c'est aussi un être actif. Il sent, il pense, il veut, et c'est par le concours de ces facultés, auxquelles il ne semble pas qu'on puisse rien ajouter, qu'il lui est donné d'être ému d'abord, de discerner les nobles passions de sa nature ensuite, et enfin de réfréner les mauvaises, s'il en naît, avec le secours divin de la grâce, selon la théologie des chrétiens. Or l'homme n'a jamais résisté aux transports que sa raison ne désavoue pas. L'état social satisfaisant à un besoin moral, est nécessaire au même titre que tel acte accompli sous l'impulsion irrésistible des exigences physiques les plus impérieuses. Comment imaginerait-on que l'homme combattît contre les tendances morales de sa nature, et qu'il y eût en lui cette contradiction de vouloir et de ne vouloir pas, de ne pas vouloir ce qu'il désire? Cette lutte impossible à supposer ne s'est jamais engagée. L'homme, qui lutte avec un succès incertain contre ses passions mauvaises, n'a jamais eu cette folie de combattre les bonnes. Sans doute, il lui est arrivé de ne pas persister dans de nobles tendances; mais alors ces nobles émotions de son âme se sont éteintes elles-mêmes; il ne l'a pas voulu.

Tel est le principe véritable de la société. Tout ce qui est à la fois naturel et moral est nécessaire, et l'état social n'échappe pas à cette loi. A la différence de quelques passions morales auxquelles l'homme doit s'inciter, comme la charité, par exemple, quand elle impose quelque sacrifice, la sympathie est constante, durable, éternelle dans son cœur; elle n'est pas un enthousiasme d'un moment; et cela est une garantie que l'état social s'est formé et se maintient nécessairement, indépendamment d'une convention dont ceux qui la préconisent et l'invoquent ne produiront assurément jamais l'original.

Si ces idées sont vraies, il faudra en tirer une conclusion, et nous n'y manquerons pas; c'est que les droits et les devoirs sociaux doivent être cherchés dans la nature humaine, et qu'ils sont indépendants de tout contrat primitif.

La principale objection qu'on ait faite contre la sociabilité et la nécessité de l'état social, est tirée du fait de la guerre. Nous avons dit quelques mots de la doctrine de Hobbes sur ce point. Partout a régné la guerre, dit-on : guerre civile, guerre de peuples à peuples, rixes privées, combats, confusions, telle est l'histoire de tous les temps et de tous les lieux. Or il paraît bien difficile de concilier le fait de la guerre avec un penchant naturel qui porterait l'homme à vivre en société...

Un philosophe moderne a donné une magnifique explication. Selon le comte de Maistre, la guerre est un fait providentiel, divin dans ses causes comme dans ses résultats; c'est une expiation, un sacrifice que les hommes accomplissent comme une loi éternelle[1]. Dans cette doctrine à la fois catholique et fataliste, non dans la mauvaise acception du mot, le fait de la guerre ne contredirait pas le principe de la sociabilité, pas plus qu'un accident fatal, fortuit, ou tout au moins dépendant de l'imperfection de l'esprit humain, n'en détruit les lois.

Mais, sans recourir aux conjectures prophétiques, il est possible de concilier plus philosophiquement la

[1] *Soirées de Saint-Pétersbourg*, 7e entretien.

guerre avec la nécessité de l'état social. Toute guerre étrangère ou civile a pour cause une différence de race, de religion, de gouvernement ou de mœurs. Les combattants ne voient dans le camp opposé que des individus différents d'eux-mêmes, et non des hommes leurs semblables. Le fait de la guerre dès lors s'explique de soi. La sympathie repose sur le sentiment de l'identité de ma nature avec celle de mes semblables; naturellement elle cesse ou décroît si l'observation ou le préjugé me révèle une différence. L'homme s'aime avant tout, c'est le principe de sa conservation; l'amour de soi-même produit l'amour d'autrui. Mais quand l'homme découvre ou suppose en autrui des passions qui doivent nuire au libre développement de sa nature, l'amour de soi prévaut, la sympathie cesse, et l'état de guerre est imminent.

Voilà la guerre, qui n'est que la manifestation de cette idée que les combattants ennemis sont d'une nature différente, qui ne peut se développer qu'au détriment de la nôtre. Les peuples barbares tuent leurs prisonniers; mais les peuples civilisés se contentent de les désarmer, parce que, plus éclairés, ils ne redoutent plus rien dès que la sujétion du vaincu a dissipé les craintes du vainqueur.

Nous ne parlons pas, cela est bien entendu, de ces violences, publiques ou privées, qui n'ont d'autre mobile que la convoitise brutale : les pillards et les voleurs ne se discutent pas; mais la guerre comme il faut l'entendre, celle qui commence par l'invocation de Dieu dans les deux camps, a pour principe le principe même de la sociabilité, loin d'y être contraire.

On n'expliquerait pas autrement le fait historique du progrès du droit des gens, ni cette loi selon laquelle la guerre avec ses rigueurs augmente ou décroît avec la civilisation. Les guerres de religion ont cessé; l'esclavage, qui n'est que la continuation de la guerre, a disparu en partie; ne peut-on pas supposer qu'arrivés à une intelligence plus parfaite de ce qui constitue leur nature, les hommes ne verront plus dans la différence des mœurs une cause qui les arme pour se détruire?

Pour que la guerre fût le signe d'une antipathie naturelle, il faudrait qu'elle existât par cela seul que les hommes se rencontrent en un même lieu; il faudrait qu'elle fût une mêlée. Mais ce n'est pas ainsi que le fait de la guerre est jamais apparu : les sauvages qui tuent leurs prisonniers marchent en troupe; le lien qui unit des compagnons d'armes est d'autant plus resserré que l'animosité est plus grande contre l'ennemi commun; et ces singularités apparentes s'expliquent par une même raison; c'est que la sympathie grandit comme les passions qui nous agitent, et que cette communauté des passions nous est plus sensible, selon que les individus qui nous résistent sont d'une nature plus différente de la nôtre.

En laissant de côté le fait exceptionnel de la guerre, on a contesté la nécessité de l'état social, ou plutôt on l'a méconnue. Rousseau et Kant, après lui, font de la société le résultat d'un pacte dont ils ont cru retrouver les termes : les hommes, selon Rousseau, ne seraient que des associés libres, et leur agrégation n'aurait pour objet que de mettre en commun les forces dont ils disposent, pour surmonter les obstacles qui nuiraient à la conservation de l'espèce dans l'état de nature, c'est-à-dire pour lui dans l'état d'isolement.

Ce système est faux si celui que nous avons exposé est vrai. Les besoins de l'homme, sans doute, peuvent rendre nécessaire l'état de société, mais non d'une nécessité qui exclue jusqu'à l'idée d'une délibération. Si l'animal vit seul, c'est que la raison est nulle en lui et l'instinct tout-puissant; la nature a tout préparé pour la satisfaction des besoins de son existence. L'homme, au contraire, privé de cet instinct qui guide la brute, mais doué d'une raison qui ne peut se développer et s'exercer qu'au contact de ses semblables, ne saurait vivre isolé. A la différence de l'animal, qui naît avec toute la somme de perfection dont son espèce est susceptible, l'homme ne sait que ce qu'il a appris. Sa raison, qui peut s'élever par l'éducation aux plus sublimes conceptions, ne pourrait, dans l'isolement, suffire aux nécessités les plus humbles. C'est bien dans l'état social seul qu'il peut pourvoir à ses besoins même physiques, par l'exercice de ses facultés intellectuelles et naturelles. Mais il obéit à un mobile bien autrement puissant, quand il cède à l'attrait irrésistible de la sympathie. Le calcul alors n'est plus possible, et c'est parce que l'état social est bien nécessaire de cette manière, qu'un contrat social librement consenti est une supposition toute chimérique.

La discussion à laquelle nous venons de nous livrer n'est pas sans utilité pratique. De son hypothèse d'un contrat social tacite, Rousseau a déduit, avec une surprenante rigueur, tout un système d'organisation politique. Si le contrat social est une réalité, les conséquences qu'en a tirées Rousseau sont inattaquables ; si c'est au contraire une chimère, son système est miné dans sa base.

Or l'hypothèse d'un contrat est inadmissible : on y méconnaît la nature de l'homme. Dépouiller l'âme de son principe d'activité, c'est la mutiler ; et déduire un système de droits et de devoirs sociaux d'une pure hypothèse, dans laquelle l'homme n'est plus qu'une abstraction, c'est créer un système purement arbitraire.

L'état social est un fait nécessaire, qui s'est accompli et se perpétue indépendamment de ce prétendu contrat dont nul n'a pu donner la teneur. Nos recherches auront donc pour point de départ la nécessité de l'état social. Nous écarterons toute idée d'engagements ou de promesses tacites émanant des membres de la société ; car si la société est nécessaire, il n'y a point de contrat. La convention suppose chez ceux qui contractent la liberté de stipuler et de promettre, la faculté d'acquiescer ou de refuser le consentement. Or la nécessité de l'état de société exclut cette liberté chez les membres nés de cette agrégation. L'homme en société a naturellement des droits et des devoirs dérivant des lois de son être : la convention ne saurait rien ajouter ni à ceux-ci ni à ceux-là. Promettre ce qu'on doit, stipuler ce que l'on peut exiger, c'est ne rien faire ; et l'on ne voit pas, si l'état de société est un fait nécessaire, ce qui pourrait être l'objet d'un contrat.

Ces observations préliminaires étaient indispensables. L'idée du droit est inséparable de l'idée de société. Avant d'examiner ces deux questions qui dominent toute la philosophie civile : quel est le principe du droit? quelle en est la garantie? il était nécessaire de savoir ce que c'est que l'état social.

II

DE L'ORDRE SOCIAL.

CHAPITRE I.

DE L'IDÉE DU DROIT.

Position de la question. — Idée du droit. — Que le devoir seul est la mesure du droit. — Théories différentes de Grotius, — de Spinoza, — de Hobbes et Bentham, — de Kant, — de Krause. — Du domaine de la législation. — De la liberté et de l'égalité.

L'homme est soumis à la loi du devoir : être intelligent et libre, il doit éviter le mal et faire le bien. Cette notion élémentaire se trouve dans la conscience de chacun; aussi la rappelons-nous sans la commenter autrement, et seulement pour être bien assuré qu'en partant d'une vérité triviale, nous aurons au moins l'évidence pour fondement des déductions qui seront ultérieurement présentées.

Ce n'est pas le lieu d'exposer une théorie du sens moral ; disons seulement que le principe du devoir est dans la conscience. Tout ce que je sais être bien est bien ; tout ce que je sais être mal est mal. Par un abus de raisonnement, on a pu confondre le devoir avec l'intérêt, ou en placer le principe dans un vague sentiment de sympathie ; mais le soin même que les auteurs de ces théories mettent à concilier leur principe de morale avec celui de la conscience, n'est qu'une reconnaissance implicite qui leur échappe d'un principe supérieur. Le véritable principe de la morale, méconnu, mais avoué implicitement par les sectateurs de Hobbes et de Bentham, de Shaftesbury et d'Adam Smith, est dans la conscience de l'homme. Nos actions, bonnes ou mauvaises, ne sont pas telles par l'utilité qu'elles nous procurent ou le dommage qu'elles peuvent nous causer, ni par le mouvement de sympathie ou d'antipathie qu'elles peuvent déterminer en nous, ni par aucune raison d'aucune autre sorte ; elles sont bonnes ou mauvaises parce que nous les jugeons telles; car si les idées du bien et du mal ne sont vraies que parce que notre intelligence les conçoit clairement, nos actions ne peuvent être conformes à la vérité morale que par le jugement que nous en portons [1].

[1] Cela peut être obscur et nécessite quelques développements; nous hésitons d'autant moins à les présenter, que le droit ayant son principe dans l'obligation morale, il peut ne pas être inutile d'être fixé sur cette question : Quel est le principe de la morale elle-même?

Reprenons. L'homme a l'intelligence du bien et du mal, comme de la vérité et de l'erreur ; nos actions sont bonnes ou mauvaises, selon qu'elles sont conformes ou non à un principe d'action qu'il faut cher-

Mais le devoir est la loi de l'individu, ce n'est pas celle de la société. On n'a jamais soutenu que tout devoir moral est un devoir social, exigible, une obligation juridique. D'un autre côté, il est certain que la société a ses lois comme tout ce qui existe nécessairement, et

cher, et l'obligation de faire le bien et d'éviter le mal, c'est le devoir que tout nous dit être la loi de l'homme, quelque idée d'ailleurs qu'on puisse s'en faire. Mais qu'est-ce qui fait que nos actions sont bonnes ou mauvaises? quel est le principe du devoir ? C'est la question fondamentale de la morale, sur laquelle depuis les temps d'Épicure et de Zénon les hommes n'ont pas cessé de discuter.

Nos actions ont trois mobiles différents, l'intérêt, le sentiment et le devoir. Quoi que nous fassions, nous agissons, soit en vue de l'utilité, soit en vue d'une satisfaction intérieure, soit en vue d'un bien à accomplir. Nos actions peuvent être à la fois bonnes et utiles; elles peuvent d'un autre côté satisfaire à la fois le sentiment et la raison; mais plus souvent encore le motif qui nous fait agir est unique. S'il est complexe d'ailleurs, un seul mobile est légitime, car le devoir est ou n'est pas, et dans tous les cas se présente la question de légitimité du principe de nos actions.

Dans un premier système le devoir se confond avec l'intérêt. Le devoir de l'homme est de rechercher le plaisir et de fuir la douleur. Toute action est légitime, qui a pour objet de procurer à l'individu une plus grande somme de bien-être. Le bien physique est bien par sa tendance à produire un bien physique, et le mal moral n'est mal que par sa tendance à produire des maux moraux.

Il serait inutile d'entreprendre ici la réfutation d'un tel système de morale. La morale de l'intérêt, c'est la négation de la morale; si l'intérêt oblige, le *désintéressement*, cette vertu suprême, disons mieux, la vertu, n'est plus qu'une sottise et une faute, et l'habilité, la ruse, *malitia*, figurera seule au catalogue des vertus. D'ailleurs le système de l'utilité se réfute par les conséquences obligées de ses promoteurs. Après avoir dit que la morale est l'art de diriger les actions des hommes de manière à produire la plus grande somme possible de

que l'activité de l'homme a ses limites, la société sans l'ordre ne pouvant être que le chaos, et l'exercice illimité des facultés individuelles étant destructif de tout état social. Quels sont les principes de l'ordre social? quelles sont les limites de l'activité individuelle?

bonheur, Bentham ajoute qu'en parlant de biens et de maux, il faut entendre les peines et les plaisirs de l'âme aussi bien que les peines et les plaisirs des sens. C'était condamner lui-même le principe fondamental de son système. Le plaisir n'a rien de commun avec la satisfaction que l'âme puise dans un sentiment désintéressé. Ce que Bentham appelle le plaisir de l'âme est un acte de contrainte nécessairement douloureux, un sacrifice. Or le sacrifice ne peut être qu'une peine dans la morale de l'intérêt.

Un second système place le principe du devoir dans la sensibilité; c'est le système de l'École écossaise. Adam Smith, en qui l'école peut se personnifier, remarque que nous avons tendance à nous mettre dans la même disposition sensible que les êtres avec qui nous sommes en rapport. Nous souffrons avec nos semblables, nous jouissons avec eux, et cette tendance c'est la sympathie. Toute action morale dont nous sommes témoin détermine en nous un mouvement de sympathie ou d'antipathie ; nous sympathisons à tel ou tel degré ou nous ne sympathisons pas avec le sentiment qui la dicte, et, selon la nature du mouvement qu'elle détermine en nous, nous la jugeons bonne ou mauvaise. Or, selon Adam Smith, là est l'idée du bien et du mal; et pour juger nos propres actions, nous n'avons qu'à nous mettre à la place d'un spectateur impartial.

Ce système sur le principe de la morale ne peut résister à un examen attentif : une action n'est pas bonne ou mauvaise selon la nature du sentiment qu'elle cause; car pour juger de la moralité d'une action, nous étouffons précisément nos sympathies ou nos antipathies. Si l'idée du bien et du mal dérivait du sentiment, si l'homme faisait le bien et le mal selon qu'il provoque chez ses semblables un mouvement de sympathie ou d'antipathie, s'il devait n'agir qu'en vue de sa satisfaction intérieure, si le devoir, en un mot, n'était que la

L'activité individuelle est sans doute déterminée par un principe moral; car nul en société ne peut être contraint à faire le mal ou à s'abstenir de faire le bien. Mais aussi ce qui est permis peut n'être pas honnête; *Non omne quod licet honestum est*, disaient les jurisconsultes romains[1]. Et alors qu'est-ce que l'ordre social permet ou défend? Qu'est-ce que la législation positive doit réprimer ou tolérer?

La question fondamentale de la science du droit est

recherche du bonheur, le bien n'aurait qu'un *criterium* arbitraire et variable. La sensibilité n'est pas la même chez tous; elle varie selon les temps, les lieux, le sexe et les tempéraments. La moralité des actions suivrait ainsi les mêmes variations? Cela ne se peut, le caractère du devoir moral est d'être le même pour tous les hommes.

D'ailleurs Adam Smith est inconséquent comme Bentham. Pour juger de la bonté de nos actions, il faut, dit-il, nous placer dans la position d'un spectateur impartial. N'est-ce pas dire qu'il faut faire taire l'émotion même où l'on place le *criterium* du bien? La raison dans le système de Smith est en réalité juge de la moralité des actions; seulement, au lieu de dire raison ou conscience, Adam Smith dit spectateur abstrait.

Si le principe rationnel du devoir est distinct de l'intérêt et du sentiment, il ne peut être que dans la conscience. La raison juge la moralité des actions comme la vérité des idées. D'ailleurs nous ne concevons la réalité des idées du bien et du mal que par l'intelligence; et si ces idées ne sont qu'une conception de notre intelligence, nos actions ne peuvent être morales que selon le jugement que nous en portons.

Nous n'avons pas parlé de la morale dans la philosophie du scepticisme. C'est qu'il ne peut y avoir ni bien ni mal pour l'homme dont le dernier mot est dans le *que sais-je?* de Montaigne. *V. Cours de droit naturel* de JOUFFROY.

[1] D. *De diversis reg. juris*, l. 144.

toujours demeurée mal éclaircie, malgré les recherches ingénieuses ou profondes des jurisconsultes et des philosophes. Wolf y a répondu, mais avec des développements qui souvent obscurcissent la vérité et nuisent à l'expression nette de sa pensée. On a limité souvent l'activité individuelle par le respect du droit de chacun : c'est dire quelque chose, mais ce n'est résoudre le problème qu'à demi, car il reste toujours à déterminer exactement l'idée du droit.

Pour connaître le droit, il faut remonter à un principe moral. Or, en partant de l'idée du devoir tel que la conscience nous le fait concevoir, on peut définir le droit, la faculté de faire, même contre la volonté de tout le monde, ce que le devoir prescrit.

Le droit est, en effet, la faculté d'écarter tout obstacle suscité par la volonté d'autrui à l'accomplissement du devoir ; c'est le devoir en action ; et ce principe, fondement de l'ordre social, est certainement incontestable, car on ne pourrait considérer comme légitime un état de société où l'individu ne pourrait user de sa liberté pour faire le bien [1].

[1] L'homme ne peut s'élever que par degrés à la connaissance des lois générales : le point de départ de toutes ses connaissances c'est lui-même, comme l'a démontré Descartes. C'est par cette raison que nous commençons par définir le droit individuel, *subjectif*, à la différence de la plupart des écrivains publicistes, qui semblent ne concevoir le droit qu'objectivement. Du reste, en définissant le droit individuel, nous définissons par cela même le droit social, *objectif*, car il est bien clair que celui-ci ne peut être que la collection des règles

Mais la loi du devoir est complexe : l'obligation de faire le bien n'est pas simple et seulement actuelle ; elle en implique une autre, celle de faire le plus de bien possible. Si faire le bien est un devoir, c'est un devoir non moins impérieux de rechercher ce qui peut être le bien afin de le pratiquer, et de se préparer à toutes les nécessités éventuelles que la loi morale impose. De cette obligation dérive le devoir pour l'homme de cultiver son intelligence et de pourvoir à la vie de l'appareil d'organes qui le sert. Nous en déduirons plus loin la liberté individuelle dans ses différentes manifestations et le droit d'appropriation pour les objets utiles ; dès à présent, nous pouvons dire que le devoir de faire le bien implique le droit de faire tout ce qui a pour fin même médiate l'accomplissement d'un devoir, et que l'obligation pour l'individu d'accomplir sa destinée comprend le droit de pourvoir à sa vie intellectuelle et physique, et d'aider au développement physique et moral de ses semblables.

L'idée du devoir détermine donc l'étendue du droit ; nous ajouterons que le devoir seul détermine tout le droit[1]. Le droit a sa source dans le devoir qu'impose la

qui déterminent le droit de chacun ; nous avons de plus l'avantage de parler comme le législateur de tous les pays, qui ne s'occupe du droit que par rapport à l'individu et non abstractivement.

[1] Un poëte contemporain a dit :

> Le devoir, fils du droit, sous nos toits domestiques
> Habite comme un hôte auguste et sérieux.

C'est dans un ordre tout opposé qu'il faut prendre les rapports de conscience : hors de là, il manquerait de base. Qui dit droit, dit faculté de soumettre la volonté d'autrui ; or l'individu ne peut exiger une telle soumission que pour l'accomplissement d'un acte moral. D'où naîtrait un droit plus étendu? de l'état de société? mais cet état n'est que l'effet d'une passion ; ce n'est qu'un fait, et l'on ne comprendrait pas que l'homme pût se créer des droits en obéissant à un penchant de sa nature.

Avant d'aller plus avant, nous devons prévenir une objection qui semble sortir en quelque sorte de toutes les législations existantes. Comment, dira-t-on, admettre le seul devoir comme principe du droit, quand il est dans la vie tant d'actions indifférentes en morale et pour lesquelles on réclame la liberté? Toutes les législations libérales laissent l'individu maître de lui-même, et nul ne songera jamais à leur demander des rigueurs. Bien plus, les délits purement moraux restent impunis au nom du droit ; toute action non dommageable à autrui est toujours innocente devant la loi, sinon devant la conscience : la théorie proposée, en mesurant strictement le droit sur le devoir, est donc ou incomplète ou fausse, à moins qu'il ne faille condamner ces idées libérales, quoiqu'elles aient pour elles l'assentiment le plus marqué.

L'objection ne serait pas fondée. Entre cette faculté

filiation entre le devoir et le droit. Le devoir n'est pas fils du droit, c'est le droit qui est fils du devoir.

d'agir pour l'accomplissement du devoir et cette autre faculté de continuer à agir librement à la condition de ne pas porter atteinte au droit d'autrui, il y a différence, mais non contradiction. Chez l'homme les devoirs se combattent. C'est ainsi qu'au-dessus du devoir de conserver la libre disposition de sa personne s'élève la loi de la charité, de l'abnégation, du dévouement. Mais l'abnégation ne se commande pas; elle cesse d'être en cessant d'être volontaire. C'est la liberté du choix qui fait seule la beauté du sacrifice, dans ce conflit. Or, quand l'individu a mal choisi, la société ne peut plus rectifier le choix par la contrainte, et en agissant elle porte atteinte à un autre droit, au droit préféré.

Le droit n'est donc pas déterminé par la plus haute perfection morale à laquelle on puisse atteindre. Il se régle par ce qui est bien, non par ce qui est mieux. L'homme doit être libre pour l'accomplissement de tout ce qui est actuellement un devoir; mais dans la collision des devoirs, c'est à lui seul qu'il appartient de prendre une détermination.

Nous ajouterons une autre considération qui, pour ne fournir qu'une raison négative, n'en a pas moins sa valeur. Le droit a pour tous les membres de la société la même mesure, comme nous le dirons plus loin. Or, si celui qui use de sa liberté pour faire le mal, sans nuire cependant à autrui, n'use pas d'un droit, ce qui est vrai, les unités individuelles dont la collection forme la société ne seront point pour cela autorisées à agir;

car elles n'ont pas mission de faire pratiquer la plus grande somme de vertu sur la terre, et elles agiraient elles-mêmes contre le droit.

Le droit étant égal pour tous et la liberté étant circonscrite pour chacun dans les mêmes limites, l'individu qui, dans l'hypothèse où nous sommes, ne devrait pas demeurer libre en vertu de son droit, resterait libre au moins parce que nul n'a d'action contre lui : telle est la conséquence du principe d'égalité.

Il y a ainsi entre le devoir moral de l'individu et son droit comme membre de la société, une intime liaison qu'il faut bien saisir, précisément pour connaître le point où ils se séparent. Ce qui constitue mon droit, c'est le devoir que j'ai d'accomplir telle action et de l'accomplir de telle manière. Supprimez l'idée du devoir, et l'idée du droit disparaît. Mais il ne faut pas confondre le devoir et le droit. J'ai le droit de me mouvoir, de professer ma religion, de manifester ma pensée, de m'approprier les objets extérieurs et de les transformer pour mes besoins physiques, parce que c'est pour moi un devoir impérieux d'agir, d'adorer la Divinité, d'enseigner ce que je sais être la vérité et de veiller à la conservation des organes qui servent mon intelligence. Le devoir est la mesure du droit; et là où il n'a pas de devoir à accomplir, l'homme n'a pas de droit à exercer. Mais le devoir diffère du droit comme la fin du moyen. Le devoir, c'est l'obligation de faire le bien; le droit, c'est la faculté d'écarter par la force tout obstacle à l'accomplissement du devoir.

Si ces idées sur lesquelles nous aurons occasion de revenir incidemment sont bien comprises, nous pouvons passer à l'examen des doctrines opposées. Nous les prendrons dans l'ordre de leur filiation logique.

Les juriconsultes français font du droit le terme corrélatif du devoir d'autrui. Grotius définit le droit, comme science, l'ensemble des préceptes de la droite raison réglant les actions de l'homme d'après la convenance ou la disconvenance de ses actions avec sa nature raisonnable, *Dictatum rectæ rationis indicans actui alicui, ex ejus convenientia cum ipsa natura rationali, inesse moralem turpitudinem aut necessitatem moralem*[1].

Dans ce système toute action est juste qui convient avec le jugement de la droite raison, et le droit individuel est le terme corrélatif du devoir d'autrui.

On confond ainsi la loi de la société avec celle de l'individu. Le droit a sans doute son principe dans la morale ; mais toute la morale n'est pas le droit. Le droit ne se comprend pas sans la faculté de contraindre; or parmi les devoirs moraux de mes semblables, il en est certainement dont je ne puis exiger l'accomplissement. Je puis prétendre à ce que nul ne me fasse le mal qu'il ne voudrait pas que je lui fisse ; mais je ne puis contraindre personne à me faire le bien que ma conscience m'obligerait à lui faire.

[1] *De Jure belli ac pacis*, lib. I, cap. I, § 10.

Il est vrai qu'à côté du droit naturel, que l'on pourrait appeler *humain*, et qui se confond avec la morale, Grotius place un droit naturel *social*, qui s'en distinguerait. Selon Grotius, la nature appelle les hommes à vivre en société. Or ils sont tenus de maintenir l'État dans les conditions où il convient avec leur nature sociable ; et là est le principe du droit social. Ainsi entendu, le droit ne se réglerait pas *convenientia cum ipsa natura rationali*, mais *cum ipsa natura sociali*.

Il faudrait dès lors considérer comme juste tout ce qui serait convenable à l'état de société, *socialitati conveniens*, et le droit individuel serait de faire tout ce qui ne serait pas contraire aux conditions d'existence de la société [1].

De là l'autorité que Grotius accorde aux faits historiques, et ses abondantes citations pour établir que telle ou telle faculté n'est pas destructive de l'état social.

Cette doctrine a le vice de ne pas donner au droit une base fixe, et de le soumettre à toutes les fluctuations qui peuvent résulter des nécessités bien ou mal comprises de l'état de société. Dans un tel système le droit individuel n'existe pas par lui-même ; il n'est point un principe d'action, il n'est plus qu'une faculté pure, dont l'exercice et l'étendue sont subordonnés à un principe supérieur, ou plutôt à des exigences qui, par leur nature, varient sans cesse. Or ces exigences, fussent-elles toujours les mêmes, peuvent être appréciées di-

[1] *De Jure belli ac pacis*, liv. I, cap. I, § 10.

versement ; et cela suffit pour qu'elles ne puissent servir à baser le droit, car la société n'est pas pour l'homme un but, mais un moyen, et ses nécessités doivent venir après, non avant le droit de l'individu.

Grotius, comme on le voit, prend le moyen pour le but, le fait pour le droit, ce qui est pour ce qui doit être. Il procède en sens inverse de la logique, il entreprend de tracer un cercle sans s'occuper du point central.

Le vice de la doctrine de Grotius se fait sentir dans ses applications. Il a été conduit à mettre le droit dans l'histoire ; mais l'histoire ne saurait être le droit, alors même que l'on en pourrait faire sortir une science certaine. On ne peut subordonner le droit éternel à une expérience qui naturellement a eu un commencement. Le droit existait avant qu'on pût invoquer aucun fait historique pour ou contre le droit. N'accepter pour légitime que ce qui a été, c'est s'exposer à manquer de raison pour ce qui a commencé à être. De plus, c'est légitimer tous les abus de la force. Aussi est-ce de la doctrine de Grotius que sont partis tous les publicistes qui ont entrepris de justifier les œuvres législatives empiétant sur les mœurs et portant atteinte à la liberté.

Un philosophe dont les doctrines métaphysiques et religieuses ont fait quelques prosélytes de nos jours, a donné au droit un principe qui jusqu'alors n'avait guère été formellement avoué. Spinosa, partant de ce point que la nature c'est Dieu même, qui possède un droit souverain sur toutes choses, en a tiré cet autre principe matérialiste que le droit individuel n'est autre chose que la puissance même de l'individu.

Dans sa doctrine, toutes les forces naturelles sont au même rang ; la brute est égale à l'homme, le fou au sage, l'enfant au vieillard, et la puissance de tous ces êtres, c'est la puissance même de Dieu. Or, cette puissance étant absolue, il résulte que chaque individu a un droit sur tout ce qu'il peut embrasser. Le droit du plus fort est ainsi le seul droit naturel ; tout être n'a qu'une règle d'action, déterminée par la tendance de sa nature, tellement qu'il ne lui serait pas loisible d'être injuste. Spinosa est très-conséquent ; les forts, dit-il, sont faits pour asservir les faibles, au même titre que les poissons pour nager et les plus grands pour manger les petits [1].

On comprendra que nous ne nous attachions pas à cette doctrine pour la réfuter dans son principe. Les rêveries panthéistiques ne sont guère dangereuses quand on en fait de telles applications. Ne voir en Dieu que l'ensemble de tous les êtres, c'est un rêve qu'il ne serait utile de dissiper que si l'on en déduisait des consé-

[1] Per jus et institutum naturæ nihil aliud intelligo quam regulas naturæ uniusquisque individui secundum quas unum quodque naturaliter determinatum concipimus ad certo modo existendum et operandum. Ex. gr. pisces a natura determinati sunt ad natandum, magni ad minores comedendum. (*Tractatus theologico-politicus*, cap. XVI.)

quences acceptables; mais la doctrine juridique de Spinosa révolte trop profondément le sens commun pour qu'il soit nécessaire d'aller la chercher dans son point de départ. Jamais la force ne s'est abandonnée à elle-même sans soulever la réprobation. Il y a dans son principe matérialiste quelque chose qui répugne profondément au sentiment même de l'être le plus perverti. Le droit du plus fort, c'est l'instinct de la brute, comme Spinosa le dit naïvement. Or l'homme se sent une créature raisonnable : sa raison proteste contre les théories qui, sans s'en cacher, le ravalent au rang des bêtes. Il sent que la loi de la bête n'est pas la sienne, et qu'il a une conscience que la bête n'a pas. Aussi, quelque idée que l'on se fasse de Dieu et de la création, du fini et de l'infini, on n'arrivera jamais à rendre acceptable cette proposition, que l'homme, être intelligent et libre, n'a d'autres limites à sa liberté d'action que l'étendue de sa puissance.

D'autres publicistes fondent le droit sur l'intérêt. Selon Hobbes, si souvent réfuté, l'homme a naturellement droit à tout, et l'utilité est la seule règle de ses actions. Dans l'état de liberté, le principe d'utilité prévaut dans toute sa rigueur, car alors il n'y a d'utile que ce qui est utile immédiatement. Rien n'y est obligatoire, pas même la foi jurée; et Hobbes en donne cette raison, que l'individu ne peut être tenu à rien, au nom de son intérêt, dans un état où rien n'est assuré. Dans l'état social, à la vérité, l'utile s'apprécie différemment, car cet état, par les garanties qu'il offre à tous, vient modifier le caractère du droit; les engagements deviennent alors des liens qui obligent, la propriété se fixe, et l'homme reconnaît les lois appelées morales qu'il doit savoir respecter. Mais, selon Hobbes, les obligations du citoyen même alors n'ont toujours pour cause que son propre intérêt, et pour but la conservation de sa vie et le développement de ses organes [1].

On connaît la morale de l'intérêt; l'intérêt est la négation du droit comme la négation de la morale. Si l'utilité constitue mon droit, il n'est plus de limites à ma liberté d'action ; il n'y en aura que là où se rencontrera une force supérieure à la mienne. Le droit de faire tout ce qui est utile ou agréable, c'est le droit du plus fort; car l'intérêt est sans limites, quoi qu'on puisse dire. Mais le droit du plus fort n'est point un droit, c'est le fait de la force; et l'obligation de le respecter n'est point un devoir, ce n'est qu'une nécessité physique; car ce serait jouer sur les mots, comme on l'a dit, que d'appeler droit une faculté qui périt quand la force cesse, et devoir la nécessité de céder à une puissance contre laquelle on ne peut lutter.

Hobbes a été d'ailleurs conséquent; le bien-être étant la fin de l'homme, et l'égoïsme le principe réel de

[1] *De Cive*, cap. I, § VI à XI et cap. V et seq. On a donné, de la Politique de Hobbes, d'innombrables analyses ; mais il est remarquable que l'on n'a jamais distingué, comme il l'a fait cependant, l'utile dans l'état extra-social et l'utile dans l'état de société.

toutes ses actions, tous les hommes, selon ses conjectures, doivent dans l'état de nature se ruer vers les mêmes objets pour la satisfaction des mêmes appétits; et comme la pleine satisfaction de tous les appétits n'est pas possible pacifiquement, la guerre est l'état de nature. Mais la guerre est un état mauvais, et la paix vaut mieux; pour l'obtenir, les hommes transigeront sur leurs droits; ils constitueront des sociétés avec des gouvernements au sommet, en renonçant à leur liberté naturelle. Le meilleur gouvernement pour le but de son institution sera le plus fort; le plus fort est la royauté absolue; mais quelle que soit la constitution du pouvoir public, les sujets n'auront pas de droits; ils n'auront que des devoirs, qui se résumeront dans celui d'obéir. Toutes ces conséquences sont rigoureuses, inévitables; mais elles sont tellement rigoureuses, et on l'a si bien compris, qu'elles ont tué la doctrine de l'intérêt du vivant même de son auteur.

Pour les éviter, on a essayé de modifier le principe. Le droit, selon Bentham, qui a repris et développé la doctrine du maître, n'est pas ce qui est conforme à l'utilité individuelle; c'est ce qui est conforme à l'utilité générale!

Cette modification du principe n'en sauve pas les conséquences. L'utilité générale, c'est l'utilité du plus grand nombre. Dans le système de l'utilité tout est calcul, on compte. Or l'utilité du plus grand nombre, c'est l'utilité individuelle sous une autre forme. Si le droit est ce qui est utile à la majorité, elle pourra sacrifier la minorité à ses besoins ou à ses plaisirs. Cette majorité, devenue toute la société, aura elle-même dans son sein une autre majorité ayant un droit semblable; et d'abus de la force en abus de la force, la société pourrait, si l'on voulait pousser les conséquences à leur extrême limite, ne se plus composer que de deux individus, dont le plus fort tuera le plus faible, toujours en vertu du principe d'utilité.

Cette explication du principe d'utilité ne répondant pas à toutes les objections, on y en a joint une autre. Le droit, a-t-on ajouté, c'est ce qui est d'une utilité bien entendue.

Hobbes avait indiqué déjà que l'utile réel n'est pas toujours l'utile apparent, au moins dans l'état social. Il avait appris à être, jusqu'à un certain point, bon, juste, charitable, par égoïsme. Mais Bentham a développé cet aperçu au moyen d'un curieux travail; il a dressé des tables mathématiques et comparatives de tous les plaisirs et de toutes les peines dont l'homme peut être affecté [1].

Cette nouvelle modification de la doctrine de Hobbes corrige un peu ce qu'elle a de répugnant en soi, mais sans rendre toutefois le principe plus acceptable. L'intérêt, en effet, ne raisonne pas. Pour discerner l'intérêt bien entendu ou apparent, il faudrait entrer dans

[1] V. *Principes de Législation*, publiés par E. DUMONT.

des distinctions qui contredisent le principe même. Aussi le soin que prend Bentham d'accommoder son principe à l'idée qu'on se fait communément du droit est-il la meilleure preuve que, pour lui-même, son principe n'en est pas un, et il est manifeste qu'il n'y croit pas. L'intérêt, c'est le besoin présent, illimité, c'est l'appétit insatiable ; et si c'était un principe, on ne voit pas ce que deviendrait la morale.

La morale, ajoute-on ! Bentham ne l'oublie pas ; car il fait entrer dans ses comptes les plaisirs de l'âme, qui sont tels par leur tendance à produire une satisfaction morale, et les peines de l'âme, qui sont telles par leur tendance à produire un mal moral.

Je réponds que tout cela est de la logomachie. Les mots bien, mal, âme, morale, n'ont pas de sens dans la doctrine de l'intérêt. Ce que l'on y appelle les plaisirs de l'âme ne peut être que le sentiment d'un sacrifice ; s'il s'y joint l'enthousiasme, cela devient le transport d'un illuminé qu'il faut guérir ; mais la cure faite, les peines et les plaisirs de l'âme disparaissent du catalogue de Bentham, où ne figure plus que l'intérêt brutal, le besoin toujours inassouvi.

D'ailleurs, l'intérêt même bien entendu sera toujours quelque chose d'individuel. Comment s'appréciera l'intérêt du vieillard comparativement à l'intérêt de l'enfant ? L'un devra avoir en intensité de plaisir ce que l'autre pourra reporter sur la durée d'un avenir qui, néanmoins encore, n'a rien de certain. Peut-on accepter comme règle de droit un principe qui, dans l'application, variera pour chaque individu?

Et si l'on place en regard les uns des autres, ces types si divers de vertu et d'immoralité, d'immoralité surtout, comment établira-t-on cette moyenne d'intérêt qui devra être la loi, et fera-t-on la balance entre l'intérêt de Vincent-de-Paule et celui de Turcaret? Tous les intérêts doivent se valoir; si l'on donne la prééminence à tel intérêt sur tel autre, toute la doctrine de l'intérêt est renversée.

Aucune modification ne peut corriger le vice du principe utilitaire, car on n'en peut emprunter qu'à un ordre d'idées tout étranger. Que l'intérêt soit souvent conforme au droit, c'est possible; et, à tout prendre, la pensée de Bentham n'allait pas au delà de cette affirmation; mais que le droit soit l'utile, c'est ce qu'on ne peut admettre sans se trouver en opposition avec les éternels principes que Dieu a gravés dans la conscience humaine [1]. Tout système de législation qui remonte à un principe moral est, dit-on, arbitraire. Mais où a-t-on vu que la faculté de connaître le vrai, et par conséquent l'utile, soit plus certaine que celle d'apprécier le bien?

[1] Nous parlerons plus loin incidemment (*infrà*, chap. VIII) de l'identité du juste et de l'utile dans l'ordre politique. Dans l'ordre moral, cela ne sera jamais démontré. La vie de l'homme est trop courte, et la rémunération et le châtiment, en dehors des faits que la loi humaine doit punir, ne suivent pas le fait méritoire ou la faute d'assez près. Ce qui peut être vrai pour une suite de générations ne l'est plus pour les individus.

Ce n'est pas ce que pensait Cicéron ; l'utilité pour lui est toujours douteuse, le droit, jamais : *Quid rectum sit apparet, quid expediat obscurum est* [1] ; et Voltaire mettait au moins les notions du vrai et du bien sur un pied égal, quand il proclamait que notre raison nous apprend qu'il y a vice et vertu en même temps que les vérités mathématiques les plus élémentaire. Si le sens moral de l'homme est souvent perverti, plus souvent encore son intelligence le trompera sur le vrai et le faux ; la longue histoire des aberrations de l'esprit humain ne le prouve que d'une manière trop humiliante. On ne concluera pas cependant que nous sommes incapables de connaître la vérité.

Nous n'irons pas toutefois jusqu'à nier qu'il y a bien là une difficulté. La passion trouble souvent chez l'homme le jugement de la raison, et sous ce rapport, Bentham a pu dire avec quelque apparence de vérité, qu'on ne peut raisonner avec des fanatiques armés d'un droit naturel que chacun applique comme il lui convient [2]. Mais il est aussi très-vrai que l'imagination serait une source non moins fréquente d'erreurs dans la supputation des profits et des pertes, si le principe d'utilité était celui du droit, et que la raison ne prononcerait pas avec une infaillibilité plus grande. Il y a une cause d'erreur, sensibilité ou passion ici, imagination

[1] *Epist. ad. fam.*, liv. V. 19.

[2] *Principes de Législation*, publiés par E. DUMONT, chap. XIII.

là; c'est fâcheux; mais cette cause d'erreur est partout. La vérité est que l'utilité d'un fait n'est pas plus certaine pour l'homme que la moralité d'une action, et assurément nous faisons encore ici la part trop belle à la doctrine utilitaire. Quant à ces fanatiques dont parle Bentham, qui ont des hallucinations de droit naturel, que dire, sinon que ce sont des fanatiques?

Kant a établi le premier une ligne de démarcation bien tranchée entre le droit et la morale. Selon Kant : « Est juste toute action qui n'est point ou dont la maxime n'est point un obstacle à l'accord de l'arbitre de tous avec la liberté de chacun, suivant une loi générale[1]. » *L'impératif catégorique* du droit, pour parler sa langue, est celui-ci : « Agis de telle sorte que le libre usage de ton arbitre puisse se concilier avec la liberté de tous, suivant une loi universelle. »

D'après cela, il faudrait considérer comme juste toute action qui, faite par tous, ne porterait atteinte à la liberté de personne.

C'est là un précepte sage, juste, fécond, mais qui prête cependant à quelques critiques, sinon pour sa valeur, du moins pour sa nature; car il ne donne qu'une demi-satisfaction.

Le premier reproche que l'on peut y faire, c'est que ce n'est point réellement un principe, et que la métaphysique du droit de Kant manque ainsi de fondement.

[1] *Principes métaphysiques du droit*, trad. de M. Tissot, p. 35.

Dire à l'homme en société : Agis de telle sorte que le libre usage de ton arbitre puisse se concilier avec la liberté de tous, c'est bien lui donner un *criterium* à l'aide duquel il pourra distinguer les faits licites en droit des faits illicites; ce n'est pas lui donner une notion du droit. Kant présente pour un principe le résultat d'une opération intellectuelle qui ne pourrait être au plus qu'une preuve. Il coupe au court, ce qu'un philosophe ne peut faire sans manquer à son propre itinéraire. D'où dérive cette liberté qui n'aura d'autres limites que la liberté d'autrui? Quel en est le fondement? Comment peut-elle se justifier rigoureusement? Comment convient-elle à la nature de l'homme? C'est ce qu'il fallait chercher.

L'égalité peut être une mesure d'appréciation, mais non un principe fondamental. Les hommes sont bien tous également libres, mais il faut dire comment. La morale de l'Évangile aussi paraît fondée sur le principe d'égalité : *Quod tibi fieri non vis, alteri ne feceris.* Mais en réalité le divin précepteur n'a voulu que prémunir l'homme contre l'amour de soi-même, l'intérêt, ce grand obstacle à la pratique du bien, et non poser le principe du devoir, dont il suppose la loi connue. Quand il dit : Substituez-vous en esprit à votre semblable; faites-lui ce que vous voudriez qu'il vous fît, il indique seulement le point où l'homme doit se placer pour que la vérité morale apparaisse à sa raison. Il n'établit pas un principe; car son conseil soulève cette question : Que dois-je vouloir qu'on me fasse à moi-même ?

Kant, qui indique une règle analogue, fait résulter le droit d'un calcul comparatif; mais pourquoi doit-on calculer ainsi ? Il ne le dit pas.

La seconde critique que l'on peut diriger contre la théorie de Kant, c'est qu'elle ne fait nulle distinction entre la faculté d'agir que l'homme tient de sa nature, et celle dont on ne peut lui interdire l'usage, uniquement parce qu'elle ne tombe pas sous la juridiction de la société où il vit. Cette confusion était inévitable dans une doctrine du droit qui présente cette singularité, qu'il n'y entre nulle idée de justice ni de morale. Or j'use de mon droit en accomplissant mon devoir et en repoussant par la force la manifestation d'une volonté étrangère qui fait obstacle à son accomplissement; mais usé-je du même droit en faisant une action mauvaise qui ne nuit à personne, mais qui, parce qu'elle ne blesse pas le droit d'autrui, ne tombe sous la juricdiction de personne ici-bas ? Ce serait profaner le mot. Dans le premier cas, ma liberté d'action dérive des conditions mêmes de ma nature; je puis la faire respecter par cela seul que j'ai le devoir de l'exercer. Dans le second cas, elle doit être tolérée, parce qu'il n'y a nulle raison d'en entraver l'exercice, parce que ni un individu isolé ni la société n'ont une suprématie morale sur moi, parce qu'ils sont incompétents et qu'ils violeraient un autre droit, ma liberté individuelle, en s'arrogeant un droit de contrôle qu'ils n'ont pas.

Je n'ai pas le droit de faire une mauvaise action qui n'attaque personne, mais j'ai le droit de demeurer libre après l'avoir faite, ce qui est tout différent.

La théorie de Kant laisse donc beaucoup à désirer; car le droit, comme toutes les sciences morales, ne peut exister comme science sans un principe fondamental. La base des sociétés doit être autre chose qu'une négation. La métaphysique du droit de Kant pèche au même endroit que sa morale. Kant, moraliste, ne recherche pas, comme on l'avait toujours fait avant lui, en quoi consiste le bien; mais supposant l'homme raisonnable et libre, il cherche seulement à quels caractères on peut reconnaître que telle détermination est légitime et bonne; et partant de là, il arrive à déclarer que la loi du devoir est dans cette règle : Agis d'après une maxime qui puisse être regardée comme une loi générale[1]. De même que dans sa morale il ne définit pas le bien, mais seulement enseigne à conjecturer la moralité des actions individuelles dans tous les cas particuliers, dans sa métaphysique du droit il ne définit pas le droit; il donne une règle par laquelle on peut reconnaître que tel fait est licite ou ne l'est pas. C'est la méthode à laquelle le condamnait le résultat de ses études psychologiques. Ayant été conduit au scepticisme dans sa critique de la raison pure, il ne pouvait

[1] *Critique de la raison pratique*, trad. de M. Tissot.

donner une affirmation comme base à sa morale et à sa métaphysique du droit. Mais, pour le droit comme pour la morale, il n'a pas résolu le problème, lequel ne peut se résoudre que par une affirmation.

Les disciples de Kant, Krause entre autres, ont édifié une autre doctrine. Selon ceux-ci, le droit est l'ensemble des conditions nécessaires à l'accomplissement de la fin assignée à l'humanité, en tant que ces conditions dépendent de la volonté de l'homme ; c'est le moyen pour les hommes d'atteindre en commun au but que la Providence leur a marqué [1].

Subjectivement, le droit ainsi conçu serait une puissance ; on pourrait le définir : le pouvoir pour l'individu d'arriver à sa fin, avec la faculté d'exiger, soit de ses semblables, soit de l'État, les moyens nécessaires pour réaliser sa destinée.

Plus simplement encore, le droit serait la faculté d'exiger d'autrui tout ce dont on a besoin.

Cette doctrine est fausse comme celle de Bentham, dont elle ne diffère qu'en ce point, que le besoin peut avoir des limites, tandis que l'intérêt, qui comprend le besoin et de plus le plaisir, n'en a pas. Le besoin n'est pas la mesure du droit. En vain distinguerait-on les besoins vrais des besoins faux ; l'homme ne peut jamais être le maître ou l'instrument de son semblable.

On soutient qu'il est des besoins matériels et moraux

[1] V. *Cours de droit naturel*, par AHRENS ; Bruxelles, 3e édit., p. 80 et suiv.

sur lesquels l'homme doit avoir une pleine satisfaction pour l'accomplissement de sa destinée, et que la société a l'obligation de les satisfaire. C'est une erreur. L'homme n'est jamais tenu à plus qu'il ne peut par lui-même ; il n'est pas de devoirs disproportionnés avec les forces ; l'accomplissement de ma destinée ne dépend pas de la volonté d'autrui, car Dieu n'a commis qu'à moi l'observation de la loi qu'il m'impose. Nul donc n'est comptable de ce qu'il n'a pu faire. Quelle ne serait pas la misère de l'homme, si sa destinée dépendait de secours étrangers, qui pourraient toujours lui manquer, alors même qu'on lui reconnaîtrait la faculté de les exiger ? A ce compte, le faible serait condamné en naissant, et coupable de la dureté qu'il rencontrera peut-être chez ses semblables. Sa chétivité serait un péché originel irrachetable. Cela n'est pas. L'ordre social est tout entier dans la liberté pour chacun d'accomplir la loi du devoir ; mais la pratique du devoir n'exige jamais une coopération étrangère. Donc nous n'avons pas un droit inné à tout ce qui nous est nécessaire, et le droit ne peut être que la liberté de développer nos facultés physiques et morales par notre propre puissance, et non avec l'aide forcée de nos semblables ou de l'État.

Cette doctrine que nous réfutons n'est pas nouvelle, et n'appartient pas en réalité aux philosophes allemands que nous venons de nommer. Rousseau avait dit avant eux que tout homme a droit, par la nature, à tout ce qui lui est nécessaire [1]; ils n'auraient donc que le mérite de l'avoir formulée plus complétement et d'en avoir déduit toutes les conséquences. Mais elles se déduisent d'elles-mêmes. Une telle doctrine enlève au droit toute base fixe, car il pourra toujours être sacrifié à la félicité commune, aux besoins de tous. Le droit au travail, l'impôt progressif, le droit à l'éducation, que nous avons vus se produire dans ces derniers temps en résultent nécessairement. Ils n'en sont point une conséquence éloignée; ils en ressortent immédiatement. Aussi les doctrines du droit au travail, de l'impôt progressif et de tous les autres prétendus droits que l'on voulait inscrire dans les chartes, étaient-elles professées publiquement et officiellement dans les pays voisins, avant leur bruyant avénement en France [2].

Tel est le droit. En le définissant, nous avons naturellement déterminé le domaine de la législation; car le législateur ne peut rien au delà du droit. La loi, c'est le droit écrit, déclaré, promulgué ou au moins reconnu, selon que la législation sera l'œuvre ou d'un pouvoir souverain ou des mœurs. La loi est donc une limite de la liberté individuelle, c'est-à-dire une négation. A proprement parler, elle ne contraint jamais; quand elle autorise la contrainte, c'est que l'individu lui-même s'y

[1] *Contrat social*, liv. I, chap. VIII. Rousseau mesure le droit sur le besoin, mais alors il se place dans l'hypothèse d'un état extra-social.

[2] AHRENS, p. 272 et suiv.

était spécialement soumis à l'avance ; car on n'expliquerait pas à quel titre l'individu s'adresserait à la société pour en obtenir, sans aucun fait qui eût modifié son état naturel, une coopération en vue d'un bien qui n'en a pas besoin.

On voit aussi ce qu'est le principe de fraternité inscrit dans certains monuments constitutionnels, qui est bien un principe de morale, mais qui ne sera jamais un principe de législation. Nul n'a le droit de dire à son semblable : Sois mon frère, parce que les devoirs purement moraux ne peuvent être rendus obligatoires ; parce que mon droit n'a pas sa source dans le devoir d'autrui, et que je n'ai de droit, au contraire, qu'en raison des devoirs que j'ai à accomplir.

Bentham a circonscrit le domaine de la loi positive, mieux qu'on ne l'avait encore fait jusqu'à lui ; mais on retrouve là l'application d'un principe vicieux, de sorte que sa doctrine même exacte ne peut être adoptée sans réserves. La législation, selon lui, est, comme la morale, l'art de diriger les actions des hommes de manière à leur faire produire la plus grande somme de bonheur ; et cependant il déclare que toutes les actions ne sont pas du ressort de la législation pour deux raisons : d'abord, parce que le législateur ne peut influer sur la conduite des hommes que par des peines, et que le mal de la peine serait quelquefois plus grand que le mal de la faute ; ensuite, parce que le droit est souvent difficile à définir ou à constater, et qu'à vouloir punir tout ce qui est nuisible, il y aurait danger de frapper un innocent, mal plus considérable que le fait à réprimer.

La législation, pour parler comme Bentham, aurait ainsi le même centre que la morale, mais elle n'aurait pas la même circonférence [1].

Tout cela est erroné, comme le principe même d'où on le fait découler. Bentham condamne avec raison les législations qui apportent des gênes aux mariages, édictent des peines contre le célibat, et établissent des règlements somptuaires; mais il les condamne par un mauvais motif. Inutilement prouverait-on que des mariages contractés inconsidérément, un célibat trop général et un luxe disproportionné sont contraires à l'utilité, et qu'il existe des moyens certains de contrainte ou de coërcition; le législateur ne pourrait rien pour conduire la société à ce résultat d'une plus grande somme de bien-être. L'État aurait en vain des moyens d'action; il excéderait son droit s'il en usait. Qui use de sa liberté pour faire le bien, use de son droit; et celui qui demeure libre sans nuire à autrui, exerce une faculté dont nul pouvoir humain n'est autorisé à lui interdire l'usage.

Nous terminerons cet exposé par deux observations que notre genèse du droit nous suggère, et qui expliqueront peut-être deux mots trop généralement mal compris : nous dirons d'abord que les mots droit et liberté

[1] *Principes de Législation*, pub. par DUMONT, chap. XII.

civile sont synonymes, et ensuite que le droit est égal pour tous les membres de la société.

Les mots droit et liberté n'expriment d'abord qu'une même idée; car la liberté civile ne peut être que la faculté de faire ce que l'on doit vouloir, et le droit n'est que cela. Toutes les réclamations faites au nom de la liberté auraient pu l'être au nom du droit. Tous les abus corrigés par les livres ou les révolutions étaient des atteintes à un droit, par cela même qu'ils portaient atteinte à une liberté. Les persécutions religieuses touchaient au droit d'adorer librement la Divinité; les abus de la presse, au droit de bonne réputation ou tout autre; et les peines d'une rigueur excessive, ou appliquées pour un mal ne constituant pas un délit social, portaient atteinte à la liberté personnelle.

Le droit est ensuite égal pour tous; et en effet, l'identité du devoir a pour conséquence l'égalité civile. Qui pourrait légitimement faire des différences dans le droit, quand la loi morale n'en admet aucune? Les hommes ne naissent pas tous égaux en droits, comme on l'a dit peut-être d'une manière impropre dans certaines constitutions, et comme l'a pensé Kant lui-même, qui édifie sur l'idée d'égalité tout son système. L'égalité n'est pas un droit de naissance; mais les hommes naissant tous avec les mêmes devoirs, il en résulte nécessairement l'égalité dans la cité. Le droit est égal, parce que le devoir est identique; et la conscience ne peut proclamer l'identité du devoir sans affirmer virtuellement l'égalité du droit.

CHAPITRE II.

DE LA DISTINCTION DES DROITS.

Caractère commun de tous les droits. — Des droits naturels. — Des droits acquis. — Les droits acquis ont pour objet les personnes ou les choses. — De la légitimité et du caractère des titres qui fondent les droits acquis.

Après avoir déterminé l'idée du droit, c'est-à-dire le cercle dans lequel l'individu peut faire respecter sa volonté, il convient de s'occuper des droits et de leur étendue. L'étude du droit dans ses applications vient naturellement après l'étude du droit dans son essence.

Le droit est une faculté, et tout droit, quel que soit son objet, confère à l'individu l'autorisation d'appeler la force à son aide. Dans l'état social, la contrainte ne s'exerce jamais que collectivement; nul ne peut se faire justice à soi-même; une puissance publique, en d'autres termes le gouvernement, est investie du soin de prononcer sur l'étendue du droit de chacun, et d'assurer par la force l'exécution de ses sentences. Mais cette puissance publique n'a pas une existence de raison ; elle ne saurait être considérée autrement que comme représentant une collection d'unités qui ont toutes transféré le droit qu'elles avaient en propre d'assurer par la contrainte le respect du droit ; et partant, on ne saurait lui reconnaître un pouvoir plus étendu que celu qu'aurait isolément chaque membre de la société vis-à-vis de son semblable.

Mais si tous les droits ont ce caractère commun d'avoir pour principe la loi du devoir et pour sanction la force, ils ne doivent pas moins être distingués quant à leur cause. L'homme peut avoir d'autres droits que ceux qu'il tient de sa seule qualité d'être intelligent et libre. Ce peut être un devoir pour moi que d'acquérir de nouvelles facultés ou d'en conférer de plus étendues à mon semblable. Je ne nais pas propriétaire, créancier ou débiteur, mais je puis le devenir. Là est le principe d'une distinction fondamentale : tous les droits que l'homme peut avoir à exercer dans l'état de société seront naturels ou acquis.

Cette distinction n'est pas nouvelle ; Thomasius, à peu près oublié aujourd'hui, et Kant l'avaient faite. Ils ont appris que le droit naturel compète à chacun par la nature ; qu'il n'est autre que la liberté en tant qu'elle peut subsister avec la liberté de tous, et que le droit acquis est celui dont on ne peut concevoir l'existence sans un acte de droit [1]. Mais si l'on admet que le principe de tous les droits est dans le devoir, il faudra en déduire une conséquence quant aux droits acquis, c'est que la légitimité de l'acte de droit qui restreindra ou étendra le cercle de l'activité individuelle sera une condition de la légitimité du droit même.

Nous aurons souvent à revenir sur cette idée; mais pour nous exprimer d'une manière plus sensible, nous dirons, dès à présent, que nulle convention n'est valable qu'à la condition d'être honnête, morale, licite chez tous ceux qui y participent.

Ainsi le cercle de l'activité de l'homme en société est bien tracé dans tous les cas par la loi du devoir; la faculté de faire tout ce que le devoir prescrit, tel est bien le caractère commun de tous les droits. Mais les uns ont leur titre dans la nature de l'homme; ils sont comme le cercle au milieu duquel chacun se trouve en naissant, et les autres, au contraire, en sont une extension et supposent un fait extérieur, un acte qui les produit.

Quelle est maintenant la nature de ces derniers? Les actes de droit qui modifient le cercle de l'activité individuelle sont divers par leur objet. Si je stipule de mon semblable qu'il fera ou donnera quelque chose, j'acquiers un droit. Si un objet quelconque, meuble ou fonds de terre, m'est livré, ou si j'en prends possession

1 *Principes métaph du droit*, trad. de M. Tissot, p. 46.

comme premier occupant, j'acquiers un autre droit, différent par son objet. Nous placerons là le principe d'une sous-distinction : tous les droits seront naturels ou acquis, et tous les droits acquis seront personnels ou réels.

Il serait inutile d'insister plus longtemps sur des distinctions importantes, à la vérité, mais faciles à saisir. Nous ajouterons une observation plus théorique que pratique : à savoir qu'on ne peut s'occuper des droits naturels sans chercher à en déterminer l'étendue, tandis que celle des droits acquis n'est déterminée que d'une manière médiate par le principe du devoir. Quand j'invoque le droit que j'ai naturellement de prier ou d'enseigner, mon titre est celui de tout le monde ; mais si je prétends exercer un droit comme créancier, il me faut produire un titre particulier qui marquera le cercle plus étendu où je puis me mouvoir. Les droits naturels dérivent, en effet, de la nature de l'homme ; la loi du devoir en est à la fois le titre et le principe ; ils sont les mêmes pour tous. Les droits acquis, au contraire, sont divers pour chaque individu. Le principe du devoir en légitime seulement le titre, qui fixe la limite jusqu'où le droit va. Il suit de là que tout prétendu droit acquis donne lieu à ce double examen du principe moral en vertu duquel il existe et du titre légal qui en détermine l'étendue ; et que c'est non dans des notions philosophiques, mais dans des faits divers, variables, contingents qu'il faut chercher ce qu'il comprend.

Nous parlerons d'abord des droits naturels et de quelques autres avantages que l'on a quelquefois considérés comme tels, et qui ne le sont pas.

CHAPITRE III.

DES DROITS NATURELS.

De la liberté individuelle. — Comment elle peut être restreinte. — Du droit de bonne réputation. — De la liberté du culte. — Sur quoi elle est fondée. — De la liberté d'enseignement et de la liberté de la presse. — Du droit d'appropriation.

Les manifestations de la volonté sont nombreuses, les droits sont divers. A chaque devoir correspond un droit, et réciproquement tout droit suppose un devoir. L'examen des droits se lie donc intimement à celui des devoirs. C'est ce qui se comprend de soi. Aussi certains écrivains, comme Wolf, ont-ils cru présenter une théorie suffisante des droits en présentant celle des devoirs, et font-ils rentrer, non sans quelque apparence de raison, la science du droit dans celle de la morale.

Il serait fastidieux d'aller du devoir au droit; c'est en sens inverse que nous procéderons. Nous parlerons des droits en les classant par catégories; or elles sont au nombre de cinq principales, à savoir la liberté individuelle, le droit de bonne réputation, la liberté du culte, la liberté de l'enseignement et le droit d'appropriation [1]. On ne voit pas qu'il y ait quelque faculté dont l'homme puisse réclamer l'usage comme naturelle, qui ne rentre dans quelqu'une de ces classes.

I. Le premier droit de l'homme en société est celui de disposer librement de sa personne. La liberté individuelle est un droit par elle-même, et une condition de l'exercice de tous les droits. Sans cette liberté, en effet, ils ne seraient rien, car ils pourraient toujours être confisqués avec la personne de l'individu.

Mais la liberté individuelle est un droit complexe : l'homme a d'abord le droit de vivre, *jus vitæ illesæ*, et c'est par reconnaissance de ce droit que le code pénal de toutes les nations punit le meurtre. Il a aussi le droit de conserver intact l'appareil d'organes qui constitue sa personne, *incolumitas corporis*, et c'est ce droit que consacrent les pénalités qui atteignent l'auteur de violences commises injustement sur la personne d'autrui. Enfin il a le droit de se mouvoir librement, *jus eundi et ambulandi*, et c'est cette faculté qui constitue plus

[1] L'ordre de notre énumération n'est pas arbitraire : la liberté individuelle et le droit de bonne réputation sont des droits que nous appellerons primordiaux ; la liberté du culte et celle de l'enseignement satisfont aux besoins moraux, et le droit d'appropriation aux besoins matériels.

particulièrement ce que l'on appelle dans les codes la liberté individuelle.

Le droit de vivre, et de vivre à l'abri de toute attaque, est sans limite par sa nature. Il est ou n'est pas. Il ne s'exerce pas, ou plutôt il s'exerce à tous les instants et indépendamment de l'attention de l'individu. La justice sociale le supprime quelquefois, car la peine de mort est encore écrite dans les codes de toutes les nations; mais la mort n'est qu'une peine, et ne limite pas plus le droit de l'individu que la peine de l'emprisonnement ne limite la liberté individuelle proprement dite, et la peine de l'amende le droit de propriété.

Le droit de vivre est plus ou moins respecté, selon l'état de civilisation des nations; il est aussi plus ou moins bien garanti; mais la douceur ou la rigueur des lois pénales, ainsi que l'efficacité plus grande ou moindre de la peine, n'affecte pas l'étendue du droit, qui, par sa nature, est indivisible et n'est pas susceptible de plus ou de moins.

Le droit de se mouvoir librement qui, dans le langage ordinaire, constitue seul ce que l'on appelle la liberté individuelle, est également à peu près illimité par sa nature. Les abus de la liberté d'action et de locomotion, qui ne sauraient être confondus avec l'usage de la liberté individuelle proprement dite, ne peuvent même porter au droit de graves atteintes. Aussi les publicistes se sont-ils toujours beaucoup moins occupés du droit en lui-même et des abus que son exercice peut faire naître, que des garanties qu'il doit trouver dans les constitutions contre les abus des pouvoirs publics.

Mais si la liberté individuelle est à peu près sans limites, elle n'est pas moins susceptible de certaines restrictions. Ces restrictions sont de plusieurs sortes. Tantôt elles résultent des règlements préventifs de la police intérieure de l'État; et c'est ainsi que la libre circulation de l'individu peut être restreinte par la nécessité de constater son identité. Tantôt elles résultent de la nécessité d'assurer à la justice sociale toute son efficacité; et c'est ainsi que l'emprisonnement préventif est écrit dans les codes de toutes les nations même les plus civilisées, et s'exerce plus ou moins rigoureusement, selon l'état moral du pays [1]. Tantôt encore elles ont pour objet d'assurer les services publics; et ce sont des restrictions de cette nature qu'occasionne l'établissement de la force armée. Enfin d'autres sont commandées par la nécessité de la justice répressive; et c'est ainsi que la peine de l'emprisonnement peut restreindre l'exercice de la liberté individuelle, comme nous venons de voir que les peines corporelles,

[1] Dans les codes modernes, les cas d'emprisonnement préventif tendent à diminuer; on substitue à l'emprisonnement la liberté provisoire sous caution. On sait les tentatives qui ont été faites dans ces dernières années pour réformer sous ce rapport notre Code d'instruction criminelle.

et même la mort, peuvent affecter le *jus vitæ illesæ.*

Nous constatons ici des faits plutôt que nous ne posons des principes. Toutes ces restrictions que nous venons d'énumérer seront un jour l'objet d'un examen particulier. Nous ne les mentionnons que pour constater ce fait, que toute réglementation de la liberté individuelle l'atteint, mais ne la limite pas.

II. Le second droit de l'homme en société est celui que nous appellerons, faute d'une expression plus précise, le droit de bonne réputation, *jus existimationis.* Comme le *jus vitæ illesæ* et le *jus incolumitatis corporis*, il ne s'exerce que quand on le fait respecter, c'est-à-dire indépendamment de l'attention de l'individu. Cependant il n'est pas moins un droit, et un droit que nous appellerons primordial, car il est la condition de l'exercice d'autres droits [1], nul ne pouvant, de fait, user

[1] Le droit romain définissait *l'existimatio : Dignitatis illesæ status legibus ac moribus comprobatus, qui ex delicto nostro auctoritate legum aut minuitur aut consumitur* (D. *De extra cognit.*, l. 5, § 1.) *L'existimatio* pleine conférait l'exercice de tous les droits politiques et civils ; elle pouvait se perdre en partie ou en totalité. *L'existimatio* était perdue en totalité (*consumebatur*) toutes les fois que la personne avait encouru la *magna capitis diminutio*. Elle était perdue en partie (*minuebatur*) par l'effet d'une peine ou même seulement par l'effet d'une condamnation civile, quand il s'agissait d'une action infamante (*infamiæ causa enumerata*). La personne réputée alors infâme était privée de l'exercice de tous droits politiques et de certains droits civils que les jurisconsultes énuméraient. Enfin il y avait, indépendamment de la *minutio existimationis*, la *nota levis*, qui frappait, entre autres personnes, toute la classe des

pleinement de ses facultés dans l'état social sans la considération publique qu'une vie sans reproches peut seule donner.

Le droit de bonne réputation est encore, comme la liberté personnelle, sans limites par sa nature, et ne souffre d'autres atteintes que celles que l'individu même peut autoriser par ses actes. Il comporte la faculté d'empêcher que nul ne porte atteinte à l'estime que l'on est disposé à nous accorder. Il n'est écrit, non plus que le droit de vivre, nulle part dans les codes; mais il n'existe pas moins et n'est pas moins universellement reconnu dans toutes les législations, toutes ayant des dispositions qui le supposent[1]. Le code pénal de toutes les nations, en effet, punit l'injure et la diffamation; et lá faculté d'empêcher que nul ne puisse impunément m'injurier ou me diffamer suppose le droit que nous appelons de *bonne réputation*, comme la faculté d'empêcher qu'on n'attente à ma vie suppose le droit de vivre, et comme celle d'empêcher qu'on ne me dépouille injustement suppose le droit de propriété.

III. Un autre droit de l'homme en société est celui d'adorer Dieu librement. L'homme l'a réclamé dans

affranchis. Il est sans doute superflu de faire remarquer que le *jus existimationis* dont nous parlons n'a trait qu'à la considération privée, et n'a rien de commun par conséquent avec l'*existimatio* du droit romain, qui signifie considération civile.

[1] DONEAU, *Comm. de Jure civili*, lib. II, cap. VIII.

tous les temps avec une énergie que la persécution n'a jamais fait qu'accroître. Nous en déterminerons tout d'abord le caractère par cette considération, que la croyance religieuse se lie chez l'homme à l'idée du devoir, et que la liberté du culte a ainsi le même fondement que la libre pratique de la loi morale.

L'homme, en effet, ne peut s'isoler dans le temps. Il sent que sa destinée présente se rattache à cette destinée mystérieuse qui l'attend au delà de ce monde. Il ne peut être un but à lui-même, et il le sait; pour bien vivre, il lui faut croire. Le devoir moral, qu'il pratique selon les indications de sa conscience, doit avoir une fin. Il faut à l'homme une foi vive à défaut d'une connaissance parfaite qu'il n'a pas. Or cette foi, c'est en Dieu qu'il la place, et cette cause et cette fin de ses efforts, c'est la religion qui les lui montre, en lui découvrant les perspectives d'un avenir inconnu.

C'est en ce sens que Pascal a écrit que la religion seule, disons d'une manière plus large les religions, empêchent l'homme d'être une énigme ici-bas.

Mais la liberté du culte n'est pas seulement la faculté d'adorer Dieu. Une religion ne saurait se concevoir sans mystères et sans dogmes, ni les dogmes sans des pratiques extérieures qui les symbolisent; l'homme, en effet, n'est pas un pur esprit, et ses croyances veulent des signes sensibles. Tout sentiment s'exprime, différent en cela de la pensée pure, dont, à la rigueur, l'expression peut être maîtrisée et contenue. Qui comprendrait la foi sans quelque manifestation extérieure associant en quelque sorte l'être tout entier aux élans mystiques de l'âme qui s'élève à Dieu ? De la nécessité de croire et de prier dérive pour l'homme une autre nécessité non moins impérieuse : c'est le devoir, le droit de se livrer aux manifestations qui symbolisent sa foi et sa prière, et d'adresser son hommage à la Divinité, avec les signes dont sa nature terrestre lui impose la nécessité. Concevoir Dieu, croire à ses mystères, y vouer un culte, sont donc une même chose ; et comme sans culte, sans les mystères, sans le dogme, et ajoutons sans Dieu (car tout se tient et du pur déisme à l'athéisme la chute est forcéè), la loi morale serait sans but et sans sanction, la liberté du culte est légitime au même titre que celle de faire le bien.

S'il n'y avait qu'à déterminer l'étendue de la liberté du culte, nulle difficulté ne se présenterait. La nécessité du culte reconnue, toutes les manifestations extérieures qui en sont l'exercice devaient être respectées.

Mais la difficulté est ailleurs; et la voici :

La foi religieuse peut n'être pas la même pour tous les hommes, et cependant tous ont besoin d'une foi religieuse. La liberté du culte sera-t-elle comme celle de faire le bien, laquelle est la même pour tous ?

La liberté du bien n'est pas moins la liberté, quoiqu'il n'y ait pas deux manières de faire le bien. Faudra-t-il ne reconnaître de même qu'une manière de croire et de prier?...

Poser la question en ces termes, c'est indiquer le sophisme où sont tombés les apôtres de l'intolérance religieuse et les défenseurs de la théocratie, à quelque religion qu'ils appartiennent. Tous, en effet, partent de ce point, que leur religion est la vraie et que le triomphe de la vérité peut être assuré par la force. Mais il est clair qu'ils confondent le domaine de la raison, où se jugent le bien et le mal moral, avec celui du sentiment, d'où le devoir religieux relève uniquement. Ce n'est pas être libre que de pouvoir pratiquer une religion qui s'impose ; car la vérité religieuse, où qu'on la place, se sent plutôt qu'elle ne se démontre, et si le vrai et le bien sont tels pour tous les hommes, parce que c'est la raison qui les apprécie, la vraie religion, au contraire, se montre diversement, s'adressant à ce qu'il y a de plus individuel chez l'homme, le cœur.

D'ailleurs si le culte ou, pour parler plus exactement, tout culte quelconque ne devait pas demeurer libre, parce que tel est le droit, il ne devrait pas moins être libre comme échappant à toute action gouvernementale, par sa nature. Je ne puis être contraint à faire le bien, comment pourrait-on me contraindre à croire le vrai? Il est de toute évidence que je dois rester libre dans ma croyance, si je suis libre dans mes actions. Au point de vue gouvernemental, la religion est un moyen, non un but; si l'on ne peut exiger de moi la pratique du bien, encore bien moins pourra-t-on prétendre à ce que je me place dans des conditions propres, selon les conjectures d'autrui, à m'en faciliter l'accomplissement.

Ajoutons cependant que le respect mutuel de la liberté religieuse ne peut être obligatoire que pour la manifestation des sentiments religieux véritables. Il ne faut pas confondre les sérieuses pratiques d'un culte avec les parodies bouffonnes qui n'ont pour objet souvent que de les déshonorer toutes; et, sur ce point, la raison commune ne se trompera jamais. On peut être tenu de respecter l'habit, jamais le travestissement. Les manifestations prétendues religieuses qui ne derivent pas d'un sentiment véritable ne sont plus l'exercice d'un droit, et si elles blessent par un contraste choquant le sentiment religieux d'autrui, elles peuvent être réprimées et punies [1].

La liberté religieuse, que le sens commun saura toujours distinguer de la licence impie, est une conquête toute moderne; elle n'a pas été comprise jusque dans ces derniers temps. Le christianisme s'est présenté au monde avec le caractère d'universalité, et le catholicisme qui en a constitué le gouvernement n'a pas tardé

[1] Il y a entre les justes exigences du sentiment religieux et l'intolérance, une ligne que les cœurs trop fervents ne connaîtront peut-être jamais; quand Racine fait dire à Joas, parlant du dieu des juifs :

> Je verrai cependant en invoquer un autre !

il place dans la bouche d'un enfant la plus naïve expression de l'intolérance : c'est que tout sentiment est jaloux, exclusif, et la religion est un sentiment.

à faire écrire ses dogmes dans les législations politiques des peuples. La liberté religieuse a été méconnue par les souverains, tantôt au nom du principe du droit divin qui les obligeait, comme enfants de l'Église et comme institués de Dieu, à maintenir l'unité ecclésiastique [1], et tantôt au nom de leur propre souveraineté menacée à leurs yeux par la profession de dogmes contraires à ceux de l'Église [2]. Qu'est-il besoin de prouver qu'il y a tyrannie à empêcher l'exercice extérieur du culte qu'on désapprouve, et à faire pratiquer au dehors les cérémonies du sien? On voyait bien que la morale n'est indépendante de la religion qu'en théorie, et qu'il y a en réalité une intime liaison entre les principes sociaux, les principes moraux et les dogmes religieux; mais on oubliait que la vérité religieuse est une vérité de sentiment; que le droit ayant un principe rationnel au con-

[1] Quo modo ergo reges Domino serviunt in timore, nisi ea quæ contra justa Domini fiunt religiosa severitate prohibendo atque plectendo? Aliter enim servit quia homo est, aliter quia etiam et rex est. Quia homo est inservit vivendo fideliter; quia etiam vero rex est, leges servit justa precipientes et contra prohibentes convenienti vigore sanciendo (AUGUST. cons. 23, quest. 4, can. si ecclesia).

[2] Quis enim nostrum, quis vestrum (hereticorum) non laudat leges ab imperatoribus datas adversus sacrificia paganorum? Et certe longe ibi pœna severior constituta est: De vobis autem corripiendis habita ratio est; qua potius admoneri ab errore discedere quam pro scelere puniri (Ibid. Can. non invenitur).

« En matière de religion, ce qui est au pouvoir du souverain, c'est d'empêcher l'exercice extérieur de celle qu'il désapprouve et de faire pratiquer au dehors les cérémonies de la sienne. » FLEURY, 8e *Discours sur l'histoire ecclésiastique.*

traire, il est déraisonnable de confondre le droit et la religion, mêlant ainsi le sentiment et la raison ; que la profession d'un dogme est un devoir qui ne relève que de l'arbitre de l'individu ; que la pratique religieuse est le moyen et non le but[1] ; et que c'est porter atteinte au droit que de déterminer, avec la force à son aide, un point fixe où la raison abdique et la foi commence.

Bossuet disait de certains protestants : « Ils ne savent pas que captiver son intelligence sous des mystères impénétrables à l'esprit humain, c'est une chose qui appartient à la doctrine des mœurs ; ils ne parlent que de bien vivre, comme si bien croire n'en était pas le fondement[2]. » La pensée est juste ; mais, si elle devait justifier l'intolérance religieuse, elle justifierait aussi l'inquisition des mœurs, et alors que serait le droit ?

Nous n'avons pas à rechercher quelle peut être la valeur politique des différents systèmes d'organisation religieuse. Après ce système où, comme dans l'ancienne France, le souverain est le ministre d'une religion dont le chef est un souverain étranger, il faudrait parler de cet autre système où, comme chez les peuples de l'antiquité et de nos jours à Rome, à Londres et à Saint-Pétersbourg, le chef de l'Etat est aussi le chef de l'Église ; mais nos recherches n'ont que le droit pour

[1] Toujours politiquement ; catholique, nous n'entendons pas contester le principe catholique, qui fait dépendre le salut de la foi et des œuvres et fait de la religion un but.

[2] 6e *Avertissement aux Protestants*, 114.

objet. Dans le dernier, l'unité nationale est évidemment plus compacte ; mais il est évident aussi qu'il n'assure pas une garantie plus entière à la liberté religieuse, qui est indépendante de toute organisation. Le droit c'est la liberté, et la liberté c'est l'indépendance réciproque et complète de l'Église et de l'État. S'il y a un dogme que le citoyen doive professer, et pour lequel l'État prête l'appui de la force, le droit est méconnu. La liberté religieuse n'est pas respectée, quand le souverain se fait l'exécuteur temporel des dogmes professés par une autorité étrangère ; mais elle n'est pas respectée non plus quand la profession de certains dogmes est un devoir de citoyen, et que de cette manière le *credo* religieux est un chapitre du *credo* politique.

IV. Le quatrième droit de l'homme en société est l'enseignement. Ce droit ou cette liberté (car les deux mots sont synonymes) comprend la liberté d'enseignement proprement dite et la liberté d'exprimer sa pensée par la presse, la parole, ou tous autres moyens de publication.

La faculté d'enseigner librement est un droit, car l'enseignement est un devoir. L'homme éprouve le besoin de communiquer sa pensée, et ce besoin est impérieux comme un devoir à accomplir. Il sent que garder la vérité pour soi est un crime égal à celui d'en comprimer l'essor chez autrui. Partout, en tous temps, en tous lieux, l'homme a enseigné, par la parole d'abord, par l'écriture ensuite, et par les moyens perfectionnés, comme la presse, qui n'ont jamais manqué quand la pensée humaine eut à faire une explosion suprême. Le premier enseignement est l'enseignement paternel; l'homme enseigne sur la place publique; il a enseigné dès qu'il a pu parler. C'est que l'enseignement est bien chez lui un devoir et un besoin. Aussi l'admiration et la reconnaissance publiques sont-elles acquises à qui accomplit dignement ce grand devoir d'enseigner, depuis l'humble instituteur, l'humble prêtre qui catéchise les enfants du peuple, jusqu'à ces grands précepteurs, les Platon, les Descartes, les Pascal, dont les écrits forment le patrimoine intellectuel de l'humanité.

La liberté d'enseignement, par sa nature, se concilie parfaitement avec l'exercice de tous les droits. Je professe par la parole, la presse ou tout autre moyen de publication, telle doctrine morale, politique ou religieuse : comment puis-je porter atteinte au droit d'autrui? Mon enseignement peut sans doute contrarier telle ou telle opinion ; il en contrariera quelqu'une inévitablement ; mais quand il choquerait des idées universellement reçues, il ne s'ensuivrait pas qu'il fût la violation d'un droit, ce qui seul peut autoriser contre moi la contrainte.

Dans la polémique qui se poursuit presque quotidiennement depuis plus de soixante années, bien des volumes ont été écrits sur la liberté de la presse et de l'enseignement ; mais les discussions ont presque toujours eu pour objet l'utilité ou l'insuffisance des moyens de répression, et non le principe même du droit. Nous n'avons pas à rechercher ici si la liberté de la presse est incompatible avec telle forme de gouvernement, ou en est une nécessité, comme on l'a dit du gouvernement représentatif; si l'emploi de tel moyen préventif est insuffisant, impraticable ou illusoire, comme on l'a dit de tous les moyens de censure; si tel moyen répressif est illégitime, exagéré ou absurde, comme on l'a dit de toutes les peines successivement : il ne peut être question que de savoir si la faculté de manifester sa pensée est un droit et, si oui, quelle en est l'étendue. Or c'est un droit, qui s'étend jusqu'aux limites où le devoir cesse, puisque sur ce point comme sur les autres le devoir est la mesure du droit.

La liberté de l'enseignement et de la presse n'est pas plus ancienne que la liberté du culte. La pratique d'un culte désigné a été longtemps l'accomplissement d'un devoir civil; à l'égard de la liberté de l'enseignement, on a procédé différemment : les gouvernements l'avaient accaparée et s'en faisaient les dispensateurs.

Les procédés étaient différents; mais ils se valaient. Entre une prohibition absolue et un privilége concédé spécialement ou nominativement, il n'y a de différence que du plus au moins. La censure, c'est-à-dire l'autorisation préalable et nécessaire pour parler, écrire, imprimer, publier, c'est la négation du droit. Un droit qui ne s'exerce que sous le bon plaisir d'autrui, fût-ce le gouvernement du pays, n'est pas un droit. Il faut changer le mot et dire tolérance ; mais si l'enseignement est un devoir, et par conséquent un droit, ce n'est pas seulement par tolérance qu'il doit pouvoir être pratiqué, c'est librement, sans entraves.

Mais la liberté de l'enseignement par la presse ou tout autre moyen n'empêche pas que les abus des moyens de publication ne puissent être réprimés. Diffamer, provoquer au crime, outrager autrui dans la pratique de son culte ou dans la jouissance d'un droit quelconque, ce n'est pas enseigner. La manifestation peut être de même sorte, l'acte est différent. Pour de tels faits, la répression est légitime, et la peine même sera le plus souvent un droit social.

V. Enfin il est un dernier droit naturel, le droit d'appropriation. La liberté pour l'homme de s'accommoder les objets du monde extérieur nécessaires à sa vie physique, dérive de sa constitution, comme tous les autres droits : qu'est-il besoin d'en démontrer la légitimité ? Les controverses sur le droit de propriété n'ont jamais touché à ce droit primitif de satisfaire aux besoins de la faim et de se garantir des intempéries des saisons. L'homme est tenu de pourvoir à sa vie physique ; et si la terre a été donnée avec ce qu'elle contient aux enfants des hommes, comme dit le Roi-Prophète, l'appropriation des objets matériels nécessaires à l'existence, est l'exercice d'un droit encore plus incontestable, sinon plus saint, que tous ceux qui viennent d'être énumérés.

Nous parlons du droit d'appropriation, mais nous ne parlons pas encore du droit de propriété. Le droit d'appropriation est naturel ; le droit de propriété en est la consécration. L'appropriation des objets matériels est une manifestation de la liberté ; la propriété en est un résultat ; et comme elle ne saurait se concevoir sans un acte de droit qui ait soumis la chose à l'homme, ou qui l'ait fait passer des mains du premier occupant dans celles d'un acquéreur, c'est avec raison que Reid parle du droit de propriété, non comme d'un droit naturel, mais comme d'un droit acquis[1].

Nous ne disons rien particulièrement du droit de travailler, par la raison que la faculté d'appropriation suppose, implique cette liberté du travail, qui n'est pas un droit distinct. Le travail, l'appropriation sont même à tout prendre une même chose. La liberté du travail a été méconnue jusqu'au siècle dernier par les règlements des corporations et des métiers ; elle l'est même de nos jours par les lois de douane et les autres règlements qui font obstacle à l'entière liberté des transactions. Nous y reviendrons ultérieurement ; nous devons nous en tenir ici à l'énumération des seuls droits naturels.

Cette énumération est donc complète. Voyons main-

[1] « Le droit de propriété n'est pas naturel, mais acquis ; il ne dérive pas de la constitution de l'homme, mais de ses actes. » *OEuvres complètes*, tr. par JOUFFROY, t. VI, p. 363.

tenant, après les véritables droits naturels, ce qu'il faut penser de certains avantages que les publicistes et quelquefois les institutions politiques ont placés à tort sur le même rang.

CHAPITRE IV.

SUITE.

Des droits d'élection, de pétition et d'association. — Du droit au travail. — Réfutation. — Du droit à l'assistance. — De divers droits appelés improprement naturels.

Aux droits naturels qui viennent d'être indiqués, on a cru quelquefois devoir en ajouter d'autres. On a ainsi inscrit parmi les droits inhérents à la nature de l'homme les droits d'élection, de pétition, d'association et, dans ces derniers temps, le droit au travail. Nous ne pouvons admettre ces prétendus droits comme droits naturels, avec le caractère qu'on veut leur donner.

Le droit d'élection d'abord n'est pas inhérent à la qualité de l'être libre, responsable, soumis à la loi du devoir, car il ne correspond à aucun devoir même indéterminé. C'est un droit politique ; or les droits politiques ne sont pas naturels. Pour s'en convaincre, il suffit de voir le principe qu'ils impliquent. Loin de dériver de la nature de l'homme, ils supposent l'abdication de ses droits. Comment concilierait-on les droits naturels que nous venons de nommer, droits que l'individu n'a pas à stipuler, et auxquels même il ne peut renoncer, avec un prétendu droit d'élection naturel qui imposerait à chacun l'obligation de se soumettre à la décision du nombre? Pour que les droits politiques, comme l'électorat, appartinssent à tous les citoyens, en tant qu'hommes, il faudrait que l'état social eût pour base un contrat, autrement ils manquent d'objet; il faudrait que la majorité, le nombre, fût souverain dans l'État, car le droit d'élection est sans efficacité hors du système de la souveraineté du peuple; il faudrait que la loi écrite, promulguée, fût omnipotente, au-dessus de toute règle, et que toutes ces facultés que l'homme réclame comme des droits n'eussent à s'exercer qu'avec le bon vouloir de la multitude. Mais la vérité est que le contrat social est une chimère; que la souveraineté du peuple supprime le droit; que le droit n'est plus quand la loi le remplace, et que mettre au même rang les droits politiques et les droits naturels, ce serait reconnaître dans l'homme même une antinomie, car ce serait lui reconnaître et conséquemment lui imposer deux sortes de droits qui se combattraient et se détruiraient.

Et si l'on demande maintenant ce que peut être le

droit d'élection s'il n'est pas naturel, nous répondrons une assurance, une garantie. L'homme en société a un autre droit bien autrement puissant contre tout ce qui peut froisser sa dignité, sa liberté; il peut méconnaître les lois injustes et y résister : cette garantie, ce droit terrible peut mettre la société en danger, et l'électorat concédé aux citoyens est un moyen de prévenir une explosion, en facilitant la manifestation de la volonté nationale; mais la résistance contre l'arbitraire ne doit pas moins demeurer un recours souverain pour l'opprimé, et le droit d'élection ne pourrait être lui-même souverain sans le supprimer, sans l'anéantir.

Tout cela est si vrai que le droit d'élection n'a jamais été attribué aux femmes dans aucune constitution. Et cependant n'ont-elles plus une âme? Quelle raison y aurait-il de le leur dénier si c'était un de ces droits qu'on possède en naissant? La pudeur de leur sexe les éloigne du *Forum*; mais aussi au *Forum* on ne délibère que sur la garantie du droit, et non sur son existence, et quel que soit le résultat de ces délibérations, ce qu'on peut véritablement appeler le droit demeure toujours sauf.

Ce que l'on peut dire du droit d'élection est vrai du droit de pétition. Les constitutions modernes ont toutes accordé aux membres de l'État un droit que nous appellerions volontiers le droit à être écouté. Les chartes de 1814 et de 1830 notamment l'ont reconnu : les règlements des chambres en avaient garanti l'exercice;

et c'était là réellement qu'était le droit, car la liberté était moins dans la reconnaissance du droit, qui existe jusque sous le despotisme de l'Orient, que dans les précautions prises pour qu'il fût exercé avec profit. Mais ce droit, ainsi compris, est un droit politique que les membres de la société tiennent de la constitution de l'État, et non un droit naturel, inné, préexistant à la loi écrite et dérivant de la loi du devoir.

Mêmes observations pour le droit que les citoyens ont dans les pays libres de n'être jugés que par des jurés, leurs pairs. Un ingénieux publiciste met ce droit au rang des droits individuels indépendants de toute autorité politique [1]. C'est confondre le principe de droit avec ce que le même écrivain a appelé, quelques pages plus loin, le principe de garantie [2]. Nous dirons, après lui, que les droits individuels, c'est la liberté, et que les droits sociaux, c'est la garantie ; mais, partant de cette distinction vraie, nous placerons le droit de n'être soumis qu'aux jugements par jurés parmi les droits sociaux que toute constitution bien faite doit accorder aux membres de l'État, et non parmi les droits individuels que la loi positive reconnaît, mais ne concède pas.

Que dire des droits de réunion et d'association? Que ce ne sont pas des droits distincts, mais compris dans

[1] BENJAMIN CONSTANT, *Politique constitutionnelle*, Paris, 1836, chap. VIII.

[2] Idem, *Développements*, ch. I.

ce que nous avons appelé avec tous les publicistes la liberté individuelle.

Tous ces détails de classification ne sont pas sans importance. Il faut passer sur leur aridité en faveur de l'utilité qu'on peut en tirer. Il est peu de questions sur lesquelles on discuterait longtemps, si l'on s'attachait à bien classer ses idées et à bien définir les termes.

On a inventé dans ces derniers temps un prétendu droit au travail [1]. Dans la pensée de ses promoteurs, tout membre de la société peut s'adresser à l'État pour obtenir, en échange d'un salaire en rapport avec ses besoins, une occupation conforme à son aptitude. Les prosélytes que la doctrine a faits après coup l'ont modifiée, à la vérité, en ne reconnaissant comme conséquence du droit au travail, que la faculté pour l'homme exceptionnellement privé de ses moyens d'existence d'exiger de l'État un secours temporaire en échange d'un travail quelconque; mais pour tous, le droit au travail a le caractère d'une dette de l'État, exigible au profit du citoyen nécessiteux et inoccupé. Il n'y a de différence que dans les conditions d'exigibilité.

Pour établir que le droit au travail ainsi entendu

[1] Quand ces lignes furent écrites, la question du droit au travail et du socialisme, dont nous dirons quelques mots plus loin, était tellement actuelle qu'on pouvait hésiter à en parler après tant d'autres, même en disant quelque chose de nouveau. Mais la controverse mérite de survivre à l'immense ébranlement qu'elle causa ; d'ailleurs on ne serait plus désormais complet en la négligeant.

n'est point un droit, il n'y a qu'à faire remarquer qu'il n'est point une faculté que l'homme tient de sa nature. Tout droit naît d'un devoir, et le devoir est tout personnel. Or le droit au travail, comme on l'entend, naîtrait d'un besoin et s'exercerait contre un tiers, individu ou État. Il n'en faut pas davantage pour le condamner ; car l'homme qui use d'un droit est celui qui, pratiquant un devoir, se défend ; on ne saurait voir l'exercice d'un droit naturel dans le fait de celui qui attaque.

On peut concevoir le droit au travail quand il est intervenu une convention en vertu de laquelle une partie s'est engagée à payer un salaire en vue d'un travail que l'autre partie s'est engagée à exécuter. Ainsi entendu, toutes les législations le reconnaissent, car toutes proclament le respect des conventions ; mais ce que le socialisme demande n'est pas que chacun soit tenu d'exécuter les engagements qui confèrent à autrui un droit à tel travail déterminé ; c'est comme droit naturel et non comme droit acquis qu'il revendique son droit au travail. Or il est vrai de dire que comme droit naturel ce prétendu droit n'existe pas.

On a invoqué pour le justifier le principe évangélique de la fraternité : c'était confondre l'obligation de droit et l'obligation morale. L'Évangile, comme la conscience, nous commande d'assister nos semblables dans l'infortune ; mais il ne confère pas d'autres droits que ceux qu'indique la raison. Qui dit droit dit faculté d'exiger, même par la force ; or il est des devoirs dont nul n'a le droit d'exiger l'accomplissement, et tels sont ceux que l'Évangile fait reposer sur l'amour du prochain. C'est que tout lien de conscience n'est point un lien de droit ; tout devoir n'est point juridiquement obligatoire ; toute obligation morale n'a pas pour corrélation un droit. L'Évangile, qui dit : Donnez, n'autorise pas à prendre. La fraternité est un principe de morale seulement, elle impose des devoirs et ne confère pas des droits ; elle explique l'acte de celui qui donne, et ne justifie pas le fait de celui qui prend.

Et d'ailleurs on ne voit pas contre qui serait exigible ce prétendu droit au travail, quand le bon sens indique que le travail ne saurait être une dette d'individu à individu. Chacun dans l'état social doit rester maître de sa personne et de sa chose ; et la liberté n'existerait pas si l'on se trouvait exposé à se voir exproprié en totalité ou en partie des biens dont on dispose, pour recevoir, en échange, des services dont on peut n'avoir pas besoin.

Dira-t-on que c'est contre l'État ? la difficulté n'est pas résolue ; car l'État c'est tout le monde, et tout le monde c'est chacun individuellement. La société n'a point une existence indépendante des unités qui la composent, si ce n'est dans la doctrine du contrat social. C'est une agrégation d'individus unis par les liens de la sympathie, par la communauté de l'origine, des besoins et des goûts, et non pas un être moral distinct de ses membres. L'homme en société n'a point à exercer contre l'État d'autres droits que ceux qu'il peut faire valoir contre chacun de ses concitoyens isolément, et si le travail n'est point une dette d'individu à individn, il ne saurait être un droit de l'individu contre l'État.

Une autre théorie fonde le droit au travail sur la faculté qu'aurait tout homme d'exiger de ses semblables les secours nécessaires à l'accomplissement de sa destinée. On connaît la doctrine des philosophes allemands, et de Krause entre autres, qui mesurent en principe le droit sur le besoin [1]. Mais si Dieu a constitué chacun maître de sa destinée; si chaque homme n'est tenu de faire que ce qu'il peut par ses propres forces ; si le devoir cesse là où l'impossibilité commence ; si la force ne peut être licitement employée que pour écarter les obstacles au développement des facultés inhérentes à la personne ; s'il est faux que les hommes naissent créanciers les uns des autres, et si le droit n'est pas autre chose que la faculté pour l'homme d'accomplir les actes à raison desquels pèse sur lui une responsabilité morale, il devient évident que le droit au travail expliqué ainsi est sans aucun fondement.

Une troisième doctrine, qui se rapproche de celle-ci, s'est produite plus récemment. Tout homme, dit-on, a reçu de Dieu en naissant le droit de vivre. L'homme ayant droit à la vie, a droit aux moyens de la conserver,

[1] V. *Suprà*, p. 56 et suiv.

et, comme c'est le travail qui produit les objets nécessaires à la vie, le droit au travail est un droit de naissance [1].

Cette théorie, que nous empruntons textuellement à son auteur, repose sur une équivoque qu'il est facile de dissiper. L'homme a le droit de vivre, incontestablement ; mais ce droit n'entraîne pas les conséquences qu'on voudrait y donner. Je l'exerce quand je défends contre un agresseur ma vie ou ma liberté injustement attaquée ; mais il ne me confère pas la faculté d'attaquer moi-même et de forcer mon semblable à un échange de services où sa libre volonté sera méconnue.

On sait bien que cet échange de services ne présente pas, dans la pensée des théoriciens socialistes, l'aspect d'une lutte brutale entre l'agresseur, qui offre son travail en échange d'un salaire, et le capitaliste, qui se refuse à passer le marché. Pour eux le droit au travail implique la nécessité de l'organisation du travail ; et le travail organisé permet à l'État, devenu le dispensateur des salaires, d'assurer à chacun le droit de vivre de son labeur. Mais la difficulté se trouve déplacée et non résolue : l'association au faîte de laquelle sera le

[1] « Sur quoi peut reposer le droit à l'assistance ? Évidemment sur le principe que tout homme en naissant a reçu de Dieu le droit de vivre. Or, voilà le principe qui justement fonde le droit au travail. L'homme a droit à la vie, il faut bien qu'il ait droit aux moyens de la conserver. » Le *Socialisme. Droit au travail,* par L. Blanc. Opusc. 1848.

gouvernement, sera en effet volontaire ou forcée. Si elle est volontaire, il ne peut plus être question de droit au travail; les associés ont leur titre dans le contrat de société; ils n'ont pas à invoquer le droit de vivre pour exiger un salaire en échange d'un service, mais seulement les clauses d'un contrat librement consenti. Ajoutons que si l'association est volontaire, l'existence du droit au travail, sa nature, son étendue se trouvent subordonnées à la volonté d'autrui, ce qui confond toutes les idées qu'on peut se faire d'un droit naturel. Et si, au contraire, elle est forcée, le fait de la spoliation reparaît aussi souvent que le droit s'exerce; la force qui a présidé à l'établissement de l'association souille tous les actes qui en sont la conséquence, et la lutte, si elle n'existe pas entre individus égaux, existe au moins entre les administrés et l'État. Les combattants ne sont plus les mêmes; mais le combat n'a pas cessé.

Il n'est donc pas vrai que le droit de vivre ait pour conséquence le droit au travail. Il faut s'entendre sur le sens qu'on attache aux mots. J'ai le droit de vivre en ce sens que j'ai le droit de conserver intact l'appareil d'organes qui sert mon intelligence, et que je puis repousser par la force quiconque m'attaque injustement; mais je n'ai pas ce prétendu droit à la vie qui m'autoriserait à me faire, dans tel cas donné, agresseur. C'est ce que sentait, d'ailleurs, l'auteur du syllogisme vicieux que nous réfutons. Son raisonnement est basé sur *le droit de vivre*, droit incontestable si l'on prend les mots dans leur acception véritable ; mais pour le continuer, il se trouve obligé de changer sa prémisse et de substituer au droit de vivre *le droit à la vie*, qui est essentiellement différent, droit imaginaire et qui ne se comprend pas, ou du moins suppose une convention, un acte de droit, et cesse alors d'être un droit naturel.

Ainsi il n'y a là rien de plus qu'un sophisme résultant de l'ambiguïté des termes, celui que l'École appelle sophisme *grammatica fallacia*.

Selon une quatrième doctrine, le droit au travail n'est par un droit par lui-même ; mais il doit être reconnu comme équivalent, au profit de tout individu privé de son patrimoine naturel. L'espèce humaine, dit-on, est usufruitière de la surface du globe, et tout homme a droit pour une part à l'usufruit du fonds commun. Or, le fonds commun se trouvant occupé par les uns à l'exclusion des autres, et une répartition mathématiquement égale étant impossible sans un retour de l'humanité à l'état sauvage, il y a nécessité de reconnaître, au profit de ceux qui se trouvent déshérités, le droit au travail comme compensation [1].

Cette théorie n'est point acceptable pour deux raisons, d'abord parce qu'elle part d'une donnée inexacte, et qu'il n'est pas vrai, comme cela sera démontré plus loin, que la propriété, c'est-à-dire le droit d'user et de

[1] *Théorie du droit de propriété et du droit du travail*, par V. Considérant. Opusc. 1848.

disposer, ne puisse avoir le sol pour objet ; ensuite parce qu'elle est moins une doctrine qu'un expédient, et qu'un expédient n'eût jamais la force obligatoire d'un droit. Un droit, en effet, est ou n'est pas ; mais lorsqu'il est, il ne se compense pas. Quoi ! la propriété du sol est illégitime, on le déclare ; tout homme venant au monde et qui ne trouve pas sa part d'usufruit (on ne dit pas dans quelle proportion), peut se dire spolié ; et la propriété du sol deviendrait légitime, et la spoliation cesserait au moyen d'un équivalent, d'une compensation dont l'usurpateur et la victime n'auraient pas débattu la valeur ! Ce n'est pas ainsi que nul, individu ou gouvernement, peut procéder au règlement des droits. Un droit naturel ne peut faire l'objet d'une transaction contre la volonté de celui qui doit l'exercer. Si la propriété du sol est illégitime, il faut le dire ; mais si cela est, on ne la légitimera pas par un expédient plus ou moins heureusement trouvé. Un débiteur, en droit civil, ne peut se libérer qu'autant que l'équivalent est juste et librement accepté ; que dirait-on s'il était arbitraire et forcément imposé ?

La doctrine du droit au travail, si souvent reproduite, si souvent combattue, n'a presque jamais été repoussée que par des motifs empruntés à un ordre d'idées qui n'ont rien de commun avec le droit. Le fonds commun où l'on a puisé des arguments, ne se compose que de considérations de fait. L'État, a-t-on dit, ne peut reconnaître le droit au travail ; car il serait bientôt dans l'impossibilité d'y satisfaire, et la reconnaissance d'un tel droit armerait les citoyens les uns contre les autres.

Ces raisons, il faut bien le dire, sont insuffisantes contre les prétentions du socialisme. S'il s'agissait d'un droit véritable, ce n'est pas par des considérations de fait qu'on pourrait l'écarter. Là où le droit existe, le fait contraire est sans autorité. C'est ce que reconnaissent toutes les législations, qui, dans les dispositions relatives à l'expropriation forcée au profit des créanciers, autorisent les tribunaux à soumettre le fait au droit. On n'écouterait pas un débiteur qui, pour se soustraire à l'exécution de ses engagements, objecterait qu'en payant ses dettes il se ruinerait.

Les considérations de fait que l'on fait valoir n'ont pas d'ailleurs toute la force qu'on leur suppose. Dans la pensée des socialistes conséquents, la reconnaissance du droit au travail n'est possible qu'à la condition que l'on entrera dans la voie de l'organisation de l'industrie. Or l'on peut concevoir tel système d'organisation industrielle, qui permettrait à la société de reconnaître ce droit sans être conduite à la nécessité d'une liquidation générale. La reconnaissance du droit au travail porterait atteinte à bien des droits sans doute ; car l'industrie ne pourrait être organisée que par la force, une organisation libre ne laissant nulle place pour le droit au travail en tant que droit naturel ; mais ce qu'il faut bien reconnaître, c'est que dans de telles conditions elle ne placerait pas l'État en face d'une impossibilité.

Tout ce qui vient d'être dit s'applique à un autre prétendu droit que l'on a appelé le droit à l'assistance. Entre les deux droits, il n'y a de différent que le nom; admettre l'un et rejeter l'autre, c'est une inconséquence. Celui qui reçoit un salaire en échange d'un travail que l'on n'accepterait pas librement, reçoit une aumône; on peut même en déterminer la valeur, elle est de toute la différence qu'il y a entre le taux du salaire et la valeur en échange actuelle des produits offerts [1].

Est-il besoin d'ajouter maintenant que repousser tous ces droits imaginaires, ce n'est pas délier l'homme des saintes obligations de la fraternité? Nous avons dit ce que le droit permet; mais un État où chacun n'aurait souci que de son droit, ne saurait subsister un jour. Quoique le droit naisse du devoir, il n'est pas de société

[1] Ces locutions, *droit au travail, droit à l'assistance,* indiquent d'elles-mêmes que ce qu'elles désignent n'est point un droit inné. Quand je prétends avoir droit à quelque chose, il faut que je puisse invoquer un fait juridique qui ait donné naissance à mon droit prétendu. Par la nature, l'homme a le droit de... faire tels et tels actes. Mais un droit à... quoi que ce soit n'est point un droit inhérent à la nature de l'homme; ce ne peut être qu'un droit acquis, car il suppose un débiteur.

Cette remarque grammaticale peut faciliter l'appréciation de tous les nouveaux droits dont certaines gens voudront gratifier l'homme en société.

dont on pourrait concevoir l'existence, si chacun n'interrogeait la loi du devoir que pour savoir jusqu'à quel point il peut aller sans trouver qui lui résiste. Dieu a pourvu à tout heureusement; il a fait découler de la même source le droit et la morale, et c'est ainsi que, per l'effet du lien qui unit la morale et le droit, l'homme ne peut s'interroger sur l'étendue de son droit sans remonter au principe d'où découlent les douces obligations de la charité.

Nous ne pouvons terminer cet examen des droits naturels sans parler de la théorie de la célèbre Déclaration des droits.

Dans le préambule de la Constitution de 1791 (art. 2), les droits naturels et imprescriptibles de l'homme sont : la liberté, la propriété, la sûreté et la résistance à l'oppression.

Il est remarquable qu'aucun de ces droits désignés comme dérivant de la nature, n'est, à proprement parler, un droit distinct.

La liberté d'abord, considérée comme le pouvoir de faire tout ce qui ne nuit pas à autrui (art. 4), n'est point un droit, ou plutôt est plus qu'un droit, si l'on veut parler exactement, c'est le droit en principe. Les mots droit et liberté, en effet, sont synonymes, quelque idée que l'on se fasse du droit; et ranger la liberté parmi les droits naturels, c'est ne rien dire, sinon que le droit est le droit.

La propriété n'est pas non plus un droit naturel; ce

n'est qu'un droit acquis. Aussi la Constitution de 1791 n'a-t-elle voulu dire qu'une chose, c'est que les propriétés sont inviolables. Le droit naturel, c'est la faculté d'appropriation, mais non la propriété; car elle suppose précisément un fait qui lui donne naissance.

Que dire de la sûreté? que c'est une opinion, un sentiment, mais non un droit. La société doit me protéger dans ma personne et dans mes biens, et prévenir les atteintes que l'on peut porter à mon droit ; j'ai le sentiment qu'elle accomplit bien ou mal sa mission, et selon le sentiment que j'éprouve, je suis rassuré ou inquiet : il n'y a rien là qui tienne au droit. Et quand même on prendrait le mot sûreté comme signifiant protection gouvernementale, on ne trouverait pas que la sûreté fût un droit, car nul n'a de droit sur le gouvernement de son pays.

Enfin la résistance à l'oppression n'est point un droit naturel, puisqu'elle n'a lieu que quand le droit a été violé. Bentham appelle les actions judiciaires des droits sanctionnateurs[1]. Nous serions tenté d'appliquer la qualification de Bentham à cette faculté de venger le droit violé. Mais il est bien plus exact de ne pas considérer la résistance à l'oppression comme un droit spécial. Revendiquer un droit, en effet, ce n'est pas user d'un droit nouveau. L'usage de la force, c'est un fait et rien

[1] *Vue générale d'un corps complet de législation*, pub. par ÉT. DUMONT, ch. XIV.

de plus. La faculté de contraindre est le caractère commun de tous les droits; ce n'est pas un droit distinct, c'est le droit même. L'individu qui fait respecter par la force sa liberté individuelle, ou tout autre droit méconnu dans sa personne, n'use donc pas d'un droit particulier; il ne fait qu'assurer la jouissance du droit qu'on méconnaît en lui.

Dans les constitutions de 1793 et de l'an III, le législateur a rangé parmi les droits naturels et imprescriptibles l'égalité [1]. C'est encore une méprise, qui a pour cause une fausse idée du droit. Tous les hommes sont égaux en droits, parce que la loi morale est une et que les mêmes devoirs sont imposés à tous; mais l'égalité n'est point un droit de naissance. Quand un citoyen réclame justement contre un privilége, c'est que cette faveur accordée à un autre a pour effet de diminuer sa somme de droit, en faisant baisser le niveau commun. Le privilége ne lèse pas par lui-même; mais, dans la société, il entraîne une lésion.

[1] Constitution du 24 juin 1793, Déclaration des droits, art. 2; Constitution du 5 fructidor an III, Déclaration, art. 1 et 3.

CHAPITRE V.

DES PRINCIPES DE DROIT.

Des principes et du scepticisme en droit. — Du droit selon Montaigne et Pascal. — Des principes et des conséquences. — Du progrès.

Nous sommes obligé d'ouvrir une parenthèse. Il nous faudrait passer à l'examen des droits acquis, lesquels ne sont, à tout prendre, que des droits naturels consolidés ou échangés. Cependant nous ferons une pause, pour expliquer notre méthode de déduction ; car tout enchaînement de vérités générales et particulières est encore, aux yeux de tant de gens, quelque chose de si vain et même dangereux, qu'il est toujours opportun de justifier ce qu'il faut appeler les principes, pour être sûr de n'avancer qu'en un pays connu.

Nous voudrions préciser la question, et même la réduire, bien éloigné que nous sommes d'entreprendre de traiter incidemment tout un sujet dont le développement exigerait des volumes. Nous irons droit à la difficulté. Qu'est-ce qu'un principe? tout le mondre répondra que c'est une vérité première. Mais à quoi servent les vérités générales? demandent les empiriques. Cette singulière question peut étonner dans la bouche de tout homme qui raisonne pour si peu que ce soit. Quoi qu'il en soit, on ne peut prononcer sur un cas particulier qu'en vertu d'une vérité déjà supérieure, régissant d'autres cas semblables. Or, si l'on remonte de degré en degré aussi haut qu'il se pourra; si l'on répond à tous les Pourquoi qui se présentent à l'esprit jusqu'à ce qu'il ait une pleine satisfaction, on arrivera enfin à une vérité générale, éternelle, et le principe sera trouvé.

Tels sont les principes en toutes choses, et telle est leur nature, qu'ils sont inflexibles, et qu'ils cesseraient d'être s'ils pouvaient varier. Or, de même qu'ils sont invariables en eux-mêmes, ils le sont aussi dans leurs conséquences les plus éloignées; en d'autres termes, les principes se retrouvent partout; les écarter c'est bannir la science. L'homme ne peut faire un raisonnement sans s'appuyer sur une vérité éternelle dans son cercle plus ou moins restreint. Plus il monte, plus le cercle s'agrandit, mais le centre ne se déplace pas. Ceux qui n'atteignent pas à la vérité suprême, en toutes matières, sont les faibles, qui s'arrêtent en chemin dans une ascension où ils n'ont pu éviter de s'engager.

On peut donc sans crainte poser cette règle alternative, qui n'a pas besoin d'être plus amplement démontrée : ou bien il faut renoncer absolument à raisonner, moins que cela encore, à affirmer, car on ne peut rien juger sans avoir, bonne ou mauvaise, une règle d'appréciation qui sera nécessairement générale ; ou bien il faut admettre des principes, des règles qu'on définira, qu'on circonscrira, mais dont on ne devra pas s'affranchir, quand une fois on les aura posées.

Toutefois les principes de droit (pour ne parler que de ceux-ci) ont des adversaires et des adversaires de plusieurs sortes : d'abord les sceptiques, qui nient les principes du droit comme tous les autres ; puis ceux qui, sans les nier, en rejettent les conséquences ; puis enfin ceux qui les annihilent par le rêve d'un progrès indéfini.

Montaigne parlait ainsi des lois : « Quelle bonté est-ce que je voyais hier en crédit et demain ne l'est plus, et que le trajet d'une rivière fait crime [1] ? » Et Pascal, le sceptique croyant, a reproduit la pensée de Montaigne dans ces lignes fameuses : « On ne voit presque rien de juste et d'injuste qui ne change de qualité en changeant de climat. Trois degrés d'élévation du pôle renversent toute la jurisprudence. Un méridien décide de la vérité. En peu d'années de possession, le droit fondamental change. Plaisante justice qu'une rivière ou une montagne borne! Vérité en deçà des Pyrénées, erreur au delà [2]. »

[1] Essais, liv. II, ch. XII.

[2] Pensées, partie I, art. 6.

Que faut-il penser de toutes ces négations? Ces plaintes décourageantes ont-elles quelque fondement? S'il en était ainsi, les philosophes qui s'occupent du droit disputeraient sur un mot.

Mais il n'y a rien là qu'un sophisme. Si Montaigne et Pascal avait entendu dire que le droit est souvent méconnu; que la force joue un grand rôle dans le monde; que la législation positive est trop souvent arbitraire, ils n'auraient fait que constater une vérité historique, que personne ne songerait à contester. Ils auraient encore reconnu une vérité dont il ne faut pas trop s'étonner, s'ils avaient voulu dire que le droit se manifeste différemment selon les mœurs et les climats, et encore dans ses moyens organiques plutôt que dans ses principes fondamentaux. Mais s'ils ont entendu que la justice n'est qu'un mot; si de la diversité des législations positives ils ont voulu inférer que les principes du droit ne sont qu'une illusion ou que l'homme ne peut les saisir et encore moins les comprendre, ils n'ont exprimé qu'un paradoxe contre lequel proteste le sentiment que les hommes vivant en société ont toujours eu de leur droit.

D'ailleurs cette diversité d'apparence n'est pas particulière au droit : la géométrie appliquée concourt à des résultats différents, selon l'énoncé du problème qu'elle sert à résoudre, sans que les principes géométriques cessent d'être pour cela toujours les mêmes. De même, en droit, les principes ne sont pas bornés par une rivière ou une montagne; mais de simples accidents de terrain peuvent faire en effet changer l'espèce, comme disent les jurisconsultes, à laquelle il faudra les appliquer.

Ce qu'il y a de variable dans le droit, c'est l'apparence, c'est la manifestation, c'est la forme. Mais qu'importe cette diversité d'apparence, si l'identité est au fond? Des lois contraires à la première vue, peuvent, selon la remarque de Montesquieu, avoir absolument le même fondement[1].

D'autres adversaires du droit ne professent pas d'aussi désolantes maximes; ils ne s'élèvent pas contre la vérité absolue; mais ils la tiennent dans une région inaccessible à la raison pratique, *involuta veritas in alto latens.* Il y aurait ainsi une sorte de scission entre les vérités pures et les vérités d'application : les premières bonnes seulement pour les rêveurs, et les secondes variables, temporaires, complaisantes, se prêtant à toutes les prétendues nécessités du moment. Quoi de plus commun que d'entendre ces hommes pratiques, comme ils s'appellent, traiter de chimères les déductions les plus irréfutables d'un principe incontesté ! Avec eux, la vérité applicable se subordonne aux faits; elle n'est légi-

[1] Nous préciserons notre pensée par un exemple. Chez nous, les donations ne sont valables que faites en la forme authentique; chez tel peuple voisin, un écrit quelconque suffira. Mais la vérité, le droit est partout que la volonté du donateur doit être certaine, et selon les temps et les mœurs du pays, le législateur apprécie diversement cette volonté.

time que dans la mesure du possible tel qu'ils le conçoivent ; les principes seraient les satellites du fait, comme ces chefs sans autorité obéissant aux soldats indisciplinés qu'ils ont mission de commander.

Ce système, si une négation peut s'appeler de ce nom, est insoutenable de tous points. Un principe est vrai ou faux ; mais s'il est vrai, il l'est partout et dans toutes ses conséquences. On peut le définir, le circonscrire, le limiter, car un principe change selon qu'on l'étend ou le limite ; mais repousser des conséquences rigoureusement déduites, c'est un non-sens [1].

En toutes matières, il ne faut pas l'oublier, les conséquences prises ensemble, même en comprenant les plus éloignées, sont égales à la vérité première [2]. Qu'est-ce qu'une vérité générale sinon une somme plus ou moins forte de vérités particulières, ou plutôt des vérités particulières débarrassées de ce qu'elles ont d'accidentel et devenues maxime ? La force des déductions syllogistiques ne tient pas à autre chose qu'à l'identité de toutes les parties du raisonnement. La conséquence est contenue dans le principe nécessairement ; elle est vraie si le principe est vrai, fausse si le principe est faux. Or rejeter la conséquence en admettant le principe, c'est

[1] Mihi placere non solet consequentia reprehendere quum prima concesseris. Cic., *Tusculanes*, V, 9.

[2] Ea dico consequentia quæ rem necessario consequuntur. Cic., *Topica*, 13.

admettre qu'une chose peut être tout à la fois fausse et vraie, ce qui est une absurdité.

On dit trop communément que c'est à la pratique à adoucir le caractère exclusif de la théorie; que la vérité n'est tout entière nulle part; qu'elle admet des tempéraments; et l'on rappelle le mot rapporté par Térence et Cicéron : *Summum jus, summa injuria.*

Cela ne saurait être vrai sans explication.

Oui, la pratique éprouve la théorie en ce sens que l'application est souvent la pierre de touche d'un principe, et peut servir à en faire découvrir la fausseté. Notre pauvre intelligence est souvent le jouet d'un mirage; l'erreur a des lueurs trompeuses; l'évidence n'est pas toujours là où elle nous apparaît; pour reconnaître la vérité, il nous est nécessaire de l'envisager sous tous ses côtés, et nous avons besoin que l'application nous rassure sur la réalité du point de départ de nos raisonnements et sur la valeur de nos déductions. Mais l'application n'est là que comme moyen indicatif et non pour corriger. Une conséquence inadmissible révèle un principe faux ou un raisonnement erroné; il faut alors chercher le vice du principe ou du raisonnement; mais la vérité n'est pas moins une, immuable, indépendante des temps et des lieux; et quand elle brille aux yeux sous toutes ses faces, il n'est pas permis de l'admettre et de la rejeter en partie.

Les Romains disaient proverbialement que le droit rigoureux était une grande injustice : *Summum jus, summa injuria*; c'est qu'aussi, dans la barbare interprétation de leur loi jusqu'à l'établissement de la jurisprudence prétorienne, ils prenaient pour le droit ce qui souvent n'était pas le droit. Et d'ailleurs si tout le droit peut être une injustice, c'est pour le for de la conscience, où l'autorité publique ne pénètre pas.

La doctrine que nous combattons repose sur une erreur déjà réfutée en parlant des divers systèmes de morale[1]. L'École écossaise, on le sait, fait du principe du bien et du mal une affaire de sentiment. Selon Adam Smith, une action est bonne ou mauvaise selon la nature du mouvement qu'elle détermine en nous. De même aussi pour les contradicteurs dont nous parlons, si l'on scrute leur pensée, quand ils prononcent sur l'application d'un principe de droit ou de ses conséquences, on trouvera toujours qu'ils se décident par un sentiment de convenance. Pour eux le sentiment prononce sur la vérité de droit, comme dans Adam Smith sur la vérité morale; leur doctrine, à leur insu sans doute, place l'intelligence dans le domaine de la sensibilité, et confond ainsi deux attributs bien distincts de l'âme. Là est l'erreur. Si le droit dérivait du sentiment, il n'aurait qu'un principe variable selon les temps et les lieux. Tout accord serait impossible, car s'il n'y a qu'une manière de bien penser, il y en a mille de sentir; et le sentiment, variable pour chacun, n'admet ni principe

[1] *Vide suprà*, p. 16, note.

ni conséquences, mais seulement des impressions diverses comme les causes qui les font naître.

Il est des vérités éternelles sur lesquelles la raison et le sentiment se sont toujours accordés ; mais ce ne sont pas les seules qu'il soit permis d'admettre, et celà ne doit pas faire illusion sur la valeur du système qui place le principe du juste ailleurs que dans la raison.

Quant aux songeurs qui, assimilant les idées aux créations humaines, rêvent un progrès indéfini du droit et semblent admettre que le droit ait ses époques, ils se rapprochent de Montaigne et de Pascal, dont ils ne diffèrent qu'en ce qu'ils se rattachent pour un temps à un point fixe sur le sable mouvant du doute. Mais il faut leur dire que le droit, comme la morale, ne progresse pas, par la raison que la vérité mobile ne serait plus elle-même. La loi, dit Confucius, ne saurait varier de l'épaisseur d'un cheveu ; autrement, ce ne serait plus la loi. On ne saurait mieux penser, et il faut toujours répéter que le droit serait aujourd'hui violé par ce qui eût été, il y a dix siècles, une violation du droit.

Mais l'humanité marche toujours, ajoute-t-on, elle se développe comme l'individu, et les philosophes, à la différence des poëtes, qui considèrent que l'espèce humaine va se pervertissant sans cesse, représentent tous le progrès comme une loi. Pourquoi le droit ne progresserait-il pas ?

Nous répondrons que le droit n'est pas une création de l'intelligence ; que la vérité, si elle se découvre par degrés, ne se perfectionne pas avec le temps; et que, entre toutes les phrases proverbiales qui défraient les polémiques vulgaires, nous n'en connaissons pas de plus inepte que celle-ci, à propos de telle maxime de justice dans le passé : Bon pour ce temps là !

Il faut s'entendre sur la signification des mots. Le progrès est un avancement successif et régulier. Appliqué à l'état économique des nations, aux connaissances humaines et même aux institutions, le mot progrès a un sens; il n'en a pas, appliqué aux choses éternelles qui existent indépendamment des idées que l'homme peut s'en faire. Tout ce qui est une création de l'esprit humain peut progresser, par cela même que cela peut s'améliorer; mais il ne faut pas prendre la formule d'une vérité préexistante à l'homme pour la vérité même, et s'imaginer qu'elle a avancé parce que nous sommes arrivés à nous en faire une idée plus claire. Ce serait la même erreur que de croire que les bornes du chemin ont marché quand le voyageur les a atteintes. Le droit n'a pas changé, parce que la liberté des cultes et de l'enseignement méconnue il a deux siècles est écrite aujourd'hui dans nos codes. Il est aujourd'hui ce qu'il était alors; l'esprit humain a progressé, mais non pas la vérité; et elle ne fait pas un pas nouveau dans la voie du progrès toutes les fois que l'esprit rompt avec un préjugé.

Ces distinctions, subtiles en apparence, ne sont pas sans utilité : les utopies auraient plus de peine à se produire sans cette imagination du progrès, par exemple, qui trouble tant d'intelligences, et ne leur fait voir en toutes choses que le vêtement. Au reste, si nous réclamons pour les principes du droit, universels comme ceux de la morale, des sciences et des arts, c'est avec la grammaire de tous les pays, qui ne marque pas une faute dans cette locution : *loi injuste* (*lex contra jus*); c'est avec la conscience générale, qui n'a jamais élevé de plus vives réclamations que contre l'arbitraire légal; c'est avec le sentiment de tout le monde, qui s'est toujours soulevé contre ces lois de fantaisie qui usurpent sur le droit; c'est enfin avec l'esprit humain même, qui ne saurait concevoir une illégalité punissable là où, par la nature des choses, il n'y a pas une injustice.

Cette digression où nous nous sommes laissé aller n'était peut-être pas sans utilité; cela dit, nous continuons.

CHAPITRE VI.

DES DROITS ACQUIS.

Du droit personnel et de l'obligation. — Du principe du droit personnel. — De l'esclavage civil selon Aristote; selon les jurisconsultes romains; selon Hobbes. — Du mariage. — Du divorce.

Les droits acquis sont de deux sortes : tout droit acquis est personnel ou réel ; tout citoyen qui a un droit de cette nature est créancier ou propriétaire ; il n'y a même nulle place pour un droit mixte, et l'on ne saurait imaginer un droit acquis quelconque qui fût autre chose qu'une puissance sur une personne ou sur une chose.

Il importe de se faire une idée exacte du droit personnel qui vient en premier lieu. Selon Kant, il consiste dans la possession de l'arbitre d'une autre personne, comme faculté de la déterminer par le mien à un certain acte[1]. C'est en termes inverses la définition

[1] *Principes métaphysiques du droit*, trad. de M. Tissot, p. 101.

du droit romain qui disait : *Obligatio est vinculum juris quo necessitate astringimur alicujus rei solvendæ*[1]. L'obligation astreint, en effet, à faire ou à donner, et le droit personnel que j'ai contre quelqu'un, c'est la faculté de vouloir pour lui, et de le contraindre à accomplir tel acte de ma volonté, comme il eût accompli l'acte de sa volonté propre[2].

Mais à quelles conditions le droit personnel sera-t-il légitime? D'abord il faudra que le droit, et conséquemment l'obligation qui en est la corrélation, aient une cause. Comme c'est une modification du cercle d'activité où l'homme se trouve en naissant, il faut pouvoir invoquer un fait qui l'ait produite. L'arbitre de chacun n'appartient qu'à lui-même, et nul n'a un droit inné sur son semblable. Tout droit personnel supposera donc un acte de droit, soit un concours de volontés, c'est-à-dire un contrat, soit une imprudence condamnable ou un de ces mille faits que les jurisconsultes appellent des quasi-contrats[3] ; et dans tous les cas le droit aura une cause, ou bien il n'existera pas.

En second lieu, cette cause du droit personnel devra être légitime en soi, en ce sens qu'il n'y aura pas chez

[1] *Inst.*, *De oblig. Pr.*

[2] Exemple : *Primus* s'est engagé à me bâtir une maison; mon droit est de vouloir qu'il me la construise, même quand sa détermination serait changée. Dans cette limite, sa volonté m'est acquise, elle n'est plus sienne.

[3] Code civil, art. 1371.

l'obligé l'abdication d'un devoir. Le devoir, en effet, ne s'abdique pas. En langage vulgaire, tout contrat devra être de la part des deux parties un acte honnête. Comment pourrais-je exiger comme un droit l'accomplissement d'un acte qui serait pour autrui un manquement à la loi morale, et qui donnerait ainsi au contrat une cause honteuse et réprouvée? Le cercle d'activité naturelle peut être pour chacun agrandi; le fait générateur du droit nouveau peut être très-légitime; mais c'est à la condition que l'individu sujet du droit, n'aura pas à exiger quoi que ce fût, qui serait pour l'obligé et pour lui-même une infraction à la loi du devoir.

Telle est en dernière analyse la théorie des obligations en droit romain et en droit français. Notre Code civil reconnaît quatre sources d'obligations : Les contrats, les délits, les quasi-contrats et les quasi-délits. Ce sont les titres donnant naissance au droit personnel, dont l'obligation est le corrélatif. Mais, en ce qui concerne les contrats, où quatre choses sont exigées, à savoir, le concours des volontés des parties, la capacité légale, un objet certain comme matière de l'obligation et une cause licite (art. 1108), si l'on considère que la capacité légale se confond avec le consentement, puisque être légalement incapable c'est ne pas pouvoir légalement consentir; si l'on remarque en outre que l'existence d'un objet certain est constitutive de l'acte de droit, un consentement sans objet ne pouvant se concevoir, on reconnaîtra qu'en réalité, philosophiquement, deux choses sont exigées, à savoir : 1° qu'il y ait un acte de droit, et 2° qu'il soit légitime, que la cause en soit honnête.

Cela n'empêche pas, bien entendu, que l'individu qui, par faute ou négligence, blesse son semblable ou endommage sa chose ne lui doive une réparation. Mais le principe alors n'est pas illégitime en soi ; l'obligé ne perd rien en réparant le mal qu'il a causé ; l'obligation alors a pour objet la satisfaction d'un droit lésé, non l'acquisition d'un droit nouveau ; son accomplissement a pour fin la réparation d'un mal accompli, non le bénéfice d'une mauvaise action à commettre, et le créancier n'acquiert rien qu'il n'eût auparavant, mais seulement recouvre sous une forme identique ou différente ce dont on l'avait injustement dépouillé.

Après le principe des créances et des obligations vient leur objet. Quel sera-t-il ? Toute obligation consiste à faire ou à donner ; mais en dernière analyse l'obligation de faire et celle de donner se rattachent au même principe. L'obligation de donner, qui a pour corrélatif le droit d'exiger, suppose la légitimité du droit de propriété, que nous démontrerons plus loin ; mais, comme la propriété n'est que l'assimilation d'une chose à une personne, il suit que celui qui s'est obligé à donner s'est engagé à accomplir l'acte d'une volonté étrangère, comme celui qui s'est obligé à la prestation d'un service personnel. L'un et l'autre de ces obligés a abdiqué quelque chose de lui-même.

Le droit personnel et l'obligation, soit de faire, soit de donner, se rattachent donc à l'idée fondamentale du droit; et c'est ici qu'apparaît la nécessité pratique de donner au droit une base. Kant, on se le rappelle, n'a pas établi sa théorie du droit sur un principe fondamental : il ne dit pas ce qu'est le droit ; il donne seulement un *criterium* à l'aide duquel on peut distinguer les faits licites en droit de ceux qui ne le sont pas. Il est arrivé qu'il n'a pu donner une théorie complète du droit personnel et de son corrélatif, l'obligation. Kant dit bien, par une sorte d'inconséquence avec son propre principe conçu en dehors de toute idée de justice, que l'on ne peut acquérir par un fait injuste de la part d'autrui [1]. Mais pourquoi un fait injuste ne peut-il pas être le fondement d'un droit personnel ? Pourquoi le principe de toute obligation doit-il être légitime en soi ? En quoi une obligation de faire le mal serait-elle contraire à l'idée du droit ? Kant ne le dit pas et ne pouvait pas le dire, son *criterium* du droit ne reposant que sur l'idée de liberté.

Les titres légaux des droits personnels sont divers comme les mille accidents de la vie dans l'état de civilisation. Il ne peut entrer dans le cadre d'aucun ouvrage de les examiner tous, et il n'a jamais pu entrer dans la pensée d'aucun législateur de les embrasser tous dans ses prévisions. Le titre légal d'un droit personnel est toujours un fait ou une convention ; mais ces faits, ces

[1] *Principes métaph. du droit*, trad. de M. Tissot, p. 107.

conventions, vente, louage, société, etc., qui donnent naissance au droit personnel, revêtent mille formes diverses. Ils peuvent être classés, mais non catalogués.

Nous n'entreprendrons pas de traiter des différents titres d'obligation. Nous ne parlerons que de la puissance qui, jusqu'à nos jours, a pu soumettre un homme à son semblable, et du lien intime qui unit deux êtres de sexe différent et qui fonde la famille. Quoique de même nature, de ces deux titres, l'un est légitime et l'autre ne l'est pas. Voyons d'abord ce qu'il faut penser de l'esclavage.

Les théories sur la légitimité de l'esclavage peuvent se réduire à trois : celle d'Aristote, celle du droit romain, celle de Hobbes.

Aristote fonde l'esclavage sur le principe d'utilité. Selon lui, la science domestique, celle qui a pour objet l'appropriation des choses nécessaires à l'existence, a besoin d'instruments spéciaux, les uns inanimés, les autres vivants. Parmi les hommes, il en est que la nature destine à des fonctions subalternes : ceux-ci, dit Aristote, peuvent être soumis, instruments vivants, à un supérieur, comme le corps à l'âme, l'instinct à la raison ; leur soumission est juste, car elle est dans l'intérêt de l'esclave aussi bien que du maître ; elle est naturelle, car elle se trouve indiquée par la nature elle-même, qui prédispose les uns à obéir, les autres à commander [1].

[1] *Politique*, liv. I, chap. II.

Cette doctrine n'est point acceptable ; elle est erronée en fait et en droit :

Erronée en fait, car il n'est rien de moins démonstrable que cette destination providentielle de quelques hommes nés pour faire des autres les instruments de leurs besoins ou de leurs plaisirs ;

Erronée en droit, car une supériorité native ne dondonnerait droit à personne de soumettre son semblable à un état qui anéantît sa personnalité.

Une différence d'aptitude, même une infériorité physique ou intellectuelle réelle, ne sont pas, quoi qu'on puisse dire, la marque d'une infériorité de nature ; dans l'échelle humaine, il y a des degrés, non des différences.

Aristote ajoute, à la vérité, que l'esclavage, comme institution, peut être utile à l'esclave aussi bien qu'au maître, et que la subordination de l'esclave a sa légitimité dans ce double intérêt. Cela est peu rationnel. C'est l'argument employé de nos jours pour justifier l'esclavage des noirs ; mais il suppose une notion erronée du droit, et ne fait que cacher en réalité un principe d'orgueil et d'égoïsme. Le prétendu intérêt de l'esclave pourrait expliquer sa soumission volontaire, mais non justifier le droit qu'on veut exercer sur sa personne. Qu'est-ce que cette providence humaine, c'est-à-dire faillible, et qui s'impose, et ce droit dont on cherche le titre dans l'utilité de celui contre la volonté de qui on veut l'exercer ? J'exercerais un droit en contraignant par force mon semblable à être heureux autrement qu'il ne lui plaît ! Je ferais de sa liberté légitimement ma chose, par charité pour lui ! Qu'il soit à ses périls possesseur de son bien.

Il faut qu'Aristote l'ait dit, pour qu'il ne paraisse pas hors de sens d'admettre que le bonheur de l'homme puisse se régler autrement que d'après son propre sentiment, et que l'exercice d'un droit, ce qui suppose la résistance de celui qui y est soumis, puisse avoir lieu pour contraindre mon semblable à une obéissance qui, dans mes prévisions, doit lui procurer un bonheur dont il ne veut pas.

Selon les jurisconsultes romains, l'esclavage est un effet du droit de la guerre : l'esclave c'est le vaincu ou le fils du vaincu. L'esclavage par la guerre est, selon eux, légitime, parce que le vainqueur, qui pouvait tuer le vaincu et lui a conservé la vie, a au moins le droit de le tenir en servitude [1].

Les jurisconsultes romains préjugent ici le droit de la guerre ; mais il n'est pas ce qu'ils supposent. Tout le droit du vainqueur est de mettre l'agresseur dans l'impossibilité de lui nuire ; il ne comporte pas la faculté de tuer après le combat, ni de porter atteinte à ce qui constitue sa personne.

[1] Servi aut nascuntur aut fiunt. Nascuntur ex ancillis nostris, Fiunt aut jure gentium, id est ex captivitate, aut jure civili... *Inst. de Jure pers.*, § 4. — Servi autem ex eo appellati sunt quod imperatores captivos vendere jubent, ac per hoc servare, nec occidere solent. *Ibid.*, § 3.

D'ailleurs, il ne peut résulter de la victoire qu'une puissance de fait. Or la puissance du fort sur le faible ne saurait être confondue avec le droit du maître sur l'esclave, et pour que le maître eût un droit et que l'esclave fût tenu à l'obéissance, il faudrait qu'un lien de droit enchaînât l'esclave au maître, même après que la violence aurait cessé. Cela revient à dire que l'esclavage ne pourrait avoir lieu que volontairement ; que ce n'est pas un droit que cette puissance dont l'esclave pourrait s'affranchir à la première occasion propice, et que la guerre, qui ne produit aucun lien, ne peut rien expliquer.

Hobbes a bien compris que l'esclavage ne serait qu'un fait tant que la volonté de l'esclave y serait étrangère. Aussi en cherche-t-il la justification dans un pacte supposé, intervenu entre l'esclave et le maître après que l'état de guerre a cessé. Selon Hobbes, l'obligation de l'esclave vient de ce que le maître lui a accordé la liberté corporelle et a reçu sa foi en échange [1]. L'esclave est dans la position d'un prisonnier en liberté corporellement sur parole.

Hobbes, comme on le voit, a posé sur son véritable terrain la question de la légitimité de l'esclavage ; il n'y a bien qu'une convention, en effet, qui puisse fonder l'esclavage si réellement l'esclavage est légitime. Mais cette convention hypothétique, fût-elle vraie, ne

[1] HOBBES, *de Cive*, cap. VIII, 3.

saurait être obligatoire en droit, sinon en ce sens qu'une parole n'engage pas, au moins en ce sens que l'esclave pourra toujours revenir à son ancien état de vaincu insoumis. L'esclavage est contraire au droit aussi bien qu'à la morale, parce que nul ne pourrait aliéner son libre arbitre sans en recevoir l'équivalent, et qu'il ne peut y avoir d'équivalent pour l'homme qui renonce à lui-même. L'esclave donc n'est point obligé, n'ayant pu abdiquer son droit d'homme libre, et le maître n'a pas de droit, n'étant pas de droit qui puisse avoir son principe dans une infraction à la loi morale.

On voit ainsi ce qu'a d'inexacte la réfutation de l'esclavage tirée du principe de la fraternité évangélique. L'esclavage a toujours été contraire à la morale, même à Rome, où il était une institution *contra naturam*, comme disaient les jurisconsultes romains ; et cependant sa seule immoralité ne serait point une raison qui dût en entraîner la condamnation, quand il est tant d'autres iniquités qui doivent être tolérées en droit, et qui ne pourraient être réprimées en fait, comme nous en voyons tous les jours de telles se produire dans le silence de la loi, sinon avec son approbation. Quand on parle de l'esclavage comme institution, il faut donc remonter au principe d'où dérivent tous les droits, c'est-à-dire à la loi du devoir obligatoire pour tous les hommes.

Et tout cela est vrai des degrés intermédiaires de l'esclavage à la liberté. Plus grande ou moindre, l'injustice de l'institution est la même. Les colons du Bas-Empire, les serfs du moyen âge et ceux de certaines contrées de nos jours peuvent invoquer pour leur complet affranchissement les mêmes principes que les esclaves de nom.

Quant au mariage, c'est la plus complète des aliénations licites. Dans le mariage, comme l'a dit Pothier, chacun des époux a un droit sur le corps de l'autre [1]. De plus, comme le mariage est l'union de deux êtres moraux, la convention qui le constitue oblige les époux, selon le droit de tous les pays et la morale de toutes les nations, à se prêter mutuellement secours et assistance, et à demeurer fidèles l'un à l'autre réciproquement.

Le mariage, tel qu'il est compris dans toutes les législations, confère donc à la fois un droit réel à chacun des époux contre son conjoint, pour l'accomplissement de l'acte qui en fait l'objet, et un droit personnel pour les suites que cet acte entraîne. Le mariage n'est pas seulement le rapprochement de l'homme et de la femme; car l'union des sexes est un fait purement physique, et les deux êtres qu'un désir réciproque a poussés l'un vers l'autre ne se doivent rien rigoureusement, le besoin une fois satisfait; c'est un contrat, qui a pour cause naturelle ce désir mutuel, pour objet sa satisfaction, et qui impose à l'homme et à la femme qui se sont momentanément unis, l'obligation de s'assister dans les besoins que leur rapprochement a fait naître.

Le premier doute qui se présente à l'esprit est celui

[1] *Traité du contrat de mariage*, partie I, ch. I.

de la légitimité même du droit réel auquel prétend chacun des époux. L'homme et la femme peuvent-ils ainsi s'aliéner réciproquement et s'engager à se faire chacun l'instrument du plaisir de son conjoint?

La raison universelle a résolu la question affirmativement, et le sentiment commun a toujours ratifié le jugement de la raison : toutes les religions ont sacré la société conjugale. Le doute viendrait de ce qu'il peut paraître contraire à la dignité de l'être moral de soumettre sa personne à la volonté d'autrui. Mais Kant y a répondu : Que la dignité morale ne permette pas de faire de sa personne l'instrument du plaisir d'un autre, nul n'y contredira; mais, comme dans le mariage les époux ont un droit semblable et que chacun est à la fois sujet et objet du droit, il suit qu'en y trouvant son propre avantage, chacun d'eux retrouve aussi sa personnalité [1].

Et d'ailleurs cette soumission personnelle n'est pas particulière aux droits résultant du mariage; elle est l'objet de tous les droits personnels à un degré plus grand ou moindre, puisque toute obligation a pour objet de faire ou de donner, c'est-à-dire de prester un service personnel.

La réciprocité du droit, telle est donc la justification de la société conjugale. C'est ce qui légitime tous les contrats. La courtisane est inférieure à l'épouse, parce qu'elle n'a pas de droit semblable à celui qu'elle concède. L'épouse, au contraire, est égale au mari, parce

[1] *Principes métaphysiques du droit*, p. 113.

qu'elle a un droit pareil. L'esclavage volontaire serait honteux, parce que l'esclave est sans droit, tandis que la société entre amis est sainte, parce que les droits sont égaux.

Au reste, les droits du mariage n'ont pas un principe différent de tous les autres. L'homme et la femme sont poussés l'un vers l'autre par un instinct tout-puissant, auquel se mêle le sentiment, apanage des seuls êtres moraux, et qui, comme le dit Portalis, détermine le choix, la préférence, et fixe le désir sur un seul objet [1]. Mais cette obéissance instinctive n'est pas seulement ici la satisfaction d'une passion; elle est chez la plupart l'accomplissement d'un devoir, et c'est pourquoi les théologiens font dériver les droits du mariage du commandement que Dieu fait aux hommes, dans la Genèse, de croître et de multiplier [2].

Mais tous les peuples ont révéré la virginité volontaire; toutes les religions ont recommandé la chasteté à leurs prêtres, et l'Église catholique exige le célibat chez ses ministres. Faut-il voir dans ce sentiment général et dans le penchant au mariage une antinomie morale, qui ajoute une énigme de plus à tous les problèmes moraux dont les philosophes ont pris la mission de chercher la solution?

S'il en était ainsi, selon le point de vue où l'on se placerait, le monde ne contiendrait que des fanatiques

[1] *Exposé des motifs du titre* V du Code civil.

[2] DOMAT, *Traité des lois*, ch. III.

ou des impurs. Une telle alternative n'existe pas, et la conciliation est possible, fort heureusement, entre le devoir moral, qui n'est ici que relatif, et le dogme religieux, qui n'a pour objet que des exceptions. L'union des sexes, cause et but du mariage, a un double caractère. Le mariage est un devoir, en effet, mais en même temps une satisfaction pour le cœur et pour les sens. Or, au fond de tous les dogmes religieux se retrouve l'idée de l'expiation, de l'abstinence, du sacrifice; un sentiment mystérieux porte l'homme à respecter tout acte d'abstinence volontaire, comme si cela devait laver une tache d'origine. L'Église catholique l'a déduit du dogme du péché originel; mais il demeure sans influence sur le principe du devoir, et quand les religions glorifient le célibat, la virginité, ce n'est pas le manquement au devoir qu'elles honorent, mais le sacrifice du plaisir.

Du caractère du contrat de mariage, il suit que les clauses n'en peuvent être librement débattues. A Rome on distinguait le mariage, *justæ nuptiæ*, du concubinat, *concubinatus*. Le concubinat établissait entre l'homme et la femme un lien légal; mais il laissait celle-ci dans un état d'infériorité, si bien que les concubines étaient choisies parmi les affranchies et les courtisanes [1], et que, le mariage ayant lieu par le seul consentement, on préjugeait qu'il y avait mariage ou concubinat, selon la qualité de la femme. — En Allemagne et dans les pays du nord de l'Europe, le mariage morganatique,

[1] D. *De Concubinis*, l. 3. — Ibid., *de Ritu nupt.*, l. 41.

qui se pratique encore, ne produit également que des effets imparfaits. C'est le concubinat des Romains ; aussi n'est-il connu que dans les États protestants où le droit romain est en vigueur. Mais ces unions sont illicites, par cela même qu'elles ne donnent pas aux époux des droits égaux. La législation positive doit les tolérer; elle ne peut leur faire produire des effets juridiques, même restreints.

Du caractère du contrat de mariage, il suit encore que la polygamie est illicite, et ne peut produire d'obligations. Il n'y a point, en effet, égalité dans un contrat où l'un se donne tout entier, tandis que l'autre ne se donne qu'en partie, se donnant à plusieurs. Dans le mariage, l'aliénation ne peut être que réciproque et complète. La polygamie, c'est la servitude, c'est-à-dire la honte, et un droit ne peut naître d'une convention qui a un but honteux.

Enfin, le mariage, par sa nature, ne peut être contracté pour un temps, ou résoluble sous condition. La femme qui se donne perd plus qu'elle ne reçoit. Il y a dans sa pureté un charme mystérieux qui ne se goûte qu'une fois[1]. Or la pérennité du lien conjugal

[1] La vergine che il fior, di che più zelo
Che de' begli occhi et della vita aver de
Lascia altrui corre, il pregio ch' avea innanti
Perde nel cor di tutti gli altri amanti.
(*Orlando furioso*, I, 43.)

Les mariages à temps sont connus, dit-on, à Madagascar et dans une partie de l'Orient. L'histoire de notre droit en fournit des exem-

peut seule établir une compensation et remettre l'équilibre dérangé.

Mais ces considérations n'empêchent pas que l'inexécution des obligations de l'un des époux ne délie l'autre conjoint des siennes. Si la réciprocité des droits et des obligations entre époux justifie seule le droit réel et le droit personnel qui naissent du mariage, le manquement à ces obligations chez l'un des conjoints, fait recouvrer à l'autre la liberté de sa personne. C'est par cette raison que les législations positives ont admis le divorce, ou au moins la séparation de corps.

Notre législation admet la séparation de corps et repousse le divorce, c'est-à-dire la séparation avec faculté pour les époux de se remarier. C'est une anomalie ; car, du moment où les obligations personnelles qui naissent du mariage n'existent plus et que chacun des époux a recouvré son indépendance, on ne saurait, sans méconnaître les principes de la liberté, c'est-à-dire du droit, leur interdire de nouvelles unions [1].

ples; en 1297, dans l'Armagnac, deux nobles contractèrent mariage pour sept ans.

[1] Dans quelques notices bibliographiques dont cet ouvrage a été l'objet, on a représenté l'auteur comme partisan du divorce, et naturellement, on l'en gourmande beaucoup. Il faut que nous nous soyons fait bien mal comprendre. Comme chrétien et même comme homme, le divorce nous révolte profondément; tout ce que nous avons voulu dire, c'est que la loi qui défend le divorce entreprend sur le dogme religieux, ce qu'elle ne peut faire sans sortir de sa sphère. Que ne demande-t-on la substitution du mariage religieux au mariage purement civil? Il n'est pas un argument contre le divorce

Les motifs par lesquels la loi du 8 mai 1816 a aboli le divorce en France sont d'ailleurs empruntés à un ordre d'idées complétement étrangères au droit. Le divorce est incompatible avec le dogme catholique! Qu'importe s'il ne l'est point avec les principes du droit? Le dogme catholique n'est pas le droit; la morale même n'est pas le droit, quoique le droit dérive du devoir. Or, s'il est en droit des libertés qu'on ne peut tolérer en morale ni en religion, on ne saurait opposer le dogme religieux pour décider qu'un acte est ou n'est pas licite en droit.

Que celui dont la foi n'autorise pas le divorce n'use pas du droit qui résulte de l'annulation du mariage, rien de mieux. Nul ne peut contraindre le catholique dont le mariage est annulé à contracter une nouvelle union, et une loi coercitive à ce sujet (si tant est qu'elle fût possible) serait attentatoire à la liberté personnelle et à la foi religieuse. Mais il ne s'agit point ici de savoir (question évidemment absurde) si un catholique divorcé peut être contraint de se remarier ; ce qui est en question, c'est la légitimité du nouveau mariage du citoyen divorcé, catholique ou protestant, et le principe de la liberté des cultes ne permet pas que l'on cherche dans un dogme religieux la raison d'un empêchement légal.

On ajoute que la possibilité du divorce est un encou-

qui ne soit applicable à la doctrine du mariage religieux. Il y a sur ces deux points, dans notre législation, une contradiction dont il est surprenant que personne ne se soit encore aperçu.

ragement à ces désordres qui troublent si profondément les familles; que la femme divorcée n'apporte pas à son nouvel époux cette pureté qui rend un premier lien si doux, et que les enfants, s'il en existe, ne peuvent que souffrir d'une nouvelle union qui vient, pour ainsi dire, s'enter sur une union ancienne.

Ce ne sont pas là des arguments de droit, en admettant qu'ils eussent la force qu'on leur suppose; car si le divorce était un encouragement aux désordres intérieurs, on pourrait en prévenir l'abus, mais cela ne ferait pas qu'il fût illégitime en principe. Faut-il rayer la propriété de la loi parce qu'il y a des avares, même des voleurs, donnant le spectacle public de tant de fortunes mal acquises? Le mal du divorce n'est d'alleurs pas dans les prévisions où les époux pourraient se laisser entraîner. Il serait peut-être dans le fait même des secondes unions; mais précisément ce mal en prévient un plus grand. Les époux que leurs penchants poussent au désordre, seront rarement excités par la possibilité d'un second mariage; et dans l'état actuel des mœurs, il ne sont pas retenus par l'indissolubilité du mariage qu'ils ont contracté. C'est que la passion ne raisonne pas. Ce n'est pas pour elle que sont faits les calculs et les longues attentes; si le divorce était la récompense du désordre, on ne pourrait dire au moins qu'il est un appât.

Et quel appât pour des époux capables d'oublier le serment qui les lie! Le mariage légitime la passion;

mais celui qui a anéanti le contrat qui le liait ne peut plus avoir rien à faire légitimer. Pense-t-on que l'époux qui ne s'est point arrêté devant le scandale de ses désordres, puisse espérer qu'un nouveau scandale les effacera ? Aura-t-il souci de les faire oublier ? Pourra-t-il, ayant bravé l'opinion, songer à la ramener par un acte qui ne serait une réparation que dans l'opinion, et que précisément l'opinion condamnera ? Une seconde union n'irait-elle pas contre le but qu'il se proposerait, et n'éterniserait-elle pas le souvenir de ses désordres, loin de l'effacer ? Et quand ce serait une réparation, aura-t-il pu la prévoir ?

Le divorce ne peut encourager les désordres, car il ne peut les faire oublier. Les époux qui pousseraient leurs conjoints au divorce pour en profiter eux-mêmes sont, à coup sûr, gens à s'en passer. A Rome, sous les empereurs, le mariage ne donnait plus aux époux un caractère sacré : Sénèque parle de dames du plus haut rang qui ne comptaient pas leurs années par le nombre des consuls, mais par celui de leurs maris [1]. Mais dans ces temps, ce n'était pas le divorce qui produisait la dissolution des mœurs, c'est la corruption générale qui faisait abuser du divorce.

Nous conviendrons, si l'on veut, que des divorces trop fréquents pourraient alarmer la pudeur publique,

[1] Numquid jam ulla repudio erubescit, postquam illustres quædam ac nobiles feminæ non consulum numero, sed maritorum, annos suos computant? *De Beneficiis*, lib. III, cap. XVI.

et qu'il pourrait y avoir de nouveaux mariages scandaleux. Mais tous les sacrements peuvent être profanés; et ce n'est pas une raison pour les supprimer tous.

Nous ne voulons pas passer sous le silence une objection qui naît de la théorie du droit même que nous avons exposée.

Si le mariage, dira-t-on, ne produit de droits et d'obligations que parce qu'il est un devoir, un pareil effet ne saurait être attribué aux secondes noces célébrées après un divorce, car la prohibition du divorce est moins un article du dogme catholique qu'un précepte de la morale chrétienne; et si permettre le divorce, c'est respecter la liberté, d'un autre côté attacher au mariage qui le suit des effets juridiques, c'est aller plus loin et adhérer à une morale complaisante que la doctrine chrétienne a condamnée.

Il serait facile de répondre que la morale d'une religion révélée se confond avec le dogme, et que cette distinction entre le dogme religieux et la morale religieuse est de fait impossible. La doctrine catholique ne la fait pas : les préceptes moraux et les dogmes proprement dits sont au même titre articles de foi; car tout se tient dans cette admirable doctrine, dont toutes les parties sont si fortement enchaînées. Partant la prohibition du divorce, fondée sur la raison que l'on dit, n'aurait pas moins pour base un dogme religieux, et le dogme ne peut jamais passer dans le droit.

Mais il n'est pas nécessaire d'entamer sur ce point

une discussion théologique, et de cesser de parler un autre langage que celui du droit. Or le droit qui est fait pour tous ne peut avoir d'autre point de départ que la morale naturelle, celle de tout le monde. L'Évangile donne l'idée d'une morale plus haute; il présente l'idéal d'une perfection surhumaine; la pratique de ses sublimes enseignements doit être assurée par les législations positives : elle est un droit. Mais ce peut être un droit aussi que l'accomplissement d'un acte qui, sans attaquer aucune liberté, peut être pour la conscience une satisfaction, et ce n'estpoint au législateur humain qu'il appartient d'inculquer de force dans les âmes les principes d'un enseignement si supérieur à la raison, qu'il n'a pu être donné que par un Dieu.

Le divorce, qu'on le remarque bien, ne contredit pas le principe de la perpétuité du lien conjugal. Le mariage ne peut être que perpétuel dans l'intention des époux; mais la perpétuité d'intention n'entraîne pas l'indissolubilité de fait. L'homme et la femme qui contractent un mariage s'engagent pour la vie; mais s'il se produit un fait de nature à rompre l'engagement, si l'un des époux manque à ses promesses, l'autre conjoint recouvre sa liberté et redevient maître de disposer de nouveau de sa personne.

Tels étaient les principes du droit romain. La loi romaine admettait le divorce; mais pour les jurisconsultes romains, les époux n'étaient pas moins *consortes omnis vitæ*[1], et le mariage, un contrat *individuam vitæ consuetudinem continens*[2].

Faut-il maintenant discuter ces arguments que l'on est allé chercher dans l'ordre du sentiment? La femme qui convole du vivant du premier mari, n'apporte pas toute sa pureté au nouvel époux!

Mais qu'est-ce que cela fait au droit? Une seconde union contractée après un divorce ne procurera jamais, sans doute, les délices de la première; mais c'est là pour les nouveaux époux une question de convenance, et ce que nous examinons n'est qu'une question de droit. Le droit, dont le domaine est plus resserré que celui de la morale, peut-il se régler par les convenances particulières de chacun? Appartient-il au législateur de légiférer sur les délicatesses du cœur, et les époux ne sont-ils pas les seuls juges de la convenance de leur union? Où irait-on si le droit, qui emporte avec lui la faculté de contraindre ou d'empêcher, se confondait avec tout ce qui est bien, bien plus avec tout ce qui est convenable, et si l'autorité publique devait intervenir pour contraindre les citoyens non-seulement à être bons, mais encore heureux autrement qu'ils ne veulent l'être?

Même réponse à l'objection tirée de l'intérêt des enfants. Pour que ce fût une objection de droit, il faudrait commencer par établir que l'enfant a un droit sur

[1] D. *De ritu nupt.*, l. 1.

[2] *Inst. De Patria potest*, § 1.

la personne de ses parents, ce qui n'est pas; car, si le père et la mère ont des devoirs envers l'enfant, celui-c est sans droit pour s'opposer à cé que, redevenus libres, ils ne disposent librement de leurs personnes.

Certes, c'est un affreux mal que l'événement qui dissout la famille; mais il est accompli quand le lien conjugal est de fait rompu, et tout ce qui peut advenir n'en est que la conséquence. C'est à l'opinion, à la morale, à la religion de prévenir des éclats dont les enfants souffrent, et que les époux finissent toujours par regretter eux-mêmes; c'est à la morale et à la religion aussi de refréner le désir qu'auraient les époux séparés de contracter de nouveaux liens. Mais quand elles sont demeurées impuissantes, il n'appartient pas à la loi de continuer leur œuvre; et le législateur outrepasse son droit en déniant tout effet légal aux nouvelles unions.

Nous n'irons pas plus loin dans l'examen de la question du divorce. Quant au mariage, comme nous l'avons dit, il emporte l'obligation pour les époux de s'assister dans les besoins que leur rapprochement peut faire naître : c'est l'idée qu'exprime notre Code civil, quand il dispose que les époux se doivent mutuellement fidélité, secours, assistance (art. 212). Cette obligation n'est pas seulement accessoire à celles qui naissent du mariage; elle est de l'essence même du contrat. Il n'y aurait point égalité entre les époux s'ils n'étaient obligés, l'un vis-à-vis de l'autre, qu'à la prestation du service conjugal proprement dit. La femme, qui perd une partie de ses charmes dans les bras de son époux, est récompensée par la foi qu'il lui garde et l'assistance qu'il lui donne; et l'obligation du mari a pour corrélatif une obligation semblable de la femme; car dans le mariage, non-seulement deux corps s'unissent, mais deux vies se confondent; et si les époux ne mettaient pas en commun leurs personnes morales, le mariage cesserait d'être légitime, et l'union de sexes ne serait plus qu'un fait sans conséquences légales, étant un fait sans moralité.

Tel est le contrat de mariage dans son essence. Il mérite une place à part; mais les obligations qu'il fait naître ne diffèrent que par leur objet de celles qui naissent de toutes les conventions. Ces obligations, quoique d'une nature particulière, n'existent que parce qu'elles ont un principe, la convention des parties, et parce que ce principe est légitime en soi, cette convention ayant pour objet de donner aux deux parties un droit égal, et de les rendre chacune, comme nous l'avons dit, sujet et objet du droit.

CHAPITRE VII.

SUITE.

Théorie du droit de propriété. — De la propriété du sol fondée sur l'occupation. — Réfutation de la doctrine des économistes. — Réfutation de la doctrine de Montesquieu et de Mirabeau. — De l'hérédité. — Doctrine de Leibnitz. — Doctrine de Mirabeau. — Doctrine des économistes.

Nous avons à parler maintenant des droits réels, c'est-à-dire du droit de propriété et ses démembrements. Ces droits peuvent avoir été transmis par l'effet de la volonté du détenteur précédent de la chose, et il y a alors une acquisition dérivée. Mais le droit transmis était auparavant un droit acquis. Si l'on remonte jusqu'au titre primitif d'acquisition, on trouvera un fait, un acte matériel, le fait de l'appropriation, dont la légitimité peut seule fonder une propriété légitime. C'est donc l'appropriation, dont il faut dériver les effets. Elle ne saurait être un fait isolé. Quand j'exerce la faculté d'ensei-

8.

guer, ou toute autre, tout finit avec l'exercice du droit; mais quand j'use du droit d'occuper, comme le droit de m'approprier les objets extérieurs contient le droit de les conserver, il suit cette conséquence, que si l'appropriation est légitime, sera légitime aussi le droit qui en dérive.

Tel est le fondement du droit de propriété, qu'il ne faut pas confondre avec la faculté d'appropriation. Le droit d'occuper dérive des lois de mon être ; il me compète indépendamment de tout acte extérieur; je puis l'exercer par cela seul que j'existe; c'est, comme tous les autres droits naturels, une faculté dont j'use s'il me plaît et dont je ne puis pas user; mais le fait d'en avoir usé a établi entre moi et l'objet acquis un rapport en vertu duquel l'objet m'est soumis d'une manière absolue, et ce droit nouveau d'en disposer après le fait de l'occupation, c'est le droit qui me fait propriétaire.

Le droit de propriété est absolu comme la puissance que l'individu a sur lui-même, et, disons-le, par un rapprochement hypothétique avec un principe que nous combattrons plus loin, il est absolu aussi comme la souveraineté, qui, si on l'admet, est elle-même un droit, quelque part qu'on la place. La souveraineté est indivisible, a dit Rousseau; elle est absolue dans le cercle tracé par les lois fondamentales du pays, a dit de Maistre ; et tous deux ont ainsi exprimé la même idée, chacun à son point de vue. Or, ce qu'ils ont dit de la souveraineté, on peut le dire du droit de propriété. L'idée de souveraineté implique l'idée de toute puissance; l'idée de propriété implique aussi l'idée de puissance sans limites. Les lois d'un pays peuvent donner à la souveraineté un cercle de légitimité plus ou moins étendu; mais elle ne peut exister nulle part qu'à la condition d'être absolue ; et telle est aussi la condition du droit de propriété, dont les divers attributs peuvent appartenir, soit séparément, soit collectivement à plusieurs sujets, sans que la collection des droits que ceux-ci peuvent avoir sur une chose occupée cesse de former un droit absolu, sans limites, sans restrictions.

Ainsi, si j'ai eu le droit de conserver ce que je me suis approprié, j'ai le droit d'en disposer, et par conséquent je puis le consommer pour mon usage, le dénaturer, l'échanger et le donner, à ma volonté. Personne ne contestera le rigoureux enchaînement de ces idées. Nous touchons cependant ici à une difficulté. Le droit cesse avec le devoir ; or ne semble-t-il pas que le droit de propriété doive cesser d'être légitime quand la richesse de l'individu est plus que suffisante pour assurer la satisfaction de tous ses besoins? S'il en était ainsi, la richesse devrait avoir son *maximum*.

A cela trois réponses également péremptoires.

La première, c'est que l'on confond ainsi deux choses distinctes. En effet, l'utilité qu'on peut tirer d'une chose et le droit dont elle peut être l'objet n'ont rien de commun : cette utilité usuelle qui produit la richesse est une qualité particulière et variable de la chose, et le droit réel qui résulte de l'appropriation est indépendant de la valeur de l'objet. Aussi ce qui produit la richesse c'est le travail ou quelqu'un de ces mille accidents où la volonté de l'homme est souvent étrangère, tandis que le droit de propriété a sa cause originaire dans le fait de l'occupation.

Cette distinction entre la valeur de l'objet et le droit réel admise, détruit toute la force apparente de l'objection que nous réfutons. La valeur de l'objet n'est qu'un accident et ne fait rien quant au droit ; dès lors la richesse ne peut jamais limiter le droit de propriété.

La seconde réponse est empruntée à la nature de l'homme, dont les besoins sont infinis, et à celle des choses humaines, dont le caractère particulier est l'instabilité. Qui peut poser une limite aux besoins physiques et moraux de l'homme ? Qui pourrait nombrer et décrire les agents naturels utiles à son perfectionnement, qu'il doit avancer sans cesse? Et d'un autre côté, quoi donc pourrait le garantir contre ces retours de fortune, ces revirements soudains et inattendus, par l'instinct desquels il tend à accroître sans cesse ses richesses?

Pour limiter le droit d'appropriation et toucher à la propriété quand la richesse paraît excessive, il faudrait au moins assurer le propriétaire contre tous les coups de la fortune. Il serait injuste de poser des bornes à la faculté d'acquérir, en ne garantissant pas la valeur de ce que l'individu a acquis. Mais cette garantie ne pourrait être donnée qu'autant que l'industrie serait organisée, et alors on ne serait plus sous le régime du droit, que nous supposons.

Ainsi le droit de propriété cesserait d'être l'effet d'un droit naturel s'il n'était absolu. Soumettre la richesse à un *maximum*, ce serait pour l'État s'engager à en garantir un *minimum*; et un engagement de cette nature supposant une organisation législative de l'industrie, laquelle ne s'organise que par l'effet de la volonté libre des particuliers, il ne peut en être question quand on ne recherche que les effets d'un droit naturel.

Du reste, nous sommes loin de dire que l'accumulation des richesses est toujours un devoir, et que c'est manquer à la loi du devoir, par exemple, que de se dépouiller volontairement par un sentiment d'abnégation ou d'humanité. Notre principe ne conduit pas jusque-là. Entre les devoirs qui nous sont imposés il peut s'élever des conflits; c'est à la conscience à les vider. La pensée du sacrifice, qui a enfanté ces héroïques dévouements, qui de tous temps ont ravi l'admiration des hommes, n'est pas contraire à la loi du devoir; elle en est l'idéal. Mais le bienfait n'a de mérite et le sacrifice n'est héroïque qu'autant qu'ils sont spontanés, volontaires; celui que l'on violente ne donne pas. Si donc la loi portait atteinte au droit de propriété, en restreignant la richesse, elle ne ferait pas que le particulier qu'elle dépouille accomplît ce sublime devoir du sacrifice, et elle l'empêcherait d'accomplir cet autre devoir, moins noble à la vérité, d'assurer son avenir et de se préparer peut-être quelque autre dévouement également méritoire.

Cela nous conduit à une dernière raison. Si l'on voulait que le propriétaire cessât d'être propriétaire de droit quand ses richesses excéderont ses besoins, nous pourrions l'accorder ; mais toujours faudrait-il reconnaître que l'État, ni aucun particulier individuellement, ne pourra toucher à cet excédant. Le propriétaire restera maître alors par défaut d'action des particuliers ou de l'État. Il ne sera pas, si l'on veut, propriétaire parce que tel est son droit ; mais il restera maître de ses richesses, parce que nul n'a le droit d'y toucher [1].

Maintenant le droit de propriété, qui est, répétons-le, absolu sur les objets que je me suis appropriés, peut-il s'exercer légitimement sur le sol ? en d'autres termes, la terre est-elle susceptible d'appropriation ?

La propriété mobilière, c'est-à-dire l'appropriation des choses nécessaires immédiatement à l'existence, n'a jamais été sérieusement contestée. L'appropriation du sol, au contraire, a paru quelquefois un acte d'usurpation.

Pour la combattre, on a dit que la terre n'est pas

[1] Qui stadium currit, eniti et contendere debet quam maxime possit ut vincat; supplantare eum quicumque certet aut manu depellere, nullo modo debet. Sic in vita sibi quemque petere quod pertineat ad usum non iniquum est; alteri deripere jus non est. CIC., *de Officiis*, III, 10.

l'ouvrage de l'homme ; qu'elle appartient en usufruit à l'espèce, et que par conséquent chacun a un droit inné à une quote-part de la propriété commune du genre humain.

Nous avons déjà parlé de cette théorie, dont Rousseau s'est fait, au siècle dernier, le promoteur dans cette phrase célèbre : Les fruits sont à tous, la terre n'est à personne [1]. Mais la distinction qu'il établit est fautive et ne dérive nullement de la nature des choses. Si je puis cueillir les fruits nécessaires à ma nourriture, approprier la matière à mes besoins, la transformer pour mon usage, je puis par la même raison enclore un terrain que je fertiliserai par mon travail. La terre est matière comme les fruits qu'elle produit, l'animal qu'elle nourrit, les minéraux qu'elle recèle dans son sein, et à ce titre elle est susceptible d'une appropriation individuelle aussi bien que ces objets. La distinction des biens meubles et immeubles est une distinction purement juridique. L'erreur vient de ce que l'on s'imagine avoir créé les objets dont on a changé l'apparence pour les adapter à un usage particulier. Mais, si la terre n'est pas l'ouvrage de l'homme, comme on l'a dit, la matière des objets qu'il a transformés ne l'est pas davantage ; et si l'homme ne pouvait devenir propriétaire que de ce qu'il a fait, la propriété n'existerait pas ; car il n'a jamais créé un atome de matière ; il travaille,

[1] *Discours sur l'origine et les fondements de l'inégalité parmi les hommes*, 2e partie.

transforme, améliore, utilise, mais il ne produit pas.

On a expliqué autrement que nous ne venons de le faire le droit de propriété, en tant qu'il a le sol pour objet. La terre, a-t-on dit, serait relativement improductive sans le travail de l'homme; l'industrie la fertilise, et ajoute à l'ouvrage de la nature. Le droit ici naît du besoin, et il est juste que le sol fertilisé par mes soins demeure ma propriété [1].

Les économistes de nos jours ont dit plus simplement de toute propriété, même immobilière, que le fondement du droit, c'est le travail.

Cette explication n'est pas satisfaisante; car elle ne justifierait pas l'appropriation du sol par le premier occupant, alors que le sol n'a encore reçu l'empreinte d'aucun travail humain; et cependant travailler sur une chose, comme tel, l'améliorer, c'est déjà supposer qu'elle vous appartient. Le travail consacre la propriété, mais il ne crée pas le droit; il établit entre le travailleur et le posseseur de la chose des rapports de créancier à débiteur, il ne confère pas le droit réel. Aussi, selon les principes du droit romain et de notre droit français, le constructeur sur le terrain d'autrui peut avoir des réclamations à exercer vis-à-vis du maître du sol, mais il

[1] V. *Constitution de l'an* III : « C'est sur le maintien des propriétés que repose la culture des terres, toutes les productions, tous les moyens de travail et tout l'ordre social. » V. aussi : *Exposé des motifs du titre de la propriété selon le Code civil* par PORTALIS.

ne devient pas propriétaire, le terrain fût-il un sable aride et l'édifice construit un palais [1].

On affirme que les travaux accumulés sur le sol en forment toute la valeur. Qu'importe? L'individu que nous supposons momentanément usufruitier pour une quote-part, ne serait pas moins autorisé à la réclamer. Il y a plus même : cette terre primitive, quelque aride qu'on la suppose, aurait, en vertu d'une loi économique bien connue, une valeur d'autant plus grande que les travaux accumulés seraient plus considérables et plus généralement répandus.

Les publicistes qui expliquent la propriété du sol uniquement par l'accumulation des travaux, prêtent ainsi à leur insu un formidable argument aux sectateurs de Rousseau. La terre n'aurait de valeur que celle que le travail de l'homme lui a donnée! Mais les déshérités que nous supposons usufruitiers d'une part du sol, ne seraient-ils point autorisés à répondre qu'il importe peu de rechercher la valeur en usage du sol primitif; qu'ils ne sont pas moins, eux, dépouillés d'un droit dont on se borne à contester l'utilité; que cette utilité est plus grande qu'on ne se l'imagine ; que la valeur des choses se détermine en effet par le besoin que d'autres peuvent en avoir [2], et qu'étant propriétaires

[1] *Inst., de Rerum div.*, l. 30; Code civil, art. 555.

[2] *Res tantum valet quantum vendi potest.* Les jurisconsultes romains connaissaient, quinze cents ans avant les économistes modernes, la véritable théorie de la valeur.

durant leur vie d'une part de la terre, ils peuvent exiger pour cette part dont on les prive une indemnité égale à sa valeur vénale, comme le propriétaire d'un terrain dans l'enceinte de Paris ou de Londres mesure ses prétentions sur les offres qu'il reçoit? Certes un pareil langage n'aurait rien que de conforme aux principes de la plus saine économie politique; et l'on voit de suite les conséquences: la doctrine aboutit au droit au travail, ou même à quelque chose de mieux.

Voilà où conduit la doctrine des économistes. Le possesseur d'un objet d'abord inutile, mais auquel le temps, les circonstances, un hasard ont donné une valeur considérable, ne serait pas propriétaire; car enfin il n'a pas travaillé; et si l'on applique leur principe à tous les objets quelconques, la valeur de tous étant soumise à d'incessantes variations, on ne trouvera pas au monde peut-être un seul légitime propriétaire, n'étant pas d'objet, fonds de terre ou meuble, qui n'ait pu acquérir avec le temps une valeur autre que celle que le travail y avait donnée.

On dira que nous confondons la richesse, c'est-à-dire l'utilité que la chose peut présenter, avec le droit qui l'affecte. Nous les avons distingués précédemment, nous serions inexcusables de les mêler volontairement; mais c'est précisément le reproche que nous faisons à la théorie qui fonde la propriété sur le travail : nous nous plaçons sur son propre terrain pour la réfuter.

Autre explication du droit de propriété.

Selon les conjectures de certains philosophes qui ont écrit sur le droit naturel, Puffendorf entre autres, les hommes vivaient, antérieurement à l'établissement de la société civile, dans un état qu'ils ont appelé communauté négative. Dans cet état, qu'on oppose à la communauté positive, résultant de la mise en commun d'une chose par des associés pour être possédée indivisément, tous les objets propres à satisfaire aux besoins de l'homme étaient à l'usage de tous et n'appartenaient à personne privativement. Chacun pouvait prendre ce qu'il jugeait à sa convenance, sans qu'aucun pût s'y opposer; mais, ajoute-t-on, le droit dans cet état cessait avec le fait de la possession, et pour qu'il acquît le caractère de stabilité et de durée qu'on lui reconnaît dans toutes les sociétés, il a fallu une législation positive, des magistrats pour faire exécuter les lois, une force armée pour en assurer le respect; il a fallu, en un mot, l'établissement de l'état civil dans les conditions où l'on le voit communément.

Ces idées sont empruntées aux anciens, qui ne faisaient pas naître expressément la propriété immobilière de l'état civil, mais qui rapportaient, dans leur mythologie, l'honneur de la fondation des empires à la patronne de l'agriculture, à Cérès, *legifera Ceres*, comme dit Virgile, pour établir l'intime liaison de la propriété avec l'état social.

Elles ont fait une grande fortune au siècle dernier; on les retrouve dans presque tous les publicistes.

Montesquieu et Mirabeau se les sont appropriées. « Comme les hommes ont renoncé à leur indépendance naturelle pour vivre sous des lois politiques, dit le premier, ils ont renoncé à la communauté naturelle des biens pour vivre sous des lois civiles. Ces premières lois leur acquièrent la liberté; les secondes, la propriété [1]. »

Et Mirabeau exprimait la même idée dans son discours sur le partage des successions, quand il disait : « Ce n'est que sur son propre individu, ce n'est que sur le travail de ses mains, sur la cabane qu'il a construite, sur l'animal qu'il a abattu, sur le terrain qu'il a cultivé ou plutôt sur la culture même et sur son produit que l'homme de la nature peut avoir un vrai privilége. Dès le moment qu'il a recueilli les fruits de son travail, le fonds sur lequel il a déployé son industrie retourne au domaine général et redevient commun à tous les hommes : voilà ce que nous enseignent les premiers principes des choses. C'est le partage des terres fait et consenti par les hommes rapprochés entre eux qui peut être regardé comme l'origine de la vraie propriété, et le partage suppose, comme on voit, une société naissante, une convention première, une loi réelle [2]. »

Dans la pensée de Puffendorf, de Montesquieu, de Mirabeau et des jurisconsultes en général, la propriété

[1] *Esprit des lois*, liv. XXVI, chap. XV.

[2] *Collection des travaux de Mirabeau à l'Assemblée constituante* t. V, p. 498.

est donc une création du droit civil, et n'existe que par l'effet d'une convention.

Mais leur doctrine est inexacte, comme toutes celles qui font dériver le droit d'un contrat exprès ou présumé; et de plus elle mêle la garantie et le droit, deux choses diverses et que l'on ne distingue pas assez, sans doute parce qu'elles sont perpétuellement mêlées dans les lois écrites. Que la propriété ne fût pas respectée hors de l'état civil, c'est possible; il est au moins certain qu'elle y serait fréquemment méconnue; mais conclure du défaut de garantie à la non existence du droit, c'est mêler des idées d'un ordre tout différent [1].

La loi fait respecter le droit, c'est son rôle; mais elle ne crée pas les avantages que le droit confère. Ils sont parce que tel est le droit. Si la propriété était une création de la loi civile, elle n'aurait qu'une base bien fragile, car la loi qui l'a créée pourrait l'anéantir. Rousseau fait aussi dériver la propriété de la loi, mais il est logique : la propriété se subordonne, avec lui, au plus grand bien du plus grand nombre. Ce bien pour Rousseau a deux objets principaux, la liberté et l'égalité : l'égalité, en ce sens que nul citoyen ne sera assez opulent pour en acheter un autre, ni assez pauvre pour

[1] C'est particulièrement l'erreur de Hobbes et de Bentham. « La propriété et la loi sont nées ensemble et mourront ensemble, dit Bentham. Avant la loi, point de propriété, ôtez la loi, toute propriété cesse. » Il eût fallu dire : toute sécurité pour la propriété disparaît.

être contraint de se vendre [1]. Dans cette doctrine, le législateur peut toucher à la propriété et même l'anéantir, si l'égalité ainsi entendue n'est possible qu'à ce prix. Mais, pour d'autres qui établiront d'autres conjectures sur la teneur du prétendu contrat social, la propriété pourra être sacrifiée à tel autre intérêt : tiraillée dans les sens les plus divers, elle ne sera plus qu'un mot, et signaler de telles conséquences, c'est condamner le point de départ.

D'ailleurs cette doctrine est inexacte dans son principe même. C'est une vérité triviale qu'on ne peut conférer que les droits que l'on a : or on n'expliquera jamais comment les hommes, qui, au temps de la communauté négative, n'étaient pas propriétaires du sol et pouvaient s'en approprier seulement les fruits, ont pu créer la propriété individuelle par l'effet d'un contrat. Dans cet état, ils pouvaient se partager les produits; mais pour se partager la terre même, il fallait qu'ils fussent propriétaires au moins indivisément et autrement que négativement : comment le sont-ils devenus?

Il y a ici, comme on voit, une pétition de principe : dire que les hommes ont pu diviser la terre, c'est supposer qu'ils étaient propriétaires au moins collectivement; c'est rejeter cette conjecture d'une communauté négative, d'où l'on part pour expliquer la convention du partage; c'est placer un droit de propriété avant

[1] *Contrat social*, liv. II, chap. II.

toute propriété; c'est supposer prouvé ce qui est précisément en question; c'est ce contredire soi-même. Et quand cette supposition d'un partage serait vraie, la difficulté ne serait que reculée; car il faudrait dire comment les hommes ont pu se rendre propriétaires, de telle manière qu'il plaira d'imaginer, autrement que par le fait de l'occupation.

Mirabeau ne s'y est pas tout à fait trompé : il fait dériver la propriété d'un partage conditionnel; mais aussi, pour lui, la propriété est moins un droit proprement dit qu'une faveur, un privilége, une concession toute bénévole faite mutuellement. Cela est logique, mais si radicalement faux, que la propriété n'est entendue de cette manière que par ceux qui n'en veulent pas.

Enfin cette doctrine de la communauté négative et du partage vient encore échouer contre une dernière impossibilité morale. Si la terre a été donnée aux hommes pour en jouir ; s'ils ont échangé chacun leur part indivise contre une portion déterminée du sol, devenue dès lors la propriété exclusive de chacun, à quel titre cet acte pourra-t-il obliger les descendants des copartageants? Les premiers habitants de la terre étant nés, dans cette doctrine, usufruitiers du sol par l'effet d'un droit naturel, leurs descendants sont nés avec un droit semblable, et l'on ne comprendrait pas que leur condition fût changée par l'effet d'un partage remontant à l'origine même des sociétés.

Nous pouvons donc poser ce dilemme, dont le système même que nous combattons fournit les prémisses : ou bien le droit de propriété résultant de l'échange d'une part indivise dans le fonds commun ne peut être légitime que par l'effet d'un nouveau partage pour chaque génération, et alors la propriété n'est plus ; ou bien ce droit d'usufruit n'est qu'une chimère, comme nous le pensons, et alors la propriété de la terre n'a plus pour fondement la loi civile.

On n'imaginera sans doute pas de soutenir que l'usufruit de la terre n'appartenait qu'aux premiers hommes qui la peuplèrent et que le droit aurait changé quand telle circonscription de terrain aurait compté dix, cent, mille habitants : il est un degré dans l'absurde où les hypothèses doivent s'arrêter[1].

La propriété du sol, comme de ses produits, s'explique bien plus naturellement si, comme nous l'avons fait, on s'en tient à la légitimité du fait de l'occupation. L'homme n'est tenu de s'arrêter que devant le droit de son semblable. Il peut légitimement faire sien tout objet vacant, et transformer comme il lui plaît cet objet une fois acquis. La matière n'a pas de droit. Le droit du premier occupant est légitime, aussi bien lors-

[1] Ce degré, Puffendorf l'a franchi. La communauté négative de Puffendorf n'existait que dans les temps primitifs : 1re hypothèse. Un partage eut lieu quand la terre commença à se peupler : 2e hypothèse. Enfin, 3e hypothèse, tout ce qui n'entre pas dans ce partage fut laissé au premier occupant. *De Jure nat. et gent*, lib. IV, cap. VI.

qu'il s'exerce sur la terre que sur tout autre objet ; car s'il ne l'était pas, la propriété, quelqu'en fût l'objet, manquerait de fondement. Sans doute, il pourra venir un temps (et peut-être est-il venu) où la terre que Cicéron compare à un vaste théâtre, n'aura plus que des places occupées [1] ; mais c'est un résultat de la nature des choses, et il est aussi naturel, en droit, d'occuper un terrain malgré ceux à qui il pourrait être également utile que de cueillir des fruits ou de s'approprier un agent naturel quelconque en présence de ceux qui peuvent en avoir besoin.

Les jurisconsultes romains ont mieux connu la vérité que les philosophes modernes. Le jurisconsulte Paul s'exprime ainsi : *Dominium rerum ex naturali possessione cœpisse Nerva filius ait, ejusque rei vestigium remanere de his quæ terra, mari cœloque capiuntur; nam hæc protinus eorum fiunt qui primi possessionem eorum adprehenderint. Item bello capta et insula in mari enata et gemmæ, lapilli, margaritæ in littoribus inventæ ejus fiunt, qui primus eorum possessionem nanctus est.* (*Dig.*, l. 1, § 1, *de Acq. vel amitt. possessione.*) Et Gaïus, prenant toujours pour exemple le cas où une île se serait formée dans la mer, dit en un autre endroit : *Insula quæ in mari nascitur* (*quod raro accidit*)

[1] Quemadmodum theatrum quum commune sit, recte tamen dici potest ejus esse eum locum quem quisque occuparit : sic in urbe mundove communi non adversatur jus quominus suum quidque cujusque sit. *De Finibus bon. et mal.* III, 20.

occupantis fit, nullius enim esse creditur. (*Dig.*, l. 7, § 3, *de Acq. rerum dominio*). Voilà l'occupation comme fondement de la propriété.

Ces idées n'étaient pas exclusivement propres au droit romain ; c'étaient celles de toute l'antiquité. Le même Gaïus dit, en effet : *Quarumdam rerum dominium nanciscimur jure gentium, quod ratione naturali inter omnes homines parœque servatur.* (*Dig.* l. 1, *de Acq. rerum dominio.*) Et, immédiatement après, il ajoute : *Quod enim nullius est id ratione naturali occupanti conceditur.* (*Dig.*, l. 3, § 1. *Ibid.*) Et cette théorie sur le fondement de la propriété et sur la légitimité du fait de l'occupation s'était transmise depuis le temps de la fondation des empires, et le droit particulier des nations ne pouvait y rien changer, parce que, dit Gaïus: *Antiquius jus gentium, cum ipso genere humano proditum est (Dig., Ibid. pr.)*

Ainsi la terre, comme les autres choses, ne pouvait être l'objet du droit de propriété que parce que le fait de l'occupation avait été légitime dans le principe. La valeur du sol avait pu changer par l'effet du travail, mais ce changement n'influait en rien sur le droit, et la seule manière originaire d'acquérir la propriété, c'était l'occupation. De là, ces maximes : *Quod inœdificatur solo cedit* (*Inst.*, *De rebus corp. et incorp.*, l. 29); *litteræ chartis cedunt* (*Ibid.*, l. 33), etc., que l'on trouve à chaque pas dans le droit romain.

Le droit de propriété est complexe : Il serait prématuré d'entrer, dès à présent, dans les détails ; mais nous ne pouvons pas passer sous le silence un de ses attributs qui a été le plus contesté, quoiqu'il le caractérise particulièrement ; nous voulons parler du droit de transmettre par succession.

On a contesté au propriétaire le droit de transmettre de cette manière. Des utopistes ont vu dans l'hérédité une cause d'inégalité que la législation positive ne pouvait consacrer. Mais la restriction qu'ils voudraient mettre en ce point au droit de disposer, ne serait qu'une inconséquence; car l'homme qui dispose de sa propriété envers l'objet de son affection en quittant la place qu'il s'est faite sur la terre, ne fait qu'user du même droit dont il a joui pendant sa vie. Que l'on analyse tous les actes d'aliénation, quels qu'ils soient, vente, échange, don gratuit, tous ont pour principe la volonté d'abdiquer sa propriété chez celui qui possède, et la volonté d'acquérir chez celui qui le remplace. C'est de ce concours de volontés que résulte la transmission du droit de propriété. Or c'est un fait semblable qui a lieu lors de toute transmission par voie de succession. Quand il y a eu un acte de dernière volonté, l'héritier succède en vertu de la volonté expresse du propriétaire qui a cessé d'exister, et il succède en vertu de sa volonté présumée, quand il n'y en a pas, et que la loi sur la prévoyance de laquelle le mourant a compté, défère l'hérédité selon l'affection qu'elle lui suppose [1].

[1] On ne succède jamais qu'en vertu d'un testament exprès ou tacite; aussi ne parlerons-nous plus que de la succession testamen-

On parle de l'inégalité que les lois de succession introduisent dans l'État; mais l'égalité que l'hérédité dérange ressemblerait singulièrement à la chimère des communistes. Pour être conséquent, il faudrait ne reconnaître qu'au propriétaire lui-même le droit de consommer ses richesses, ce qu'aucun utopiste même ne trouverait raisonnable.

On ajoute, à la vérité, que le droit de disposer s'éteint avec la vie du propriétaire, et qu'il disparaît avec lui dans l'abîme qui l'engloutit [1].

L'objection serait fondée peut-être, si l'héritier recevait son titre à une époque où le propriétaire a perdu le sien; mais, en réalité, elle est un sophisme, par la raison que l'hérédité a pour principe un concours de volontés entre personnes juridiquement capables, comme il faut le supposer, l'une de transmettre et l'autre d'acquérir. Le testament exprès ou présumé, en effet, n'est pas fait après la mort du disposant; il est fait du vivant de celui-ci pour le moment où il mourra, et l'acceptation de l'institué rend le contrat parfait. Sans doute la volonté du testateur ne recevra d'exécution qu'en un temps où il ne sera plus; mais il s'agit de droit, et la

taire. Une loi sur les successions n'est, comme le disait Treilhard, que le testament présumé de toute personne qui décéderait sans avoir valablement exprimé une volonté différente. V. FENET, t. VI, p. 132.

[1] C'est le seul argument de l'ancienne école Saint-Simonienne, il est emprunté textuellement à Mirabeau.

présence effective du testateur n'est pas nécessaire pour faire respecter sa volonté.

Leibnitz a proposé une théorie de l'hérédité toute spiritualiste. Dans sa doctrine, il faut distinguer la succession par testament des successions *ab intestat*, et parm celles-ci la succession des parents en général et celle des descendants du *de cujus*, selon le langage du droit. Les successions testamentaires reposent, selon Leibnitz, sur le dogme de l'immortalité de l'âme : le testateur demeure maître de son patrimoine après sa mort, pour le transmettre aux institués, qui en sont comme les administrateurs dans leur propre intérêt [1]. Les successions *ab intestat* au profit d'autres personnes que les enfants ont le même principe ; le pacte est seulement tacite au lieu d'être exprès [2]. Quant aux descendants, ils succèdent en vertu d'un autre droit ; ils sont héritiers *mero jure*, et parce que leur âme est comme une émanation de celle de leurs parents [3]

La doctrine de Leibnitz n'est pas fondée quant aux deux premiers points, attendu qu'elle suppose un contrat à une époque où le contrat n'est plus possible ; et

[1] Testamenta mero jure nullius essent momenti, nis ianima esset immortalis ; sed quia mortui revera adhuc vivunt, ideo manent domini rerum ; quos vero heredes reliquerunt concipiendi sunt ut procuratores in rem suam. *Meth. nova docendæ discendæque jurisp.*, pars II, § 20.

[2] Successio ab intestato pertinet ad fontem pactorum. *Ibid.*

[3] Succedunt ab intestato mero jure in stirpes, quia anima eorum per traducem ex anima parentis orta est. *Ibid.*

elle est fausse sur le troisième, parce qu'un dogme religieux ne saurait être le principe d'un droit civil ou autre.

Nous ne contestons pas le droit des enfants à la succession paternelle, cela est bien entendu, pourvu cependant qu'il y ait absence d'exhérédation ; tout ce que nous soutenons c'est que voir dans le respect de la volonté des mourants une adhésion instinctive à une vérité religieuse, un assentiment au dogme de l'immortalité et de la spiritualité de l'âme et réciproquement, c'est établir une double preuve sur une base solide très-certainement, mais qui n'est pas faite pour porter un tel édifice. En matière de succession, *le mort saisit le vif*, selon l'expression énergique de notre vieux droit français ; mais il n'est pas besoin que le *mort* soit toujours présent pour garantir au *vif* ses droits nouveaux.

Mirabeau a développé dans un écrit posthume une tout autre doctrine. On sait que dans sa pensée la propriété n'était qu'une faveur résultant d'une convention sociale. Or, selon lui, cette faveur ne pouvait être garantie au propriétaire que pendant sa vie ; le droit de tester n'en était pas une conséquence, et comme l'exercice de ce droit, d'un autre côté, devait avoir pour effet de détruire l'égalité dans la famille et par suite dans l'État, Mirabeau concluait qu'il n'était pas légitime en soi, et que politiquement il devait être interdit[1]

[1] *Discours sur l'égalité des partages dans les successions en ligne*

La seule transmission que Mirabeau reconnaissait comme un droit, disons plutôt, en corrigeant l'expression juste en réalité, mais inexacte par le sens que Mirabeau y attachait, comme une faveur raisonnable, était celle qui s'opère par parts égales entre tous les membres d'une même famille.

Mais si la propriété est un droit, non un privilége; si ce droit existe indépendamment de toute convention sociale; si la faculté de tester en est un des éléments; si l'exercice de cette faculté crée à l'héritier institué un titre qui l'investit des biens du mourant au moment même de la mort, non après, et si enfin il n'appartient pas à la loi de sacrifier le droit de propriété au principe d'égalité ni à nul autre, il est évident que la critique de Mirabeau est sans valeur.

Une telle doctrine conduirait loin. Si le droit de propriété s'éteint avec la vie des particuliers, quelques dispositions qu'ils aient pu faire, les biens de chacun doivent faire retour à cette communauté négative dont parle Mirabeau après Wolf et Montesquieu. Pourquoi les retenir dans le cercle de la famille?

On ajoute à la vérité que les enfants sont copropriétaires du patrimoine vacant, et qu'à la mort du père il n'y a pas proprement prise de possession de l'héritage, mais continuation de l'état de communauté!

Cela devrait être prouvé. La copropriété dont parle

directe, lu à l'Assemblée constituante après la mort de Mirabeau par Talleyrand.

Mirabeau avait été admise fictivement en droit romain, pour forcer les pères de famille à instituer leurs enfants où à les exhéréder expressément. Cela avait été le premier pas dans le système qui restreignit graduellement, au profit de certains héritiers, la faculté de disposer par testament; mais ce n'était qu'une fiction légale. Le droit romain disait des fils de famille : *Quodam modo domini existimantur*[1]. Mais le droit étant supérieur à la loi, ne saurait avoir pour principe une fiction, qui n'est jamais une raison, comme l'a dit Bentham.

Veut-on cependant que cette copropriété ne soit pas une fiction, mais une vérité, quoique l'on ne puisse rien dire pour la justifier? Voici deux conséquences qui en découleront nécessairement, l'une inadmissible, l'autre contradictoire.

D'abord les enfants, copropriétaires durant la vie du père, pourront s'opposer à toute disposition qu'ils croiront contraire à leurs intérêts; et de cette manière, l'impossibilité juridique de disposer par testament impliquerait l'impossibilité de disposer de toute autre manière du vivant même du propriétaire.

En second lieu, cette copropriété n'empêcherait pas que le patrimoine du défunt ne dût faire retour, au moins pour portion, à la communauté négative; car si les enfants sont copropriétaires, ils ne sont pas propriétaires en totalité, et leur reconnaître un droit à toute la

[1] *Instit.*, *de Heræd. qual. et diff.*, l. 9.

succession de leurs parents, ce serait leur accorder, pour l'excédant, un droit sans titre, ce qui, dans la doctrine même de Mirâbeau, serait une absurdité et une contradiction.

La doctrine de Mirabeau n'a donc aucune valeur philosophique ; c'est une doctrine *ab irato*. Blessé dans ses sentiments, irrité dans ses passions, froissé dans ses instincts de liberté et dans ce besoin d'indépendance dont l'abus de l'autorité paternelle ne servit qu'à rendre chez lui l'explosion plus terrible, Mirabeau ne songea qu'aux garanties à prendre contre le despotisme domestique, qui n'est lui-même qu'une partie de l'autre. Mais la métaphysique du droit ne se prête pas ainsi aux excès de la passion, et tous les efforts qu'on peut faire pour redresser en un sens opposé une institution dont les mauvais effets se sont fait sentir, ne déplacent ni n'ébranlent la vérité, qui doit en être la pierre d'assise.

Certains publicistes ont pris l'hérédité comme un fait constant dans tous les temps, et n'ont pas entrepris de la justifier. La transmission par succession est selon eux légitime, par cela qu'on ne pourrait l'empêcher. Si l'hérédité, disent-ils, n'était pas reconnue par la loi, le père frauderait la loi au profit de ses enfants en se dépouillant de son vivant ; les prohibitions seraient ainsi tout à l'avantage du père qui préférerait demeurer propriétaire jusqu'à la fin de ses jours ; et quant à celui qui voudrait assurer l'avenir de ses enfants, il pourrait, quelque vigilante que fût la loi, soustraire toujours une multitude d'objets à ses prohibitions.

Ce ne sont pas là, il faut le dire, des raisons de droit. Quoi! la loi aurait cette lâche condescendance, ne pouvant empêcher un fait coupable, de le déclarer licite; et dans l'impossibilité d'empêcher une spoliation, elle se ferait complice de ceux qui la commettent! Que gagnerait la justice pure à une telle complaisance? Si la transmission des biens par un testament exprès ou présumé n'était qu'un vol fait à la société, elle ne serait pas légitime par cela seul qu'on ne pourrait l'empêcher. Il n'y a rien de commun entre le fait et le droit. La fraude ne devient pas permise dès qu'elle peut se pratiquer impunément. Ce serait le cas de dire : *Probatio deficit, non jus;* mais il n'y aurait pas lieu d'innocenter un fait qui ne serait pas moins condamnable, de quelque couleur qu'on le revêtît.

Le motif tiré de l'avantage égoïste que le père inflexible aurait sur celui que sa tendresse aveugle ne saurait toucher beaucoup plus; car si la transmission par testament était une fraude, la tendresse paternelle qui l'aurait fait commettre l'excuserait peut-être, mais ne saurait l'effacer; et la législation positive ne saurait la consacrer sans une flagrante iniquité. La propriété n'est respectable qu'à la condition d'avoir un titre légitime. Le dévouement paternel ne mérite toute notre admiration que pur de tout mauvais sentiment. Il n'y aurait pas lieu de l'admirer beaucoup s'il avait pour objet la réalisation d'un fait frauduleux.

Au résumé, ou bien le droit de disposer n'existe pas, ou bien il emporte avec lui le droit de transmettre par testament. On ne saurait, sans inconséquence, reconnaître au propriétaire la faculté de disposer durant sa vie, et la lui dénier au moment de sa mort. La transmission par testament ne diffère du don gratuit que par l'époque où elle doit s'accomplir, c'est dire qu'au point de vue du droit il n'y a nulle différence.

Nous parlons ici de l'hérédité comme conséquence du droit de propriété, mais non pas, hâtons-nous de le dire, d'un prétendu droit de succéder qui serait la conséquence des liens du sang. Nous l'avons, au contraire, repoussé. L'hérédité a son titre tout entier dans la volonté du mourant, expresse ou présumée, et non dans la personne de l'héritier. Nul n'a de droit sur le patrimoine d'autrui; l'héritier continue la personne du défunt, pour parler comme le droit romain, mais par l'effet de la volonté de celui-ci, non en vertu d'un droit qui lui soit propre. Les réserves légales au profit de certains héritiers, en limitant la faculté de tester, contredisent ainsi le principe même de l'hérédité.

CHAPITRE VIII.

SUITE.

Du communisme de Platon. — Du communisme de R. Owen. — Du socialisme. — Principe commun des écoles socialistes. — Des tendances socialistes. — Du système gouvernemental selon l'école éclectique ; selon Rossi ; selon les économistes ; selon l'école gouvernementale.

Tel est le droit de propriété, telles en sont les conséquences. Il a des adversaires de plusieurs sortes pour le nier, le diminuer ou l'attaquer par l'intervention de l'État. Nous allons examiner les principes de leurs doctrines, et nous parlerons successivement du communisme, du socialisme et du régime hybride des sociétés où nous vivons, que nous appellerons, jusqu'à ce qu'il ait reçu un nom définitif, système gouvernemental.

Au régime de la propriété, des rêveurs ont opposé celui de la communauté. Selon eux, le régime de la propriété est immoral, injuste ; tous les biens nécessaires ou seulement utiles à l'homme, sont à l'usage de tous, et chaque chef de secte a indiqué, selon ses vues, les moyens pratiques propres à réaliser cette communauté universelle.

Nous n'avons pas à examiner la valeur de ces moyens. Le communisme serait-il possible, ou bien n'est-ce qu'une utopie irréalisable? Peu nous importe. Ne traitant que du droit, nous devons nous borner à l'examen des principes sur lesquels repose la doctrine communiste. Or elle s'est appuyée successivement sur deux principes.

Le premier apôtre de la communauté par droit d'ancienneté et par droit de génie est Platon [1]. Platon a fondé la doctrine de la communauté des biens sur le principe de la vertu. Dans son système l'État est un individu. L'être moral État est tenu à la pratique des mêmes vertus que les individus qui le composent, ou plutôt l'individu disparaît dans l'unité de l'État, et c'est au maintien de cette unité nécessaire au règne de la vertu que doivent tendre toutes les institutions. Obligation pour l'État de pratiquer la vertu, nécessité, pour cet objet, de ramener à l'unité les éléments de l'État par un ensemble d'institutions dont le but médiat est le règne du bien, tel est le système de Platon. De là les repas communs, destinés à faire régner la tempérance dans l'État, et la communauté des biens, destinée à pré-

[1] *De la République*, liv. V.

venir les dissensions, en substituant à l'intérêt individuel la générosité et le désintéressement. De là aussi la communauté des femmes, destinée à faire régner la continence, et par voie de conséquence la communauté des enfants. Platon, à la recherche de son idéal, n'hésite même pas à sacrifier la personne même du citoyen ; car il dit quelque part qu'on doit apporter tous les soins imaginables à retrancher du commerce de la vie jusqu'au nom de propriété, de sorte que les choses mêmes que la nature a données en propre à chaque homme, comme ses organes, deviennent en quelque sorte communes à tous [1].

Cette doctrine qui, pour Platon lui-même, il faut le dire, était un idéal irréalisable, un archétype plutôt qu'un corps de préceptes, a été réfutée par Aristote [2]. Il n'est pas vrai que l'État soit un être comme la famille, comme les individus qui le composent. L'individu est un élément de la famille, les familles sont les éléments de l'État ; mais l'État n'est pas plus une petite famille, qu'une grande famille n'est un petit État. C'est encore biens moins un individu.

La première erreur de Platon en a entraîné une seconde. Le but des institutions qu'il préconise est de

[1] « Qu'on apporte tous les soins imaginables pour retrancher du commerce de la vie jusqu'au nom même de propriété, de sorte que les choses mêmes que la nature a données en propre à chaque homme deviennent en quelque sorte communes à tous, comme les yeux, les oreilles, les mains, etc. » *Des Lois*, liv. V.

[2] *Politique*, liv. I, ch. XIII ; liv. II, ch. VI.

faire régner la vertu dans l'État, en ramenant l'État à l'unité. Mais le but des institutions ne doit être que de garantir à chacun sa liberté d'action, en tant qu'elle a le bien pour objet. Nul n'a juridiction sur son semblable pour le contraindre à faire le bien, et n'en peut exiger plus que le droit n'autorise. La communauté des biens (en ne prenant l'institution que sous son aspect favorable), c'est le désintéressement imposé à tous comme devoir obligatoire, exigible ; mais si le désintéressement, comme toute autre vertu, n'est pas juridiquement obligatoire, on peut dire, dès le premier abord, que la communauté des biens, indépendamment de la valeur et de la nature des moyens propres à la réaliser, n'est qu'une violence injuste.

Le but de Platon n'est pas d'ailleurs atteint dans sa république idéale, à moins de dénaturer l'idée du vice et de la vertu. L'État, où il veut voir régner la vertu, ne saurait être en effet un être de raison, ayant une existence indépendante des individus qui le composent, tenus à des devoirs distincts de ceux des citoyens. C'est un être collectif, où chaque unité a ses droits, ses devoirs, ses fonctions, et doit conserver son individualité. Or comment reconnaître dans la République de Platon le séjour de la vertu, selon l'idée que s'en sont faite les hommes de tous les temps ! La cupidité, l'incontinence, le goût du luxe, ces passions dissolvantes n'y existent pas, à la vérité ; mais la continence, qui suppose la contrainte, la générosité, qui suppose le sacrifice, la bienfaisance, qui suppose la privation volontaire, y sont tout aussi inconnues [1]. Qui dit vertu dit effort ; on ne saurait appeler vertueux l'homme à qui il ne manque que l'occasion de faillir. Peut-on se vanter d'avoir réduit l'homme à l'impuissance de faire le mal, quand on lui a enlevé du même coup, sans titre et sans droit, sa liberté, qui lui permettait de faire le bien ? Ce n'est pas réaliser l'idéal d'un état vertueux que d'y vouer les citoyens à l'immobilité [2].

La communauté des biens, il faut savoir le reconnaître, c'est l'asservissement des citoyens : l'établir dans l'État pour prévenir le développement des passions, comme la cupidité et le goût du luxe, c'est traiter l'homme en enfant ou en criminel endurci ; c'est l'asservir pour l'empêcher de faire le mal ; c'est enlever à l'homme l'usage de son libre arbitre, dont il ne doit compte qu'à Dieu. Or on ne peut dire que la vertu règne dans l'État quand les citoyens n'y sont pas libres.

[1] Lactance, dans ses *Institutions divines*, a réfuté Platon sur ce point avec beaucoup de force. Un roi très-sage, très-juste, dit-il, devrait prendre aux uns, donner aux autres, prostituer la pudeur des femmes, rendre impossibles les affections de père, de fils, d'époux. Il n'est pas de tyran qui ait jamais fait ainsi. *De falsa Sapientia*, cap. XXI.

[2] C'est la réponse que l'on a toujours faite avec succès aux doctrines qui, pour faire disparaître le mal parmi les hommes, ne trouvent rien de mieux que de déclarer licites les actions vicieuses :

J'abolis la vertu pour mieux tuer le vice.

Telle pourrait être la devise de Platon dans sa *République*, et de ses sectateurs modernes, comme Fourrier.

Si l'on emprisonne les coupables pour les empêcher de faire le mal, au moins n'a-t-on jamais dit que la vertu règne dans la prison.

Dans la République de Platon, l'homme, à la vérité, est préparé aux institutions communistes par l'éducation; les lois coercitives y sont inconnues. La communauté y est volontaire. A cela on n'a rien à objecter; là où les volontés s'accordent pour un but licite, le droit philosophique n'a rien à voir. Seulement on peut douter de l'efficacité de principes d'éducation qui conduiraient l'homme à une perpétuelle abdication de lui-même, alors que l'éducation seule ne peut le mettre en état de refréner même accidentellement ses penchants mauvais. On peut se demander comment les citoyens d'un même État, inégaux en force, en intelligence, en talents, resteraient, par l'effet de l'éducation, volontairement et continûment inégaux en richesses, se résignant à un asservissement volontaire pour n'être pas exposés à mal user de la liberté. Et quand l'éducation pourrait avoir de tels effets, cela n'infirmerait en rien tout ce qui précède; car il ne resterait pas moins démontré que la communauté des biens, dès qu'on la fait obligatoire, est contraire au droit, et c'est tout ce que nous avions à établir.

Le second principe sur lequel on a fondé le régime de la communauté est celui de l'irresponsabilité morale de l'homme[1]. L'homme, a-t-on dit, ne se fait pas lui-

[1] Robert OWEN.

même; il naît avec des goûts et des penchants qu'il ne s'est pas donnés. Dans l'état social, il faut de plus tenir compte de mille circonstances extérieures, des lieux, du temps, du hasard et surtout de l'éducation qui agissent si puissamment sur les déterminations de la volonté. Or, ajoute-t-on, il y aurait iniquité à rendre l'homme responsable de faits qui ne procèdent pas de sa libre volonté, comme à lui faire un mérite de ce qui ne lui appartient pas, et l'on ne peut lui mesurer sa part dans les biens de ce monde sur les avantages vrais ou contestables qu'il tient des lieux, du temps, de l'éducation ou du hasard.

Dans ce système, comme on le voit, c'est la liberté même de l'homme qui se trouve en question, non plus la liberté civile dont Platon, dans sa République, ne tient nul compte, mais la liberté morale d'où découle la volonté. La communauté des biens fondée sur l'irresponsabilité de l'individu, en effet, c'est la négation de la liberté. Il y a corrélation entre l'idée de la liberté morale de l'homme et le droit de propriété : la liberté morale implique la propriété, et réciproquement. Or, quels que soient les faits intérieurs ou extérieurs qui agissent sur nos déterminations, la conscience nous dit que notre volonté est toujours libre.

La question n'est pas nouvelle. Elle a été posée et débattue bien avant que l'on ne pensât à l'appliquer aux faits de l'ordre civil, et toujours les controverses philosophiques sur la liberté ont tourné à la justification indirecte de la propriété. C'est que la liberté est un fait de conscience, et que quand il hésite sur le point de prendre une détermination, la raison dit à l'homme que le choix lui appartient [1]. La liberté ne se démontre pas, mais elle se sent comme toutes les vérités premières. Aussi, comme on l'a dit avec raison, quelques arguments que l'on veuille opposer aux sentiments, à la conviction intérieure de la liberté, l'homme agira toujours comme s'il était libre; ses actions démentiront ses paroles.

La diversité des aptitudes ne condamne pas davantage le droit de propriété et l'inégalité des richesses qui en est la conséquence nécessaire. Moins apte que mon semblable à acquérir et à satisfaire à mes besoins par mes propres forces, je puis invoquer sa commisération; mais je ne suis point autorisé à empêcher qu'il ne fasse pour ses propres besoins ce que je ne sais ou ne puis faire pour la satisfaction des miens. Si les objets du monde extérieur sont destinés à l'usage de l'homme, ce que l'on ne saurait nier, rien ne saurait s'opposer à ce qu'il se les appropriât. Quelle raison d'équité, de justice ou de morale pourrait empêcher tel ou tel de cueillir les fruits auxquels je ne puis atteindre? Com-

[1] Qu'est-ce, par exemple, que cette avide curiosité de ce qui peut être? Quel mobile mystérieux porte l'homme le plus fort quelquefois à cette sorte d'idolâtrie, quand la créature croit avoir arraché à l'avenir ses secrets? La superstition de la divination enseigne une vérité : c'est que l'homme se sent libre, et capable de changer les arrêts du destin s'il les connaissait.

ment ma faiblesse serait-elle un titre qui m'autorisât à l'empêcher de faire usage de sa force ? Et de quel droit pourrais-je m'opposer à ce qu'il jouît des biens qu'il a su acquérir, et que je n'ai pu, moi, me procurer ?

Le vice du raisonnement que nous réfutons est au point de départ. On prend la société pour une association ou pour une famille ; et comme dans la famille, la différence des aptitudes n'entraîne pas l'inégalité du traitement, on condamne l'inégalité des biens dans l'état social.

C'est une grande méprise. L'inégalité complète dans la famille serait souvent une iniquité, parce que dans le cœur du père les enfants sont égaux, et là l'égalité du droit entraîne l'égalité de fait. La tendresse paternelle se plaît à corriger les défectuosités apparentes de l'œuvre de la Providence. Mais qui oserait justifier hors de la famille cette égalité, que l'on a comparée avec tant de raison au lit de Procuste? La communauté implique l'existence d'une association, d'un contrat; or l'état de société n'est qu'un fait. Poussés par un sentiment irrésistible les hommes vivent en société; mais il ne faut pas oublier que chacun y est pour soi. On se les représente comme des associés libres, ayant réciproquement des engagements d'abnégation et de charité : c'est une erreur. Il faut se représenter deux êtres vivant sur le même coin de terre, sans autres liens que ceux que les penchants, la passion, le besoin peuvent établir entre eux, et se demander si, dans cette situation respective, le faible coalisé peut empêcher le fort d'acquérir pour soi, ou le contraindre à mettre en commun les objets acquis.

Que l'on ne parle donc plus de parts mesurées inégalement. Dans l'état de société on ne fait la part à personne, chacun se la fait à soi-même. L'aptitude ou faculté d'acquérir n'est le principe ni du droit de propriété ni de la richesse; c'est le fait de l'occupation qui produit l'un, et c'est le travail, le plus ordinairement, qui produit l'autre. Il y aurait iniquité si l'on faisait propriétaire celui qui peut le devenir, et par cela seul qu'il est apte à le devenir; mais il n'y a que justice à maintenir à chacun la libre disposition des objets qu'il s'est légitimement appropriés. Le fort donc assistera le faible, c'est son devoir; mais le faible coalisé ne sera pas autorisé à dépouiller le fort, ce n'est pas son droit. Et si dans l'état de société il y a des inégalités certainement choquantes, nul n'a le droit de se plaindre; car nul n'est tenu d'y demeurer. *Placet? pare; non placet? exi.*

Nous n'avons pas à nous arrêter ici aux inconvénients, disons plus à l'impossibilité de la communauté : impossibilité qui se rencontre dans l'organisation du système communautaire aussi bien que dans les conséquences qu'il entraîne. On a beau jeu à parler de l'ardeur au travail qu'il éteint, des sentiments naturels qu'il supprime, de la famille qu'il dissout, des violences de toutes sortes qu'il impose, de la liberté qu'il anéantit, de la contrainte qu'il entraîne, des inégalités choquantes (car il a les siennes) qui en sont la conséquence, et finalement de son impraticabilité en fait. Mais ce ne sont pas là des arguments de droit. Dans tout système il faut distinguer le principe, le but et les moyens; nous ne parlons pas des moyens communistes, parce que discuter la valeur des moyens ce serait préjuger la légitimité du but.

A côté des rêveurs qui nient la propriété, il faut placer ceux qui l'admettent, mais en la limitant. Ce sont ceux-ci qui prennent plus particulièrement pour eux le nom de socialistes [1].

Toute la doctrine juridique des écoles socialistes peut se résumer dans cette proposition de Rousseau développée plus tard par les philosophes allemands, que tout homme a naturellement droit à tout ce qui lui est nécessaire [2]. Seulement Rousseau ne reconnaissait à l'homme un tel droit que dans l'état extra-social, et les socialistes de toutes les écoles semblent le lui reconnaître dans l'état de société. L'une de ces écoles, disparue depuis longtemps, dit : *A chacun selon sa capacité, à chaque capacité selon ses œuvres*, et, conséquente avec elle-même, supprime l'hérédité et la famille [3].

[1] *Socialiste* est un mot qui est ressuscité en Angleterre. On appelait ainsi l'école de Grotius, et aujourd'hui en Angleterre celle de Robert Owen.

[2] *Contrat social*, liv. I, ch. IX. V. p. 37, l'exposé de la *Théorie du Droit* de KRAUSE.

[3] C'est l'école de Saint-Simon.

Une autre dit : *Répartition proportionnelle au travail, au capital et au talent*, et provoque les hommes à une association universelle, où le travail sera devenu attrayant, les produits plus abondants, et où auront disparu l'oppression, le mensonge et la fourberie. La société ne sera plus alors qu'une vaste usine, et tous ses membres seront actionnaires [1]. Une autre enfin dit : *Consommer selon ses besoins et travailler selon ses forces*, et fait de l'État un vaste atelier ne comptant que des salariés tous également rétribués [2]. Chacun a son système de justice distributive et son plan d'organisation sociale, basé sur la nécessité de faire disparaître tel ou tel vice (réel trop souvent, hélas!) qu'entraîne le régime de la liberté mal limitée ; mais toutes les écoles sont d'accord en ce point qu'elles mesurent le droit sur le besoin comme elles le conçoivent, et qu'elles touchent à la propriété pour la limiter, la corriger si l'on veut, mais assurément pour lui enlever son caractère propre.

Toutes ces doctrines reposant sur une fausse notion du droit doivent être ainsi écartées, quelle que pût être d'ailleurs la valeur bien contestable de leurs moyens d'exécution. Nous avons parlé du système qui établit le droit sur le besoin ; il serait inutile d'y revenir. Mais on ne peut admettre, après la justification de la propriété, des doctrines qui la détruisent, et qui toutes supposent la violence.

[1] FOURRIER.

[2] L. BLANC, *Organisation du Travail.*

Il est vrai qu'au mot de violence les théoriciens du socialisme se récrient : leurs doctrines n'ont nul besoin de l'appui de la force, disent-ils; l'association doit être volontaire. A cela il faut répondre par ce que nous avons dit du communisme volontaire de Platon : où il y a concours de volontés, il n'y a pas de droit naturel à invoquer. Mais alors on doit s'étonner que ces doctrines aient été prêchées comme l'avénement, le triomphe de la justice sociale, et que l'on ait fait du socialisme un cri de guerre.

Avec la loi, le socialisme est l'anéantissement du droit; et, sans la loi, il n'est rien qu'une collection de procédés inévitablement contradictoires.

Et comment tous ces procédés pourraient-ils jamais se coordonner? La confusion est la destinée inévitable de cette Babel. Le droit fondé sur la raison est le même pour tous; mais le droit fondé sur le besoin, c'est-à-dire sur un sentiment, se diversifie à l'infini. Quoi de plus individuel que le besoin, la passion, le goût, la fantaisie! Quoi de plus divers que les moyens, les plans, les combinaisons par lesquels on pourrait imaginer de les satisfaire!

Le socialisme, à proprement parler, n'est pas nouveau; il est ancien comme la société, comme les gouvernements, comme le monde. Les publicistes anciens et modernes l'ont professé sans le savoir; toutes les nations l'ont pratiqué à leur insu peut-être : seulement il n'a pénétré dans les lois que timidement, en se déguisant, ce qui a empêché qu'on ne le reconnût.

Aristote veut que la propriété soit particulière, mais que l'usage en soit commun : c'était de son temps le régime de Lacédémone et de Tarente. C'est celui qu'il préfère, et vers la réalisation duquel doivent tendre, selon lui, tous les efforts du législateur [1]. Or un tel régime est la négation du droit de propriété.

Rousseau, dont le système d'un contrat social antérieur à tout gouvernement arme le pouvoir établi d'une puissance sans limites, fait consister le plus grand bien de tous dans la liberté et l'égalité : l'égalité en ce sens, que nul citoyen ne soit ni assez opulent pour acheter son semblable, ni assez pauvre pour se trouver dans la dépendance d'un autre [2]. Or une réglementation de la propriété sur detelles bases détruirait le droit.

Bentham et son école, qui s'élèvent si fort contre le droit naturel, font dériver la propriété de la loi civile et mettent au-dessus l'omnipotence du législateur, ne reconnaissant de puissance au citoyen que sur la portion de bien qui lui est garantie par la loi [3] : une telle doctrine est le principe de toutes les atteintes au droit et la carrière ouverte à l'arbitraire législatif.

Et lorsqu'un gouvernement organise dans le pays une force armée et une administration, exécute des

[1] *Politique*, liv. II, ch. II, et liv. VII, ch. IV.

[2] *Contrat social*, liv. II, ch. XI.

[3] *Principes du Code civil*, pub. par Et. DUMONT, chap. VIII.

travaux d'utilité publique et de défense générale, institue des maisons de secours et des maisons d'éducation (et tous les gouvernements font ainsi), que fait-il autre chose que appliquer le principe des doctrines socialistes [1] ?

Ce qui est réellement nouveau, c'est la substitution de formules à de simples tendances ; c'est l'idée de soumettre la répartition de l'universalité des produits d'un État à des principes fixes ; c'est la généralisation de règles dont la pratique se retrouve sous tous les gouvernements ; c'est, en un mot, l'idée d'une organisation scientifique du travail. Voilà ce qui a jeté la terreur parmi les défenseurs inconséquents du droit de propriété. Aussi longtemps que les gouvernements se sont contentés de mettre en pratique les principes du socialisme au moyen de l'impôt et sans doctrine arrêtée, les défenseurs de la propriété se sont tus ; ils n'ont point aperçu les atteintes dont elle était l'objet ; ils se sont récriés quand elles ont menacé de devenir systématiques et plus graves par la pratique de maximes comme celles qui servent de point de départ aux nouveaux systèmes d'organisation sociale. Au fond, les unes ne sauraient se justifier mieux que les autres. Les socialistes n'ont

[1] Quand nous disons que des publicistes ont été socialistes sans le savoir, nous ne parlons pas exactement. L'école de Grotius, qui détermine le droit par les convenances de l'ordre social, s'est appelée *socialiste;* cela mérite d'autant plus d'être remarqué que la doctrine de Grotius est, depuis deux cents ans, pour ainsi dire, la doctrine officielle.

que le tort d'être plus conséquents, et de procéder au moins d'une manière philosophique dans leurs systèmes. Mais il en est ainsi, les atteintes au droit n'éveillent jamais plus l'inquiétude publique que quand on les a systématisées, et que chacun peut craindre de s'en voir faire à soi-même une prochaine application.

A un point de vue plus général le socialisme est une variété du communisme. Le principe juridique de l'un ne diffère pas, à tout prendre, de celui de l'autre; il y a entre le communisme et le socialisme la différence du plus au moins. Les communistes qui fondent leur système sur l'irresponsabilité morale de l'homme, règlent en définitive le droit sur le besoin ; seulement, plus conséquents peut-être, ils font le besoin égal pour tous.

Qu'est-ce, par exemple, Saint-Simon, demandant que chacun soit rétribué selon ses œuvres, supprimant l'hérédité, déchargeant l'homme de la responsabilité du fait de sa naissance, mais lui laissant celle de ses faits personnels, sinon un communiste inconséquent ?

Fourrier, demandant une répartition proportionnelle des produits selon le travail, le capital et le talent, mais supprimant le destin, dont la terrible loi ravit trop souvent à l'homme le produit de son travail, ne peut-il pas être réputé un communiste mitigé? et le défenseur de l'association et de l'omnipotence de l'État, proclamant cette règle de travailler chacun selon ses forces et de consommer selon ses besoins, substituant ainsi la providence de l'État à celle de l'individu pour lui-même, est-il autre chose qu'un communiste moins le nom?

Les communistes purs, plus conséquents, donnent raison à toutes les critiques du socialisme, font une collection de tous ces griefs, et les attaquent tous en même temps.

Après les socialistes aux formules géométriques, inflexibles dans leurs déductions, vient une autre classe d'utopistes qu'on pourrait appeler du nom de socialistes par sentiment.

Ceux-ci admettent le droit au travail, qui est le fond de toutes les doctrines socialistes; mais, à la différence des socialistes par principe, ils n'en subordonnent pas l'exercice à une organisation du travail encore à trouver. Selon eux, la propriété est un fait qui s'est toujours modifié avec le temps, et auquel le temps apportera toujours de nouvelles modifications. Dans l'antiquité, l'homme était la propriété de l'homme; au moyen âge, il était serf, et la dîme, la rente féodale, le droit de chasse étaient l'apanage d'une classe. Si l'esclavage et la féodalité ont disparu, et si la propriété s'est successivement corrigée, ne peut-on pas, disent-ils, en rêver une épuration encore plus complète et qui aurait pour effet de l'universaliser [1] ?

[1] Cette doctrine était un peu celle de tout le monde dans la crise qui a suivi la révolution de 1848. Combien de gens ont défendu le droit au travail et la perfectibilité de la propriété, tout en répudiant le nom de socialistes!

Ces aspirations vers un droit nouveau doivent rester toujours à l'état d'aspirations. Le droit ne change pas. Les abus, l'oppression, les faits de force se produisent souvent comme des actes de droit; mais de ce que certains abus ont existé, puis ont disparu, il ne suit nullement que l'idée du droit doive progresser indéfiniment. Les faits reconnus aujourd'hui contraires au droit l'ont été de tout temps, et ce qui est aujourd'hui conforme au droit le sera toujours,

Il fut un temps où l'homme était la propriété de l'homme ; mais quoi d'étonnant? C'était un abus de la force, et ce n'est pas le seul que l'histoire ait enregistré. Le caractère du droit s'est-il modifié? La propriété, que notre Code civil définit le droit de jouir et de disposer des choses de la manière la plus absolue, n'est-elle pas aujourd'hui ce qu'elle a été de tout temps, et même à Rome, où régnait l'esclavage? Pourrait-on lui enlever un de ses éléments sans la dénaturer ou plutôt sans l'anéantir, ou seulement serait-il possible d'imaginer qu'elle fût autrement qu'elle n'est, et, telle qu'elle est, en contester raisonnablement la légitimité? La question est là.

On parle des dîmes, des censives, des rentes seigneuriales, des droits de la suzeraineté, des offices de judicature et du droit de chasse reconnus comme légitimes pendant des siècles, puis abolis. L'établissement de tous ces droits s'explique historiquement. L'invasion des barbares avait eu pour effet de détruire les rapports de l'homme avec la terre; dans ce grand cataclysme tout avait péri. Lorsque les habitants d'une même contrée, vainqueurs et vaincus, purent se reconnaître, leur premier soin, comme leur premier besoin, fut d'établir dans la société nouvelle un ordre, un pouvoir, une certaine fixité dans les rapports; c'est alors qu'on vit se développer la société féodale. Le temps n'étant pas venu d'une grande et forte unité, chaque chef, chaque seigneur, ancien conquérant des Gaules, vit se grouper autour de lui une population de colons, anciens Gaulois, anciens Romains définitivement soumis, qui devinrent plus tard des vassaux. Tantôt le seigneur féodal concédait des terres à la charge pour le vassal de reconnaître la suzeraineté du seigneur et de lui payer une redevance; tantôt c'était le colon lui-même qui venait mettre, aux mêmes conditions, sa personne et sa propriété sous la protection du seigneur [1]. La propriété était ainsi démembrée; ses divers éléments se trouvaient dans des mains différentes, et la suzeraineté entraînait la jouissance de ces droits féodaux, qui ont successivement péri et furent définitivement abolis dans la fameuse nuit du 4 août. Il y avait certainement dans cet état de la propriété et dans les rapports du seigneur et du vassal, de tristes vestiges des abus de la force et du malheur des temps; mais le droit de propriété, il faut le reconnaître, n'était point autre qu'il n'est aujourd'hui, et qu'il a tou-

[1] *Essais sur l'histoire de France,* de M. GUIZOT : 4e Essai.

jours été. Ce qu'il y a de variable dans les sociétés, c'est l'état économique et le système des garanties du droit, autrement dit la forme de gouvernement. Ils se transforment avec le temps, mais le droit ne change jamais. Si l'on veut dire que l'état économique des sociétés modernes est appelé à se modifier comme celui des sociétés passées, on exprime une pensée triviale à force d'être vraie; mais si l'on entend que ces modifications doivent résulter de l'action des lois et non de la force des choses; si l'on rêve le progrès du droit (et c'est le rêve des socialistes dont nous discutons la doctrine, autrement ils n'auraient pas de doctrine), il faut répondre que le droit est immuable et ne progresse pas.

C'est ce que n'ont pas vu certains publicistes, qui cependant ne sont rien moins que des utopistes. On les voit faire l'histoire du droit de propriété dans l'Inde, en Grèce, à Rome, sans qu'ils paraissent se douter que ce qu'ils prennent pour l'histoire du droit n'est que l'exposé de l'état économique de ces peuples.

Tel est le socialisme dans ses différentes manifestations. Mais les seuls socialistes ne sont pas ceux qui en portent le nom, et qui guerroient pour tel ou tel plan d'organisation sociale; il en est d'autres moins conséquents, presque aussi dangereux.

De nos jours, le prêt à intérêt est réglementé; la liberté de tester est atteinte par les dispositions de loi qui déterminent la quotité disponible; les lois de douanes favorisent telle branche de production au détriment de telle autre; l'impôt sert à soutenir certaines insdustries, à subventionner différents cultes et à établir des institutions de charité, de secours et d'instruction. D'un autre côté, tous les monopoles, tous les priviléges, comme ceux qu'on appelle si improprement propriété industrielle et littéraire; toutes les extensions du droit de propriété, comme celle qui résulte du droit de substitution, déplacent la richesse et enrichissent les uns au préjudice des autres. Qu'est cela, sinon l'application des idées du socialisme?

C'est le socialisme sans règle, sans but fixe, sans principes, agissant au hasard, selon le besoin réel ou supposé du moment, et n'échappant aux critiques dirigées contre le socialisme théorique que par l'absence de principes et de règles.

Pour expliquer un tel état de choses, on a essayé quelques théories encore incomplètes. Il faut voir ce qu'elles sont.

Des publicistes font de l'État un être de raison ayant, comme l'individu, des obligations morales à accomplir et auxquelles il ne peut manquer sans forfaire à sa mission. Ces devoirs n'ont pas de droit corrélatif, mais n'en sont pas moins impérieux, à leur sens. C'est ainsi que l'État, dans ce système, doit aide et protection, pour la conservation et le développement de leur vie physique, aux citoyens que le malheur accable; qu'il leur doit aide et protection pour le développement de la vie intellectuelle et morale, et qu'il doit les assister par la charité et par l'éducation[1].

Cette théorie, réminiscence des idées de Platon sur le caractère de l'État, est vicieuse et ne répond pas à ce qui précisément est en question. L'État n'a pas d'obligations de charité à accomplir; car où serait le fondement de telles obligations? Qui l'aurait investi du droit de disposer de la propriété des citoyens? Que les citoyens se doivent réciproquement, au point de vue de la morale, aide et assistance, cela se conçoit; mais que l'État, qui ne pourrait accomplir un tel devoir envers quelques-uns sans recourir à la contrainte contre d'autres, soit assimilé à l'individu, c'est ce que les principes du droit ne permettent pas d'admettre. L'individu qui donne dispose de ce qui lui appartient; mais l'État ne peut donner qu'en mettant la main sur la propriété d'autrui.

L'État, dit-on, a un cœur comme l'individu; il a de la générosité, de la bonté, de la charité. Je réponds qu'il n'en doit point avoir. Que dirait-on du particulier qui, dans son zèle philanthropique, ferait des libéralités avec l'argent du prochain? L'État n'ayant point une existence indépendante des individus qui le composent, n'aurait des devoirs de charité à accomplir envers quelques-uns qu'autant qu'il aurait des droits sur

[1] *Justice et charité*, par M. V. Cousin, opusc. 1849. V. aussi les *Cours à la Faculté des Lettres* du même auteur.

la propriété de tous; mais on ne voit pas quel serait le fondement de ces droits.

Ce qui condamne surtout ce système, c'est l'incertitude, on pourrait dire la mollesse de son ensemble. L'État doit avoir de la charité! Et dans quelles limites? on ne le dit pas. Tout ce qu'il y a de plus précis, c'est qu'il doit être charitable *dans une certaine mesure*. Ne serait-ce pas le cas de rappeler ces paroles d'un écrivain célèbre parlant de l'impôt progressif, qui s'attaque à la richesse sans aucune règle fixe : « Vous n'avez plus d'autre règle que le jugement qu'il vous convient de porter sur la richesse, vous êtes en pleine loi agraire, partageant les fortunes, retranchant à l'un pour donner à l'autre, en un mot, vous avez mis la main sur la propriété [1]. »

Placés entre le propriétaire défendant son droit et l'indigent réclamant l'assistance, les docteurs que nous combattons essaient d'un accommodement. C'est ainsi qu'en présence de plaideurs obstinés, des juges ignares transigent pour les parties. *Judicium anile,* disait Cujas!

Et, d'ailleurs, qu'est-ce que transiger sur un principe? Est-il jamais venu à l'imagination de deux mathématiciens de partager une quantité contestée au lieu de continuer leurs recherches? Je puis transiger sur un intérêt, sur ce que je veux faire ou donner, mais

[1] *De la Propriété*, par M. A. THIERS, liv. IV, ch. III.

non sur la vérité, attendu qu'elle ne m'appartient pas.

L'État ne pourrait avoir de la charité (pour continuer le même langage) que s'il était le produit de la volonté libre des citoyens. Dans le système du contrat social, auquel il faut toujours revenir quand on se place en dehors des principes du droit, l'État peut devoir aide et protection aux citoyens selon la teneur supposée du contrat; mais alors ce n'est pas un simple devoir de bienfaisance qu'il a à accomplir, c'est une obligation qui a sa source dans un contrat, et ce contrat a pour corrélatif un droit, le droit à l'assistance ou au travail, car dans un acte synallagmatique, l'une des parties ne peut pas être obligée sans que l'autre ait un droit.

Ainsi, ou bien il faut admettre le droit à l'assistance et au travail (et nous avons vu plus haut ce que c'est), ou bien il faut reconnaître que l'État ne doit rien à titre de charité, et ne peut même rien pour les âpres souffrances dont le spectacle contriste si profondément tous les cœurs généreux. C'est ailleurs qu'il faut chercher le remède, et nous l'indiquerons. Il faut être conséquent. La logique n'a pas d'entrailles. Malthus ferme les établissements publics de bienfaisance comme inutiles et allant directement contre leur but; il faut les fermer au nom du droit. Cela ne doit point inquiéter : ils se rouvriront à un autre titre. Le droit ne s'accommode pas de demi-mesures : l'État qui devrait une assistance au vieillard indigent, la devrait également, quoique à un degré moindre, à l'homme valide que le malheur a frappé. Ses obligations, pour être moins étendues, ne seraient pas moins étroites, car, en droit et en morale, le plus ou le moins importe peu. On se trouverait ainsi conduit logiquement à la communauté. Mais l'État ne pouvant excercer sa prétendue mission de charité qu'en attentant à la propriété des citoyens, il est vrai de dire que tout acte de charité de l'État implique une spoliation.

Ce que l'on dit du devoir de l'État en matière de charité, on l'a dit en matière de religion, de science et d'art. On sait les raisons par lesquelles on justifie son intervention. La société, dit-on, ne peut rester étrangère aux progrès de l'esprit humain, ni sourde aux misères dont se trouve affligée notre pauvre humanité. D'un autre côté, la religion ne saurait demeurer aux prises chez l'individu avec l'intérêt pécuniaire!

C'est toujours cette idée de faire de l'État le tuteur de l'intérêt individuel, selon le temps, le besoin, la convenance. Le principe étant le même, la réponse à faire est la même également.

D'autres publicistes ont bien senti la contradiction qu'il y a entre le régime où nous vivons et le régime pur du droit. Aussi se sont-ils appliqués à poser des principes pour la résoudre, et ils ont cru trouver la solution dans une distinction. Rossi divise l'économie politique en *économie rationnelle* et en *économie appliquée*, et dans l'économie politique appliquée il y a la science et il y a l'art. Il y a aussi à côté la politique et la morale. Or voici, selon Rossi, dans quelle mesure doivent se combiner les principes de la science, les préceptes de l'art, les prescriptions de la morale et les nécessités de la politique. La science se résume dans le *laissez faire, laissez passer* de Quesnay ; mais la science qui est le moyen le plus sûr de produire le plus de richesse possible, ne peut être suivie dans toutes ses déductions, et des circonstances particulières peuvent en modifier les principes dans leur application. C'est ainsi que la morale défend le travail des enfants dans les manufactures, quoiqu'il puisse être un moyen d'augmenter la richesse nationale, et que la politique fonde des maisons d'enfants trouvés, quoique les établissements de cette nature ne puissent se soutenir qu'avec les subventions prélevées sur la richesse publique. On ne dit pas précisément où commence et finit l'action de la politique et de l'économie politique, ni d'après quelles règles les préceptes de l'art doivent l'emporter quelquefois sur les principes de la science. Mais, en attendant l'avénement d'une haute science sociale, qui doit résumer dans une vaste synthèse toutes les sciences sociales et politiques, et dont il reste à découvrir les lois, on propose cet arrangement : « Quand, dans une question, l'intérêt le plus cher de la nation, le but dominant est la richesse, c'est l'économie politique qui doit l'emporter. Quand le contraire a lieu, quand il y a en jeu des intérêts de force, de dignité nationale, les considérations économiques ne sont plus que des motifs de second ordre et qui doivent céder le pas aux considérations politiques [1]. »

Mais l'arrangement que Rossi propose n'est qu'un vain palliatif. Rossi a vu la contradiction que nous nous appliquons à signaler, mais il n'a pu la faire disparaître. Qu'est son système? un expédient. En vertu de quels principes un gouvernement devrait-il se déterminer tantôt par des considérations économiques et tantôt par des considérations politiques? Sur ce point, rien de précis. En vertu de quel principe même aurait-il à prendre une détermination? Rien davantage, car Rossi n'admet pas que la société soit le produit d'un contrat. Qu'est le droit dans son système? une affaire de sentiment; et l'économie politique? une science d'observation, d'où l'on pourra seulement déduire des principes, qui, dans l'application, seront subordonnés à des préceptes d'art. Vague incertitude, absence complète de principes, voilà ce qui caractérise cette théorie.

Mais Rossi rêve l'avénement d'une science nouvelle. Peut-on attendre que l'esprit humain dégage un jour une science sociale supérieure, de toutes celles dont il a découvert les lois? Il est permis d'en douter ; et même pour s'assurer de l'impossibilité d'une telle science, il suffit d'envisager le problème qu'elle serait appelée à résoudre. Il s'agirait de concilier avec le sentiment moral le droit, et de formuler ce que Rossi appelle l'art de

[1] *Cours d'économie politique*, t. I, 2e leçon.

l'économie politique appliquée. Or, au delà du droit, les gouvernements ne peuvent rien ; ils n'auront jamais qualité pour appliquer une théorie d'équité, arrivât-on à en formuler une ; et si une théorie de cette nature devait jamais passer dans l'application, que serait-ce autre chose que le triomphe des principes que l'on a repoussés sous le nom de socialisme ?

Tout cela se rattache au principe de Grotius, si toutefois il est possible de rattacher à un principe des doctrines qui n'en ont pas. Assurément les éclectiques ne pèchent pas par l'intention. Ils voudraient bien sincèrement que le monde allât le mieux possible. Mais le philosophe qui n'a pas l'excuse du législateur, devant qui se posent souvent des questions dont la solution ne peut s'ajourner, ne saurait se satisfaire d'un ordre tel quel, fût-ce du plus approchant du bien. Il n'a rien fait, si en toute chose il n'est pas arrivé à l'absolu.

Viennent ensuite les économistes de l'école d'Adam Smith. Ils ont eu à un plus haut degré le sentiment du droit[1]; mais ils n'échappent pas complétement au re-

[1] J.-B. Say dit quelque part : « A parler rigoureusement, la société ne doit aucun secours, aucun moyen de subsistance à ses membres. En se réunissant à l'association, en leur apportant sa personne, chacun est censé leur apporter ses moyens d'existence. Celui qui se présenterait à elle sans ressource serait obligé de les réclamer d'un autre membre de la société ; celui-ci pourrait demander à connaître le titre en vertu duquel on lui impose cette charge, et il serait impossible de le lui montrer. Si on ne peut en faire un devoir à un citoyen, on ne

proche d'inconséquence qu'ils font eux-mêmes aux défenseurs de l'ordre de choses où nous vivons. Adversaires déclarés du système protecteur, qu'ils considèrent à bon droit comme une manifestation du communisme, mais partisans de l'intervention gouvernementale quand elle a pour objet d'assurer aux particuliers une satisfaction commune, ils ne voient pas que leur critique et leur système sont en une flagrante contradiction.

L'un d'eux détermine ainsi la circonstance précise qui imprime à l'intervention de l'État le caractère communiste : « Quand les citoyens, dit Bastiat, au lieu de se rendre à eux-mêmes un service, le transforment en service public, c'est-à-dire quand ils jugent à propos de se cotiser pour faire exécuter un travail ou se procurer une satisfaction en commun, je n'appelle pas cela du communisme, parce que je n'y vois pas ce qui fait son

saurait l'imposer à un second, à un troisième, à tous » (*Cours d'économie politique*, partie VII, chap. XXXII). Il dit ailleurs : « L'unique rôle qui convient au gouvernement est de laisser les particuliers débattre en liberté leurs mérites, et de les préserver de tous maux. Un impôt qui s'élève plus haut que les frais nécessaires pour procurer au contribuable la sécurité dont il a besoin, est un attentat contre la propriété du contribuable. » *Ibid.*, part. VII, chap. XXVI. Et ailleurs enfin : « Les contributions publiques même, lorsqu'elles sont consenties par la nation, sont une violation des propriétés, puisqu'on ne peut lever de valeur que sur celles qu'ont produites les terres, les capitaux et l'industrie des particuliers. Aussi, toutes les fois qu'elles excèdent les sommes indispensables pour la conservation de la société, il est permis de les considérer comme une spoliation. » *Traité d'économie politique*, liv. I, chap. XIV.

cachet spécial : le nivellement par voie de spoliation. L'État prend, il est vrai, par l'impôt; mais il rend par le service, c'est une forme particulière mais légitime de ce fondement de toute société, l'échange [1]. »

Ainsi, dans la pensée des économistes, toute faveur accordée à une industrie est une spoliation; mais l'intervention de l'État est légitime quand l'impôt qu'il prélève a pour objet de pourvoir à un service commun.

Nous corrigeons la phrase de Bastiat, et nous disons *impôt prélevé* et non *cotisation,* parce que s'il y avait réellement cotisation volontaire, nulle difficulté ne se présenterait, les citoyens pouvant très-légitimement s'associer pour obtenir en commun la satisfaction d'un besoin.

Mais ce principe des économistes ne repose que sur une vaine distinction. Si l'État me prend ce que je ne donnerais pas volontairement, il attente à mon droit de propriété. Peu importe qu'il prétende me rendre un service en échange, et même qu'il me le rende effectivement : mon droit est méconnu dès qu'un tiers en dispose. Dans la doctrine du droit au travail, anathématisée par les économistes, le travailleur demande un salaire en échange de ce qu'il offre. Sa prétention est injuste, parce que l'échange ne saurait être obligatoire contre la volonté des parties. Mais, dans la doctrine économique, l'intervention de l'État dans un intérêt

[1] *Protectionisme et Communisme*, opusc. 1849.

commun ne se justifie pas mieux; comme il y a échange forcé, il y a injustice. La doctrine du droit au travail livre tous à chacun; le système gouvernemental, même corrigé par les économistes, livre chacun à tous, c'est le droit au travail renversé.

La distinction proposée est d'ailleurs plus apparente que réelle. Il y a, dit-on, communisme partout où il y a nivellement par voie de spoliation. Mais quand donc l'action gouvernementale est-elle apparue comme réalisant une spoliation et opérant un nivellement? Dans la pensée des protectionnistes, les tarifs sont établis dans un intérêt commun, celui de l'indépendance de l'État. On le croit, on le dit du moins. Des économistes penseront que le but est illusoire; d'autres diront qu'il n'est point atteint. Soit; mais alors on concède le principe et l'on ne conteste plus que la valeur du moyen. C'est une question d'économie pure que l'on discute et non une question de droit.

Dira-t-on qu'il y a service public toutes les fois que tous profitent immédiatement et directement du sacrifice imposé à tous, mais seulement dans ce cas?

Mais pourquoi n'en serait-il pas de même quand il y a pour tous un profit indirect? Une telle distinction n'aurait rien de rationnel. Un principe de droit n'est point une question de comptabilité, et ne se règle point avec l'aide du calendrier.

Les membres de la commune ou de l'État peuvent transformer un service individuel en un service public.

Ils peuvent même, si bon leur semble, opérer un nivellement par voie de spoliation, à la condition toutefois que c'est eux-mêmes et tous ensemble qui se dépouilleront. Mais si, au contraire, on attribue à une autorité quelconque le pouvoir de toucher à la propriété des individus pour une opération commune, conçue en dehors de la volonté de tous, par cela seul que l'on dispose de leur arbitre sans leur assentiment unanime, il n'y a pas à chercher si cette opération commune est bonne ou mauvaise; on autorise la spoliation sous la forme de l'action gouvernementale, après l'avoir repoussée sous la forme opposée.

On peut se demander comment les économistes, qui se sont fait généralement une idée plus exacte du droit de propriété, n'en ont pas déduit toujours toutes les conséquences. Cela tient sans doute à ce qu'ils ne sont pas remontés à l'idée fondamentale du droit. Prenant la propriété comme un fait, et ne la considérant que comme le plus puissant des encouragements à la multiplication des richesses, ils ont dû subordonner l'étendue du droit aux lois qui régissent à leurs yeux la formation des produits et leur répartition. Il en est résulté que ceux qui ont vu dans le *laissez faire, laissez passer,* le stimulant le plus énergique du travail, se sont trouvés entraînés à demander l'affranchissement de la propriété, tandis que ceux qui n'admettent pas comme chose possible un état social où la propriété serait libre de toutes entraves, ont défendu le régime où nous vivons. Ni les uns ni les autres n'ont cherché le principe du droit de propriété; mais les premiers l'ont rencontré dans le cours de leurs recherches sur les lois naturelles qui président à la production et à la répartition des richesses.

Et ce sera là, aux yeux de la philosophie, le grand honneur de l'économie politique. Elle cherchait l'utile, elle a trouvé le juste. Pour cette découverte de hasard, elle a droit à tous nos respects. Elle a démontré, au moins dans l'ordre politique, sans phrases, sans hypothèses, par la seule étude patiente des faits économiques, moins brillamment, mais plus fortement que ne l'avait fait Platon dans son admirable livre de la *République*, la plus consolante des vérités, l'identité du juste et de l'utile.

Il reste enfin pour justifier l'action gouvernementale l'éternelle doctrine du contrat social; mais celle-ci a des résultats bien graves, comme nous l'avons dit; on peut la retourner contre l'autorité même qui l'invoquerait; car l'effet de tout contrat synallagmatique étant de créer des droits réciproques, elle ouvre aux particuliers, dans les termes du contrat présumé, une action contre l'État.

Ce qui peut sembler étrange, c'est qu'elle soit adoptée par des écrivains qui défendent la propriété comme un droit individuel. L'un d'eux, dans un livre fameux, après être parti des facultés de l'individu pour arriver, d'équation en équation, à la pleine démonstration de tous les éléments du droit de propriété, donne, dans le même livre, pour base à la société, quand il veut justifier l'impôt, un contrat. « Pour s'entendre, dit-il, il n'y a qu'à remonter aux principes mêmes. Quel est le but que se proposent les hommes en se réunissant en société? C'est de travailler les uns à côté des autres, en se défendant s'ils sont attaqués, en se prêtant secours si l'un expire de fatigue, de maladie ou de vieillesse au milieu du travail commun [1]. »

Ainsi, comme il fallait expliquer l'organisation sociale par les principes mêmes, l'auteur du livre *De la Propriété* prend précisément le principe que la propriété repousse; il ne paraît pas s'apercevoir qu'en donnant un *but* à la société, il contredit toute sa théorie, et que tout l'échafaudage de ces déductions dont l'enchaînement semblait ne pas admettre seulement la pensée d'une objection, s'écroule de lui-même dès qu'on veut accorder l'idée du droit avec celle d'une action gouvernementale quelconque.

Contradiction énorme, que nous ne nous lasserons pas de dénoncer, aussi souvent qu'on la reproduira! Ce n'est pas la moindre singularité des temps où nous vivons, de voir associées, dans l'esprit de tant d'hommes, deux idées qui s'excluent. Il faut combattre une telle erreur. Si l'observation de la nature humaine est « la vraie méthode » à suivre pour démontrer les droits de

[1] M. Thiers, *De la Propriété*, liv. III, ch. IX.

l'homme; si les résultats d'un tel travail sont les idées « les plus naturelles, les plus évidentes, les plus universellement reconnues, » et si le droit de propriété est au-dessus de toute convention, la convention ne peut devenir nécessaire pour expliquer les rapports sociaux des membres de l'État. La contradiction serait flagrante. Un principe vrai doit toujours pouvoir se suffire à lui-même. Une des deux démonstrations est fausse, quelle que soit l'évidence apparente de chacune, prise isolément : l'une conduit à la liberté, et l'autre à la justification de l'action gouvernementale sous toutes ses formes, et aux théories communistes avec toutes leurs conséquences.

CHAPITRE IX.

DE L'ORGANISATION SOCIALE.

Que l'action gouvernementale manque le but. — De l'association volontaire comme principe d'organisation sociale. — Précédents. — Du système de l'association volontaire.

Nous n'insisterons pas davantage sur les systèmes nés après coup pour justifier cet amalgame de principes divers qu'on appelle l'organisation sociale. Mais les incohérences que nous avons signalées dans les théories se retrouvent dans les faits. Ouvrez les codes. A chaque pas la loi consacre le sophisme, dans les explications qu'il donne de besoins sociaux factices, créés par l'égoïsme et la cupidité. Ces dogmes législatifs ne pourraient-ils plus être discutés ? Il faut scruter au contraire le principe de la loi, pour ne pas confondre avec la propriété vraie, la propriété spoliatrice en fait, ni le monopole, inique de sa nature, avec le travail indépendant.

On a voulu plier les principes rigides du droit aux besoins vrais ou supposés de toute société ; c'était commettre à la loi le soin d'une organisation qui ne devait résulter que de la force même des choses. On ne pourrait sans doute imaginer qu'une société où l'individu serait livré à ses seules forces et n'ayant nul rapport avec ses semblables, eût une existence durable ; il faut à cet ensemble encore informe un lien. Mais aussi il n'appartient pas au législateur de l'établir. La loi qui organise n'est plus une loi naturelle ; elle ne peut être que la réalisation d'un contrat politique ; la contrainte qu'elle autorise n'est que l'arbitraire ; le législateur qui commande outrepasse sa mission, et tout commandement de la loi est contraire au droit, car l'homme en société ne doit rien à son semblable en dehors des engagements personnels qu'il peut avoir pris.

Tel est cependant l'effet de l'intervention toujours intempestive de l'État, qu'à une organisation complète, qui serait le résultat de la nature des choses, et par conséquent nécessairement équitable, le système gouvernemental substitue cet ordre tel quel qui, depuis trois mille ans, a épuisé chez les moralistes de tous les pays tous les lieux communs de la morale.

Or il faut aller à la vérité et répudier toute feinte et tout mensonge. Ce n'est pas l'ordre véritable que ce milieu où se ruent pêle mêle toutes les cupidités ; où la fourberie est la condition du succès comme on l'entend, l'égoïsme, le mobile forcé de toutes les actions, et où tant de splendeurs mal acquises *font gronder le mérite et rougir la vertu*. On peut, en face de prétentions non justifiées, vanter pour la défendre, comme on l'a fait dans de certaines crises, notre organisation sociale et les prétendues vertus qu'elle enfante; mais les déclamations des moralistes contre les vices contraires n'en avaient pas moins passé jusqu'alors pour des banalités [1].

Mais si le droit n'est pas par lui-même un système d'organisation sociale, où en cherchera-t-on les moyens? En droit strict, personne ne doit rien à personne : le propriétaire est isolé dans son droit; le faible, l'infirme, le vieillard sont abandonnés chacun dans sa misère, dans cette société rudimentaire que nous supposons, où le droit règne seul. Du reste, point de culte public, point d'hôpitaux, point d'enseignement, point de force publique, point d'impôts. D'où naîtront toutes ces choses?

Comment pourra-t-on concilier avec le principe de liberté, cette dépendance mutuelle des citoyens que suppose une société organisée? Quelle sera la nature de ce lien qui unira les membres de l'État, en laissant à

[1] Quand ces lignes furent écrites, les esprits réagissaient fortement contre les utopies de 1848. Il était alors reçu que la propriété organisée par le Code civil ne développait que les sentiments les plus désintéressés. On lui faisait honneur de toutes les vertus. Les scandales qui ont suivi ont un peu interrompu les succès de ces ridicules bucoliques conservatrices.

chacun sa pleine liberté, son individualité entière?

La réponse vient presque d'elle-même. L'homme ne se suffisant pas à lui-même s'adressera à son semblable. Que l'on se représente maintenant chaque membre de l'État, poussé vers les autres pour la satisfaction de ses propres besoins, et l'on verra en imagination se développer le vaste réseau d'une association générale.

L'association est, en effet, le principe de l'organisation sociale. Toutes les fois qu'il y a coexistence de plusieurs individus sur une même portion du sol, il y a société civile. Peu importe que l'autorité souveraine n'existe pas encore; s'il n'y a pas de code, il y a au moins un droit. Mais l'indépendance complète des membres de la société ne peut durer; il faut un lien, une organisation, un gouvernement; et toutes ces choses ne peuvent résulter que de la volonté libre de tous les membres de la cité, en d'autres termes d'une association volontaire.

Comme on le voit, la nécessité force de revenir à un contrat, mais à un contrat politique, non social; à une convention, mais positive, non imaginaire et présumée; à un pacte qui, étant tout à la fois inévitable, exprès et volontaire, satisfera à toutes les exigences légitimes et ne laissera prise à nulles réclamations.

Tandis que le contrat social, dans l'esprit de Rousseau, préexiste au droit et en est le principe, notre convention d'association ne naît qu'après que le droit est reconnu, et n'a pour objet que de régler l'usage des droits qui peuvent être échangés. C'est ce qui l'en distingue profondément.

L'association volontaire laisse à chacun sa liberté. Dans nos sociétés modernes, comme dans les sociétés anciennes, le citoyen obéit à des lois arbitraires et qu'il n'a pas faites. L'usage de ses facultés et de ses propriétés est régi par une volonté étrangère. Sous le régime d'une association volontaire, au contraire, le citoyen n'obéit qu'à la loi qu'il s'est imposée ; les obligations dont on lui demande l'accomplissement dérivent toutes de la nature ou d'un contrat ; elles ne peuvent être matière à contestation, et ainsi se trouvent conciliés les principes de la liberté personnelle, c'est-à-dire du droit, avec le besoin, la nécessité d'une organisation sociale et politique.

Ce n'est point ici le lieu de déterminer les conditions de cette double organisation : qu'il suffise d'en indiquer la base.

L'association serait le résultat de la volonté libre des citoyens, c'est-à-dire d'un contrat. Or, comme aucun contrat ne lie et ne produit des obligations qu'autant qu'il ne supprime pas cette égalité qui se confond avec la liberté et le droit, l'association aura pour base l'égalité des contractants, et chacun des associés devra trouver dans l'association un profit égal au sacrifice qu'elle entraîne.

Maintenant, comment se déterminera la valeur de ce

que chaque associé devra donner à l'association et la valeur de ce qu'il recevra en échange?

Par le rapport de l'offre avec la demande. Une marchandise, une denrée, un service, n'ont de valeur que par le besoin qu'on en a. Celui qui donne un produit d'une valeur supérieure à la valeur en échange de la chose qu'il reçoit, se dépouille. En droit, comme en économie politique, le prix d'une denrée, d'une marchandise, d'un service, se détermine par le besoin; ici le fait est toujours d'accord avec le droit.

Nous sommes obligé, pour ne pas sortir de notre sujet, d'abréger beaucoup et de sous-entendre encore plus; et d'ailleurs, les prêcheurs de nouveautés sont suspects. Qui niera cependant dans l'ordre social, tel que l'histoire l'a fait, l'existence d'une terrible loi du *maximum* contre le travail au profit du capital? Nous définirions volontiers les sociétés modernes, un état où les habiles accordent par calcul quelque chose, pour ne pas rendre nécessaire une convention où ils seraient juridiquement obligés d'accorder davantage. Poussez au contraire la propriété à bout par ses propres excès; abandonnez-la à elle-même; accordez tout le droit, mais rien que le droit; et une association forcée, mais expressément consentie, donnera à chacun et à chaque chose la place qui lui convient.

Une société ayant pour base l'association volontaire ne serait pas sans précédents. Le système féodal n'était qu'une vaste association, unissant d'une part l'inférieur au supérieur, le vassal au suzerain, et d'une autre part, les suzerains, les possesseurs de fiefs entre eux. L'association était sans doute incomplète, limitée dans son objet, et plus d'une fois la violence déchira le pacte, quelque circonscrites que fussent les obligations qui en naissaient. C'était la faute des temps; mais toujours est-il qu'elle était la base d'un système qui, de l'aveu même des historiens qui l'ont flétri le plus énergiquement, avait, dans cette nécessité du consentement individuel pour la formation de la société, un principe de droit et de liberté.

La féodalité était antipathique à la masse des populations, parce que la force avait altéré le droit, que le despotisme pesait immédiatement du supérieur sur l'inférieur, et que le plus intolérable est celui qui s'exerce sans intermédiaire, sans rien qui dissimule le caractère humain et personnel du commandement.

Mais la difficulté la plus apparente du système d'organisation sociale volontaire se présenterait relativement à l'organisation de certains services qui sont naturellement publics.

Nous préciserons notre pensée par des exemples.

Dans tout État, il faut une police qui prévienne les désordres intérieurs ou en facilite la répression; il faut un corps judiciaire pour appliquer la loi aux faits particuliers, une armée pour la défense du territoire, et une administration qui pourvoie à l'exécution des grands travaux publics. L'utilité que procurent ces institutions ne s'adresse pas à chacun individuellement. Or, si les ressources sans lesquelles elles ne peuvent fonctionner doivent être le produit d'une cotisation purement volontaire, n'est-il pas à craindre qu'une partie des membres de l'État, assurés du dévouement des autres, ne s'affranchissent de charges qui doivent être communes cependant, le profit en étant commun à tous?...

Ce serait une crainte mal fondée. Dans l'état actuel, l'État pourvoit aux besoins publics les plus impérieux; mais combien en est-il d'autres auxquels les particuliers pourvoient volontairement eux-mêmes? Est-ce que chez toutes les nations on n'a pas vu les élans patriotiques se substituer aux froides exigences de la loi, toutes les fois qu'il s'est trouvé un véritable intérêt public en jeu? Dans un autre ordre, pour les pères de famille les moins pères, les mœurs ne suppléent-elles pas la loi dans des coutumes désintéressées? Un banquier dote ses filles! Il est des usages qui créent contre tous les sentiments d'égoïsme et de cupidité les plus tenaces, des obligations que la loi ne réalisera jamais; et il a été toujours bien facile de compter ceux qui, profitant d'un service public, ont refusé d'y contribuer. C'est que l'opinion, qui grandit à mesure que décroît l'empire de la loi, est une force aussi, et aussi puissante que celle dont dispose le garnisaire.

D'ailleurs, les moyens légitimes de coercition ne manqueraient pas. Si l'abandon de chacun à sa force individuelle donne naissance à ce vaste réseau d'associations que nous avons imaginé, chaque association fera naturellement ses conditions à chacun des membres qui la composent; les différentes associations seront ensuite contraintes à traiter entre elles, c'est inévitable; et, si l'on remonte ainsi par la pensée de la base au sommet de la société politique, on trouvera les services publics aussi fortement organisés que sous aucun régime.

Et tous les engagements ainsi imposés par la nécessité seront justes, car ils auront été pris sous l'empire de la plus équitable des règles, celle qui résulte en économie politique du rapport de l'offre et de la demande.

Voilà la véritable association, volontaire, non forcée. Et maintenant viennent tous ces systèmes d'organisation sociale qui se sont produits de nos jours, on pourra les discuter. Monstrueux comme théories de droit, quand ils se présentent avec le cortége de la force, ils peuvent ouvrir des vues utiles, s'ils demeurent ce qu'ils doivent être, des moyens, des procédés soumis à l'appréciation de tous. Il faut regretter qu'à une époque encore récente, on les ait vus se produire comme l'avénement d'un droit nouveau, et que les réformes proposées fussent autant une menace qu'un appât. Un progrès véritable peut-être s'est ainsi trouvé compromis. Mais nous n'empiéterons pas davantage sur des idées hypothétiques, nous avons hâte de revenir à la réalité; il faut se garder même de l'apparence des utopies quand on combat les utopies véritables.

III

DE LA GARANTIE DU DROIT.

CHAPITRE I.

DE LA DÉCLARATION DU DROIT.

La vérité de droit est connue par le sens individuel. — Conséquence : toute souveraineté est illégitime. — Du principe de contradiction, de Leibnitz. — Du principe d'autorité, de Vico.

Le droit n'est point un vaine abstraction. Tout individu peut faire respecter son droit, et même il ne l'exerce que quand il le fait respecter. Le droit sans la faculté de contraindre ne se concevrait pas, il se confondrait avec le devoir. L'homme usant de son droit, c'est l'homme agissant pour surmonter les obstacles qu'une volonté étrangère peut opposer à l'accomplissement de la loi morale.

Le droit a donc une sanction ici-bas, la force. L'emploi de la force pour assurer l'accomplissement du devoir n'est pas seulement facultatif. Faire le bien et faire tout le bien possible, en écartant les obstacles suscités par la volonté d'autrui, ce sont deux obligations identiques. Aussi est-ce avec raison que Cicéron assimile celui qui souffre une injustice à celui qui la commet ou s'en rend complice, et compare l'homme qui ne défend pas le droit, le pouvant, à celui qui abandonnerait dans une agression injuste sa famille, ses amis ou sa patrie [1].

Ici se présente une question capitale. Le droit impliquant la faculté de contraindre et la contrainte ne pouvant être qu'un fait humain, c'est quelque part dans la société que doivent se rencontrer l'intelligence qui déclare le droit et la puissance qui en assure le respect. Des penseurs ont bien rêvé un gouvernement de la société par la Providence; mais, descendant de la hauteur de leurs rêves à la réalité, ils n'ont pas moins été forcés de placer quelque part ici-bas un pouvoir législatif chargé de déclarer le droit, un pouvoir judiciaire chargé d'en faire l'application aux cas particuliers, et un pouvoir exécutif ayant pour mission de prêter au droit déclaré l'appui de la force. Qui donc peut ainsi déclarer le droit?...

Mon droit est inhérent à ma personne ; ce n'est point

[1] « Qui autem non defendit, non obsistit, si potest, injuriæ tam est in vitio quam si parentes, aut patriam, aut socios deserat. *De Officiis*, I. »

une création humaine, je le tiens de ma nature d'être moral et libre; mais qui peut prononcer sur mon droit?...

La question a, par elle-même et par ses conséquences, une importance qui ne saurait échapper à l'attention du jurisconsulte philosophe. Le problème qu'elle soulève n'est rien moins que celui de la certitude philosophique; or, de même que la vérité a son fondement dans le sens individuel, selon le principe de Descartes, dont on ne saurait écarter ici l'application [1], c'est aussi par le sens individuel que se détermine le droit, et son étendue.

Le vrai, le bien, le juste sont trois termes d'une même proposition; ce qu'on appelle communément vérité ne se dit que de la conformité de nos idées avec les choses de l'ordre purement intellectuel; mais ce serait donner au mot une acception beaucoup trop restreinte que de s'en tenir au sens qu'il reçoit communément. Il y a la vérité morale, comme il y a la vérité physique, la vérité métaphysique et la vérité mathématique. Émettre cette proposition, que le monde extérieur existe, ou cette autre proposition, que l'entier est plus grand que sa partie, c'est proclamer une vérité; mais c'est encore proclamer une vérité que de dire que nous ne devons pas faire de mal à autrui ou que nous devons respecter en lui telle manifestation de la liberté.

[1] DESCARTES, *Discours sur la Méthode*, partie Ire, et IVe *Méditation*.

Qu'il s'agisse de l'existence des corps, des rapports mathématiques qu'il peut y avoir entre eux, de la qualité qui peut leur appartenir, ou bien qu'il s'agisse de la moralité ou de la justice de telle action, nous disons une chose vraie quand l'idée que nous exprimons est parfaitement conforme à ce qui est l'objet de notre connaissance. A ce point, il faut reconnaître avec Platon, Cicéron et saint Thomas, que le vrai, le bien, le juste, sont choses identiques. *Assentior ut quod est rectum verum quoque sit*[1]. Or, comme le principe de la certitude n'est point ailleurs que dans le sens individuel, il suit que c'est à l'individu à déclarer le devoir, loi de l'individu, et le droit, loi de la société, comme les vérités de l'ordre physique ou toutes autres.

Les conséquences de ce principe sont de la plus haute importance. Déclarer le droit, c'est exercer le pouvoir législatif; si donc la vérité de droit est connue par le sens individuel, il suit que, dans la société, le pouvoir législatif, autrement dit le pouvoir de faire justice, appartient à chacun individuellement et non pas à personne privativement.

On a beaucoup discuté sur la souveraineté, c'est-à-

[1] CICÉRON, *de Leg.*, II, 6. Platon avait fait émettre cette opinion à Socrate, dans le dialogue du Criton, et saint Thomas s'exprime ainsi : Verum dicitur magis absolute, et ipsius boni rationem significat : Undè et bonum quoddam verum est. Sed rursùs et ipsum verum est quoddam bonum, secundum quod intellectus res quædam est, et verum finis ipsius. » *Summa, Quæst.* 82, art. 3, pars I. V. notre livre *De l'autorité et de la liberté*, chap. V.

dire sur le pouvoir de légiférer et d'assurer par la force le respect de la loi écrite. On a supposé qu'il pouvait, qu'il devait exister au sommet ou à la base de toute société un pouvoir irresponsable, contre la volonté duquel le droit de l'individu ne saurait prévaloir. Nous examinerons les différents systèmes proposés. Dès à présent nous pouvons dire que les idées de souveraineté et de droit sont inconciliables, et que s'il y avait quelque part, ailleurs que chez l'individu, une souveraineté, le droit n'existerait pas.

C'est donc mal poser la question que de se demander qui est souverain; il faut changer les termes, et dire : Où réside la justice? Entend-on, en effet, par souveraineté une puissance dominant le droit, selon l'expression de Bossuet; à qui l'on ne puisse dire : Vous avez erré, comme l'a dit de Maistre; qui puisse faire le mal impunément et qui n'ait pas besoin d'avoir raison pour valider ses actes, comme l'ont dit les partisans de la souveraineté du peuple? alors la souveraineté anéantit le droit; car le droit, faculté purement personnelle, n'est plus rien s'il est une puissance qui puisse l'empêcher de s'exercer. Que si l'on entend au contraire par souveraineté la simple faculté de déclarer le droit et d'en assurer le respect, on ne dit rien, car la souveraineté subordonnée au droit, ce n'est plus la souveraineté.

On ne s'est pas toujours rendu compte de la portée du mot, et de là vient que l'on a trop souvent confondu la souveraineté avec le pouvoir de faire justice. La souveraineté est une puissance; si on la définit le pouvoir de faire la loi, il faut ajouter qu'elle comprend le droit de la faire même mauvaise. Mais si l'idée du droit rend une telle puissance impossible, la souveraineté disparaît.

Pour savoir si une puissance est souveraine, il ne faut donc pas se demander si de fait elle sera tentée de contrevenir au droit, mais bien plutôt s'il lui suffira de le vouloir pour le pouvoir. Or je me refuserai toujours à voir un souverain dans celui qui ne peut agir qu'à la condition d'avoir raison.

Ainsi l'idée du droit a pour corollaire l'idée d'indépendance individuelle. Le principe du devoir étant dans la conscience, là aussi est le principe du droit, par la raison qu'il n'a pas une autre source. Partout où il y a une souveraineté on peut parler de tolérance; mais il ne faut plus parler de droit. Le droit, cette *éternelle autorité* au regard de l'étranger selon la loi romaine, est lui-même souverain, s'il est permis de parler ainsi, et deux souverainetés ne sauraient coexister. S'il y avait une souveraineté autre que celle du droit, ce ne pourrait être que celle de l'individu sur lui-même, car ce n'est que sur lui que l'homme peut exercer une action dont il ne doive compte qu'à Dieu.

En ruinant le principe d'autorité dans la philosophie et dans la science, Descartes a attaqué du même coup le principe de la souveraineté dans les gouvernements. Si le critérium de la vérité est l'évidence dans les choses objet de notre connaissance et si c'est l'intelligence qui est juge de la vérité des idées, toute souveraineté, en effet, est illégitime, quelque part qu'on la place. Que pourrait-il rester au souverain, contre la souveraineté du droit affirmée par le sens individuel?

On a proposé un autre principe de certitude. Comme il y a quelque difficulté, de l'aveu même de Descartes, à distinguer les idées claires des idées obscures, Leibnitz a pris l'ancien adage de l'école : *Impossibile est idem esse et non esse*, et en a fait le critérium du principe de contradiction. En vertu de ce principe, toute idée est vraie dont les conséquences sont toutes également admissibles, et toute idée est fausse dont les conséquences rigoureusement déduites doivent être rejetées [1].

Appliqué au droit ce critérium a les mêmes conséquences que celui de Descartes, le maître de ceux qui savent, *il maestro di color che sanno*, comme Dante le dit d'Aristote. Au fond, le principe de contradiction c'est le critérium du raisonnement, auquel Leibnitz veut que l'on fasse appel pour juger la raison. C'est ainsi que les mathématiciens, pour avoir l'assurance de l'exactitude de leurs calculs, les refont en se servant des mêmes éléments auxquels ils donnent une disposition différente. Leibnitz n'a pas découvert un principe nouveau, mais seulement un moyen de vérifier l'exactitude des résultats obtenus à l'aide d'un principe déjà

[1] LEIBNITZ, *Meditatio de cognit. veritatis et ideis.*

connu. On pourrait dire, s'il était permis de parler ainsi, que son principe est, pour l'intelligence de l'homme, si exposé à se tromper sur la clarté des idées, un verre grossissant. Mais en admettant même qu'il fût une règle pour le jugement, ce principe étant dans le sens individuel, constitue l'individu juge de la vérité, comme le criterium de Descartes ; et comme légiférer ce n'est rien autre chose que prononcer sur une vérité de droit, il suit que selon le criterium de Leibnitz, comme selon celui de Descartes, le législateur c'est l'individu.

D'autres ont proposé un troisième principe de certitude, le principe d'autorité. Vico, au siècle dernier, s'en est fait le promoteur. Ce que l'universalité ou la généralité du genre humain, dit Vico, sait être juste, doit servir de règle dans la vie sociale, et quiconque veut s'écarter de ce criterium doit prendre garde de s'écarter de l'humanité entière [1]. Et, de nos jours, un philosophe a répété après lui que le sentiment commun, *sensus communis*, est le sceau de la vérité [2].

Cette doctrine ne peut résister à un sérieux examen. Comment, en effet, le sentiment commun pourrait-il être un principe de vérité, si l'assentiment individuel était sans valeur? Plusieurs unités font un nombre, mais mille zéros ne sauraient faire une unité. Que la vérité apparaissant à plusieurs soit plus certaine que

[1] *Scienza nuova*, 2e éd., lib. I, *in fine*.

[2] LAMENNAIS, *De l'Indifférence en matière de religion*, ch. XIII. *Esquisse d'une philosophie*, ch. I.

quand elle apparaît à un seul, nul ne peut le contester; mais n'admettre comme vérité que ce qui est l'objet d'un consentement universel, et rejeter, comme erronée ou au moins douteuse, toute idée qui n'a pour elle que l'assentiment individuel, c'est vouloir faire sortir une affirmation d'un amas de négations et faire produire quelque chose à ce qui n'est rien.

L'homme, a-t-on dit, ne sait rien par lui-même, il doit écouter ceux qui savent... Mais ceux-là comment ont-ils appris?

On ajoute que l'unique preuve que nous ayons de la folie de ceux qu'on enferme, c'est la complète opposition de leurs idées avec les idées reçues; que quand deux personnes diffèrent de sentiment, elles appellent un arbitre, et que la raison la plus forte contre l'erreur d'une personne est dans cette phrase : Vous êtes le seul qui pensez ainsi.

Ces raisons prouvent que le sens individuel est exposé à faillir, ce qui n'a jamais été contesté; que deux individus sont moins exposés à se tromper qu'un seul, ce que l'on ne pourrait contester davantage, et enfin qu'il peut appartenir au sentiment commun de redresser nos erreurs, ce dont nul ne pourrait disconvenir sans élever des prétentions au moins très-orgueilleuses; mais elles ne prouvent pas que le sentiment commun soit le principe de la vérité. Toute idée est vraie qui apparaît évidente à l'esprit; en dehors de ce principe, il n'y a plus ni vérité ni erreur. L'esprit humain serait sans règle s'il était obligé de chercher la vérité hors de lui-même. Ajoutons que si la vérité n'était pas en nous, nous ne pourrions point assurer qu'elle fût nulle part, puisque nous n'aurions plus nul moyen de la reconnaître.

La question, répétons-le, n'est pas de savoir si plusieurs se trompent moins souvent qu'un seul. Il est certain que l'évidence qui éclate aux yeux de tous est plus l'évidence que celle qui n'apparaît qu'à une personne, si toutefois l'évidence a des degrés. Mais le vrai et le faux, le bien et le mal se déterminent-ils par la raison ou par la foi? l'homme doit-il acquiescer aux propositions affirmées par une autorité étrangère, ou se déterminer par le témoignage de sa propre conscience? Telle est la question. Or l'homme est doué de la faculté de juger; le sceau de la vérité pour lui ne peut être que l'évidence. Dès lors, dans l'alternative d'acquiescer à une proposition dont l'évidence frappe sa raison, ou à la proposition contraire que sa raison lui dit être fausse, bien qu'affirmée par le plus grand nombre, il est clair que c'est à sa raison qu'il doit obéir.

Le principe d'autorité comme principe de certitude absolue est sans fondement, car le grand nombre ne peut pas savoir d'une autre manière que ne sait l'individu lui-même; et, quoi que l'on puisse dire du principe d'autorité, on ne trouvera jamais qu'il établisse la loi de l'affirmation sur une base autre que la raison humaine, confirmée, contrôlée, vérifiée, je le veux bien, mais vérifiée par elle-même, confirmée par la raison.

Mais, dit-on encore, ce à quoi ma raison acquiesce, la raison d'un autre peut y répugner simultanément, et si le vrai n'était que ce à quoi la raison individuelle acquiesce, la même idée pourrait être vraie et fausse à la fois, ce qui est une absurdité !

C'est se méprendre étrangement sur l'essence de la vérité. La vérité, c'est la représentation exacte de l'objet, c'est la chose apparaissant telle qu'elle est. Plus simplement encore, la vérité c'est ce qui est. *Verum est quod id est*, a dit saint Augustin. Or la même chose peut apparaître différemment, mais elle ne peut pas à la fois être et n'être pas. Sans doute, nul ne peut affirmer de connaître les choses en elles-mêmes, c'est une connaissance qui n'appartient qu'à Dieu; mais nous pouvons les connaître par leur effet, par leur irradiation, de la seule manière dont elles se manifestent à la raison. Lorsque notre raison acquiesce à quelque chose qui répugne à la raison d'autrui, la vérité n'est pas moins quelque part; toute la difficulté est de savoir quelle est l'apparence vraie, quelle est celle qui déçoit; quelle est la connaissance qui se trouve conforme à la chose qui en est l'objet, quelle est celle qui n'en saisit que l'ombre. Or le principe de cette connaissance parfaite ne peut être que la parfaite clarté de l'idée : la plus claire est la plus vraie.

On ajoute enfin que le principe du sens individuel conduit au scepticisme, tellement que quand il y a désaccord entre le témoignage des sens et celui de la raison, l'esprit demeure en suspens jusqu'à ce que le consentement commun ramène la persuasion.

Cette incertitude de l'esprit abandonné à lui-même prouve sa faiblesse, que personne n'a jamais contestée. Elle ne détruit pas l'autorité du sens individuel ; car lorsque l'homme irrésolu finit par se ranger au sentiment d'autrui, c'est encore de sa raison qu'il fait usage. Il juge alors qu'il doit se soumettre. La raison est le seul guide de l'homme, lorsqu'il croit ou choisit aussi bien que lorsqu'il cherche, et quoi que l'on fasse, il faut arriver à en reconnaître la puissance même quand on fait appel à la foi.

Il va de soi que nous n'entendons pas parler de la vérité religieuse, quoique même ici, répétons-le, la raison intervienne pour juger que son domaine finit. En matière religieuse, il n'y a que des dogmes. La religion est tout mystère ; l'homme religieux croit et ne discute pas. Il a abdiqué l'empire de la raison pour se soumettre à celui de la foi, quand il est arrivé aux limites de la science. Mais le droit, comme la morale, est une science et non une religion ; et il serait aussi déraisonnable de se déterminer dans une science quelconque sur la foi d'une autorité, qu'il le serait de soumettre des dogmes à l'examen de la raison.

Du principe d'autorité, comme principe de certitude absolue, il faudrait conclure à la légitimité de l'absolutisme en politique. De nos jours on a vu une école proclamer la souveraineté du peuple, en prenant pour point de départ ce principe que le sentiment commun est le sceau de la vérité. Le point de départ admis, c'était tirer une conséquence inattaquable. Mais s'il est reconnu que la vérité, telle que nous la pouvons connaître, est en nous, non hors de nous, le principe de la souveraineté du peuple (il eût fallu dire le pouvoir chez le peuple de déclarer le droit) manque lui-même de fondement.

Il faut donc écarter toute idée de souveraineté. Qui dit souverain dit maître absolu. Or, dans la société, nul n'est souverain, c'est-à-dire au-dessus du droit. La souveraineté c'est le pouvoir de faire même le mal ; ce pouvoir appartient incontestablement à l'individu sur lui-même, chacun étant souverain de soi-même, maître de sa personne ; mais nul individu ni collection d'individus ne peut l'exercer sur autrui. A la souveraineté, il faut substituer le pouvoir de faire justice ou de déclarer le droit, qui n'est que la vérité relativement aux devoirs exigibles de nos semblables. Ce pouvoir, c'est la raison qui l'exerce, quand l'individu prononce sur le droit dans le recueillement de sa conscience ; et c'est l'idée qu'exprimaient les jurisconsultes romains quand ils appelaient justice la volonté ferme et durable de faire droit à chacun : *Justitia est constans et perpetua voluntas jus suum cuique tribuendi*[1].

[1] *Inst., de Justitia et Jure*, pr.

CHAPITRE II.

SUITE.

Des différentes formes de gouvernement et de la souveraineté. — De l'absolutisme des gouvernements. — Théorie de Hobbes et de Bossuet; erreurs. — Théorie de Grotius. — Erreurs de Grotius. — De la conquête comme moyen d'acquérir la souveraineté. — De la théorie du droit divin : Domat et de Maistre. — Réfutation.

La souveraineté, que nous venons de voir incompatible avec le droit, a été cependant défendue dans tous les temps. Ses défenseurs peuvent se ranger en deux classes. Dans la première ceux qui ont placé la souveraineté dans le gouvernement, monarque ou sénat. Pour eux la souveraineté réside dans le gouvernement comme un droit propre et non en vertu d'un mandat révocable. Dans la seconde classe sont les publicistes qui ont fixé la souveraineté dans le corps de la nation, où elle ne cesserait pas de résider alors même qu'on l'a déléguée. Pour ceux-ci la forme du gouvernement peut être monarchique ou aristocratique, peu importe ; le principe fondamental et distinctif, c'est qu'elle peut être modifiée par la volonté de la nation, ce que n'admettent pas les premiers.

Cette distinction par laquelle on remonte aux principes sans égard à la forme, n'est pas celle des publicistes qui se sont occupés des diverses constitutions des états. Ces derniers ne se sont arrêtés qu'à la forme extérieure des gouvernements, à des apparences. Aristote en distingue trois espèces : la monarchie, l'aristocratie et la démocratie, qui, par la corruption de leur principe, peuvent devenir le despotisme, l'oligarchie et la démogagie [1]. Montesquieu adopte une classification quelque peu différente ; tout gouvernement, selon lui, est monarchique, despotique ou républicain[2].

Ce sont là de vaines divisions, qui, presque toujours inévitablement, cachent sous un même mot des choses fort diverses. Pour qui remonte au principe de la souveraineté, tous les gouvernements connus se rangent en deux classes : dans la première, ceux qui exercent une puissance à eux propre, de quelque nom qu'ils s'appellent ; et dans la seconde, ceux qui puisent leurs droits dans la volonté de la nation, et ne sont, sous un nom ou sous un autre, que les dépositaires toujours révocables de sa puissance.

Cette division bien établie laisse sans objet l'examen

[1] *Politique*, liv. III, ch. VIII.
[2] *Esprit des lois*, liv. II, ch. I.

des distinctions qui ne se rapportent qu'à la forme des gouvernements, aussi bien celle du prodigieux génie qui a créé la science politique, que celle bien défectueuse de l'homme d'esprit que l'on a de nos jours tant surfait. Nous ne nous y arrêterons pas, et nous aborderons l'examen du principe de la souveraineté.

Nul philosophe, nul écrivain, que nous sachions, n'a jamais pensé qu'un homme naisse souverain de son semblable, ni même que la souveraineté puisse être l'apanage naturel d'une caste dans une nation [1]. Mais les défenseurs du droit monarchique ou aristocratique, trouvant la souveraineté immobilisée dans un homme ou un corps de la nation, ont soutenu qu'elle avait pu s'acquérir et se transmettre, et c'est à justifier le titre d'acquisition qu'ils se sont presque uniquement attachés.

Le fond de la plupart des systèmes dans lesquels on a essayé de rendre raison de l'absolutisme des gouvernements monarchiques ou aristocratiques est l'idée de pacte. Selon Hobbes et Bossuet, la souveraineté personnifiée dans un homme ou un sénat, est le résultat d'une convention tacite. L'État, dit Hobbes, est une personne à qui, par de mutuelles conventions, la multitude a donné une entière liberté d'action, pour qu'elle pour-

[1] Aristote a écrit qu'il est des êtres marqués en naissant pour la servitude; mais il suppose qu'il y a chez eux infériorité de nature. Il n'eût point admis qu'entre hommes libres, les uns fussent naturellement souverains et les autres sujets.

voie à la défense commune, de manière que chacun participe individuellement, au moins par la volonté, aux actes d'autorité qui assurent la tranquillité de tous [1]. Et Bossuet exprimait la même idée quand il disait que « la souveraineté résulte de la cession des particuliers, lorsque, fatigués de l'état où tout le monde est le maître et où personne ne l'est, ils se sont laissé persuader de renoncer à ce droit qui met tout en confusion et à cette liberté qui fait tout craindre à tout le monde, en faveur d'un gouvernement dont on convient [2]. »

Hobbes et Bossuet ont tiré de leur hypothèse des conséquences rigoureuses, mais qui ne seraient que justes si l'hypothèse était une réalité. Selon eux, le gouvernement ne peut être changé sans la volonté du souverain ; le souverain peut faire le mal impunément à l'égard de la justice humaine ; il est au-dessus des lois qu'il a faites, et qui ne peuvent s'appliquer qu'aux sujets ; il est juge du bien et du mal et ne peut être accusé ni puni ; enfin, il peut, par sa seule volonté, régler la succession du pouvoir, et ce droit est compris dans le pacte, parce que autrement, dit Hobbes, la société retournerait à l'état

[1] One person of whose acts a great multitude by mutual covenants one with another have made themselves every one the author, to the end he may use the strength and means of them all, of he shall think expedient for their peace and common defense. *Leviathan*, ch. XVII.

[2] 5e *Avertissement aux protestants*, 49. *Politique tirée de l'Écriture sainte*, liv. 1, art. 3.

de guerre et d'anarchie, dont précisément elle a voulu sortir en faisant un souverain [1].

La souveraineté implique en effet toutes ces conséquences ; et ces droits du souverain seraient incontestables partout où les membres de l'État auraient abdiqué leur personnalité au profit d'un supérieur, monarque ou sénat. Mais ce pacte tacite entre les gouvernants et les gouvernés a-t-il quelque réalité ? C'est ce dont il est permis de douter.

Nous poserons, dès le début de notre examen des nombreuses théories sur la souveraineté, ce principe, que l'homme, vis-à-vis de la puissance publique comme vis-à-vis de ses semblables, ne peut abdiquer sa liberté de faire le bien. Quand on établit la souveraineté sur un contrat, la question préalable à toute autre est de savoir à quelles conditions un contrat oblige. Or une convention qui n'oblige qu'une partie ou seulement établit des charges inégales, ne saurait être le fondement d'un droit. Je puis déplacer le centre de ma liberté, changer la circonférence de mon droit, permuter sur mes droits et mes devoirs, en d'autres termes, donner ce que j'ai de trop en échange de ce qui me manque ; mais je ne puis abdiquer mon libre arbitre sans une juste compensation. Cela posé, le pacte dont on fait dériver la souveraineté est une chimère ; mais alors même qu'il existerait, l'absolutisme gouvernemental n'aurait

[1] HOBBES, *Leviathan*, cap. XVII, *De Cive*, cap. VIII.

point une base plus solide, car à un tel pacte on ne saurait reconnaître la moindre force propre à fonder un droit.

Dans la doctrine de Hobbes et de Bossuet, la cession a lieu des particuliers au souverain, et l'autorité du souverain établit entre les particuliers cette cohésion d'où résulte la cité [1]. Mais, si un droit ne peut naître d'une telle abdication, il est clair que le prétendu droit de souverain est sans fondement. La souveraineté du monarque a pour corrélatif la servitude politique de la nation. Souverain et maître, sujet et esclave sont des termes synonymes. L'esclavage, politique ou civil, est toujours l'esclavage : le souverain exerce une puissance sur des hommes constitués en corps de nation, et le sujet a nécessairement des *coservi* : c'est toute la différence ; elle est dans le nombre ; mais à cela près, l'état du sujet (*subditus*) et celui de l'esclave (*servus*), sont identiques, et, si l'un est contraire au droit, l'autre l'est également [2].

[1] « Il n'y a pas, dit Bossuet, de peuple en cet état (l'état qui précède l'établissement d'un gouvernement). Il peut bien y avoir des familles, et encore mal gouvernées et mal assurées ; il peut bien y avoir une troupe, un amas de monde, une multitude confuse, mais il ne peut y avoir de peuple, parce qu'un peuple suppose déjà quelque chose qui réunisse quelque conduite réglée et quelque droit établi. » 5e *Avertissement aux protestants*. V. aussi HOBBES, *Leviathan*, cap. XVII.

[2] Hobbes apprécie lui-même ainsi son système : Regem enim esse, nihil aliud est quam dominium habere in personas multas ; atque

Qu'on ne parle donc pas de la tranquillité civile que le souverain assure aux sujets, de la paix qu'il leur procure, et de l'unité et de la force qu'une nation peut trouver dans la toute-puissance qu'elle confère à son gouvernement. Tout cela n'est rien en droit. Les bienfaits purement volontaires du souverain ne légitiment pas le principe de la souveraineté; ils ne sont rien, puisqu'ils ne sont point obligatoires. Le sujet d'un bon prince, c'est l'esclave d'un bon maître.

Le souverain qui fait le bien, fait le bien parce qu'il le veut. Il ne peut parler du bien qu'il fait, puisque la nation ne pourrait lui demander compte du bien qu'il ne ferait pas. Dans la doctrine des absolutistes, les obligations des particuliers envers le souverain n'ont pas de droit corrélatif. La question est donc toujours de savoir si l'on peut considérer comme légitime une convention dans laquelle une partie abdique tout, entre les mains d'un tiers qui ne promet rien.

Au reste, il ne faudrait pas voir dans ces paroles une attaque contre les gouvernements en général et contre les gouvernements monarchiques en particulier. Nos critiques se résoudront plus loin en une théorie du droit de résistance. Tous les gouvernements peuvent être légitimes, c'est la souveraineté qui ne l'est jamais. Nous n'en voulons pas aux gouvernements justes, dont l'existence est une condition de l'existence même des sociétés,

adeo familia magna regnum et regnum parvum familia est. *De Cive*, cap. VIII.

mais seulement aux gouvernements irresponsables et pouvant tout ce qu'ils veulent.

Hobbes a donné la formule précise du pacte présumé par lequel les sujets se sont soumis au souverain : ils abandonnent réciproquement le droit de se gouverner eux-mêmes, afin que le souverain, à qui ils ont transporté leur droit, agisse dans l'intérêt de la paix et de la défense commune [1].

Mais quelle force peut avoir un semblable pacte, si cette tranquillité commune n'est qu'un résultat probable de l'aliénation et non une condition obligatoire ? Cet abandon que chacun fait de son droit est en réalité sans cause.

La doctrine politique de Spinosa (un absolutiste encore) est plus compacte que celle de Hobbes, et ajoutons toujours de Bossuet, en demandant pardon pour le sacrilége d'accoler de tels noms. On sait que pour Spinosa, le droit naturel c'est le droit du plus fort, par la raison que la puissance de tous les êtres c'est, selon lui, la puissance même de Dieu. Mais le régime du droit du plus fort n'offrant ni sécurité ni bonheur, les hommes ont dû songer à exercer leurs droits collectivement ; et Spinosa veut que, lorsque par l'union de toutes les forces individuelles l'État est formé, l'être moral État

[1] I authorize and give up my right of governing my self to this man or to this assembly of men, on this condition that thou give up thy right to him and authorize all his actions in like manner. *Leviathan*, ch. XVII.

ne fasse qu'exercer la puissance qui appartient à chacun [1]; d'où la conséquence que ce que l'État ne peut empêcher l'individu le fait légitimement [2].

L'absolutisme de Spinosa est une doctrine très-compacte, nous le répétons ; car avec Spinosa le droit ne change pas de nature par le passage de l'état naturel à l'état civil, comme dans la doctrine de Hobbes. Mais pour le justifier, il faut supprimer Dieu, l'âme, le devoir, la conscience, tout ce en quoi l'homme croit d'une manière invincible.

Il faut donc, en définitive, que les absolutistes en reviennent au pacte unilatéral de Hobbes et de Bossuet. On a cherché à le justifier par des exemples. Le peuple qui marche à l'ennemi, dit Bossuet, renonce à la liberté et se donne un chef avec un pouvoir absolu. Le peuple romain se créait, même dans la paix, un magistrat absolu, pour se procurer certains biens et éviter certains maux. Le même peuple se liait par des lois que lui-même ne pouvait abroger ; et c'est un motif de même nature qui détermine les particuliers à remettre tous leurs droits entre les mains d'un souverain [3].

Il y a, dans ces exemples cités, des erreurs qu'il importe de relever, et les comparaisons ne sont pas exactes.

Nulle assimilation, d'abord, n'est possible entre le

[1] *Tractatus theologico-politicus*, cap. XVI.

[2] *Ibid.*, cap. XX.

[3] 5e *Avertissement aux protestants*, 55.

chef du peuple qui marche à l'ennemi et le souverain entre les mains duquel chaque particulier aurait remis le droit qu'il avait de se gouverner lui-même. Ce que l'on réclame pour le souverain est un tout autre droit que celui que peut avoir un chef en pays ennemi. Ce chef n'a qu'une puissance de fait, et il est question ici de la légitimité d'une puissance de droit. Le peuple qui aime mieux hasarder de périr, même injustement, par les ordres de son général, que de s'exposer par la division à une perte assurée de la main des ennemis plus unis, a pu conférer à ce chef un pouvoir sans bornes ; mais cela n'oblige le peuple qu'autant qu'il le veut bien. Il y a entre les particuliers un engagement qui les lie réciproquement ; il n'y en a pas qui lie la masse envers le chef qu'elle s'est choisi. Il n'est pas douteux que le peuple qui verrait son existence compromise par l'impéritie ou la trahison de son chef, ne pût lui retirer le commandement ; car ce chef, à qui nous supposons un pouvoir illimité, n'a pas le droit de mal faire, et sa puissance ne dure qu'aussi longtemps qu'il peut l'exercer utilement, *quamdiù bene gesserit.* Elle n'est point un droit inhérent à sa personne, et dès lors toute comparaison est impossible entre cette puissance de fait, qui s'exerce en vertu d'un contrat ne liant que des tiers, et celle du souverain, qui ne peut être souverain qu'à la condition d'exercer un droit propre et de pouvoir faire le mal impunément.

Veut-on dire que dans le péril il est prudent de remettre à un seul le gouvernement d'une entreprise? J'en conviens. Veut-on que dans l'état de société le péril soit toujours imminent? J'y souscrirais encore. Mais cet aveu n'impliquerait pas la reconnaissance du droit de la souveraineté; car il restera toujours que la convention dont on se prévaut, arrêtée par des particuliers dans un intérêt commun, ne peut conférer à celui qui est chargé de l'exécuter un droit personnel, et c'est toute la question.

L'exemple emprunté à la dictature de Rome ne paraît pas mieux choisi. Le dictateur n'avait, comme le général dont parle Bossuet, qu'une puissance de fait essentiellement temporaire. Cette obéissance absolue qui lui était due, il ne pouvait l'exiger comme un droit qui lui fût propre; et, si chacun était tenu de se soumettre aux ordres de cette puissance, c'était par l'effet d'un engagement qui liait les particuliers entre eux, et non pas envers le dictateur.

D'ailleurs, comme un vieux publiciste français l'a dit avec raison, la puissance souveraine est nécessairement absolue et perpétuelle[1]. Sans le caractère de perpétuité, la souveraineté n'est pas. A Rome, le dictateur était le délégué de la puissance souveraine, mais n'était pas souverain. Le souverain, c'était le peuple. La souveraineté est comme la propriété : le propriétaire peut posséder sous une condition suspensive ou résolutoire,

[1] J. BODIN, *de la République*, liv. I, ch. VIII.

mais ce ne serait pas être propriétaire que de posséder à temps.

Il y a erreur encore dans le troisième exemple cité par Bossuet. La collation des attributs de la souveraineté avait, dans l'opinion de Bossuet, son analogue à Rome, où l'on voit le peuple se lier par des lois que lui-même ne pouvait abroger. Or le fait auquel vraisemblablement il fait allusion est par lui mal compris. Le voici :

Cicéron, comme on le sait, avait succombé sous les persécutions de Clodius, et il expiait en exil, à Dyrrachium, sa faiblesse, sa vanité, peut-être le noble tort de s'être engagé dans le parti de Pompée. Dans l'année même du pébliscite qui l'avait exilé, huit tribuns avaient proposé un plébiscite pour le rappeler ; mais deux tribuns s'étant opposés au rappel, l'exil continuait [1]. De Dyrrachium, Cicéron écrivait à son ami Atticus son sentiment sur le plébiscite d'exil de Clodius, et il lui rappelait que ce plébiscite contenait une disposition par laquelle il ne pouvait être abrogé en tout ou en partie ni par le peuple, ni par le sénat. Mais il se hâte d'ajouter que toutes les lois contiennent des dispositions semblables ; que l'abrogation n'en est pas moins léga-

[1] A Rome les tribuns, gardiens des droits du peuple, ne pouvaient agir que tous ensemble. Un seul cas était excepté, c'était quand les tribuns, en vertu de la loi *Atilia*, coopéraient avec le magistrat à la nomination d'un tuteur, pour le mineur qui n'en avait absolument aucun. La majorité des tribuns alors suffisait. (*Inst., de Atil. tut.*)

lement possible ; que la formule de non abrogation n'a jamais été un obstacle à la réformation des lois que la République ne pouvait conserver, et que l'abrogation d'une loi emporte dans son pli la formule de non abrogation [1].

L'exemple auquel Bossuet fait allusion est donc inexactement rapporté. La formule qui terminait toutes les lois romaines n'avait pas et ne pouvait point avoir une force obligatoire plus grande que celle des ordonnances des anciens rois de France, qui étaient aussi, par leur préambule, *perpétuelles* et *irrévocables*, ou des traités de nos jours, où les souverains se promettent la paix *à perpétuité* [2].

Nous ajouterons que, lors même qu'il en serait autrement, cet exemple ne prouverait rien en faveur de l'absolutisme; car, de ce qu'une nation, comme un particulier, peut prendre des engagements vis-à-vis de soi-même, il ne suivrait pas qu'elle pût conférer valablement un pouvoir sans bornes à un maître. S'imposer

[1] Scis enim Clodium sanxisse ut vix aut omnino non possit nec per senatum nec per populum infirmari sua lex. Sed vides nunquam esse observatas sanctiones earum legum quæ abrogarentur. Nam si id esset, nulla fere abrogari posset (neque enim ulla est quæ non ipsa se sepiat) difficultate abrogationis ; sed cum lex abrogatur, illud ipsum abrogatur quo non ea abrogari oporteat. CIC., *Epist. ad Atticum*, III, 23.

[2] Un traité où la paix ne serait pas promise à perpétuité ne serait pas un traité de paix, ce ne serait qu'un armistice. Une loi temporaire ne serait point une loi ; ce ne serait qu'une mesure d'exécution.

un frein, ce n'est pas s'aliéner. Une assemblée qui se fait un règlement, une nation qui s'impose une constitution demeurent maîtresses d'elles-mêmes. Nous dirons un jour quelle peut être la force obligatoire de telles entraves; mais la question présente est de savoir si l'on peut considérer comme licite une aliénation comme celle que les défenseurs de l'absolutisme ont essayé de justifier, et il faut bien reconnaître qu'elle ne l'est pas.

Grotius, sans contredire la doctrine défendue plus tard par Hobbes et Bossuet, a présenté un système quelque peu différent. Selon lui, le contrat est passé non entre chaque particulier et le souverain, mais entre le souverain et le peuple. L'existence du peuple comme corps de nation ne lui semble pas l'effet de l'établissement d'une souveraineté. Le peuple préexiste au souverain, selon Grotius; mais le peuple, comme peuple, a pu se donner valablement au souverain, par la même raison qu'un homme peut se donner à un autre[1].

Cette doctrine ne recule même pas la difficulté, loin de la résoudre. Nous ne dirons pas avec Rousseau qu'un peuple étant un peuple avant de se donner à un roi, il y a lieu d'examiner, avant tout, l'acte par lequel le peuple existe, et de chercher si un tel acte renferme le principe d'une aliénation. Nous verrons plus loin ce que l'on doit penser de la souveraineté du peuple et des conséquences si souvent contradictoires que l'on a

[1] *De Jure belli ac pacis*, lib. I, cap. III.

voulu en faire découler. Nous admettrons, dès à présent hypothétiquement, que le peuple est constitué, sans rechercher à quel titre ; mais cela même admis, nous contesterons au peuple la faculté de se donner sans condition, par la raison que le peuple, corps moral, ne peut évidemment faire comme peuple ce que chacun des membres qui le composent ne peut faire comme individu [1].

Grotius, qui assimile le peuple à l'individu et lui donne le droit de s'aliéner de la même manière que l'individu qui se fait esclave, n'a pas donné de théorie de l'esclavage. Mais appréciant le principe de la souveraineté, comme celui de toutes les institutions, par son *criterium* de la convenance avec l'ordre social, il admet l'esclavage comme légitime, par la raison qu'il a été; et il invoque les lois hébraïques et les lois romaines, qui permettaient selon lui à un homme libre de se faire esclave volontairement.

[1] On a déjà remarqué que les principes politiques de Grotius et ceux de Hobbes sont à peu près les mêmes. Le nom de Hobbes cependant a toujours été repoussé, même par les partisans du droit monarchique, tandis que Grotius est une autorité qu'ils ne manquent presque jamais d'invoquer pour la défense de leur doctrine.

Cela tient à ce que Hobbes, très-vigoureux logicien, n'a reculé devant l'affirmation d'aucun des principes d'où découle l'absolutisme, ni devant une seule des conséquences qu'il entraîne. En réalité, la doctrine politique de Grotius est une des pièces dont se compose la doctrine des utilitaires, dont Hobbes est le fondateur. Hobbes a tout vu et tout dit; Grotius n'a dit et vu qu'en partie. La seule différence qu'il y ait entre eux est dans l'immense supériorité du philosophe anglais.

Il y a là une double erreur : une erreur implicite de droit que nous avons réfutée en parlant de l'esclavage, est une erreur de fait, car l'esclavage conventionnel, volontaire n'a, contrairement à l'affirmation de Grotius, jamais été autorisé par des lois.

Les lois romaines d'abord, loin de l'admettre, l'ont toujours réprouvé. Un citoyen romain se serait inutilement vendu : il lui eût toujours été facile de recouvrer la liberté en proclamant sa qualité de citoyen. *Civis sum romanus !* ce cri eut apaisé toutes les contestations. Qu'y a-t-il donc dans la loi romaine, à côté de ce que Grotius a cru y voir? Le voici : souvent, il était arrivé que l'homme libre ne pouvant aliéner sa liberté, selon les lois, s'était fait passer pour esclave et laissé vendre en cette qualité ; et puis, après avoir partagé le produit de la fraude, il était venu réclamer les inaliénables prérogatives du citoyen romain. Pour prévenir des fraudes de cette nature, la loi romaine voulut que celui qui s'était laissé vendre comme esclave, pour partager le prix de la vente, perdît effectivement la liberté [1]. Mais la perte de la liberté alors était la peine d'un acte frauduleux et non la conséquence d'un acte de droit ; et le citoyen devenait esclave par suite d'un méfait et non par l'effet d'une convention.

[1] Servi aut nascuntur aut fiunt... Fiunt aut jure gentium, ex captivitate, aut jure civili, cum homo liber major viginti annis ad pretium participandum venumdari passus est. *Inst., de Jure pers.*, § 4.

L'exemple des lois hébraïques n'est pas mieux trouvé. La loi des Hébreux admettait l'esclavage, comme celle de tous les peuples barbares ou civilisés de l'antiquité; mais elle n'admettait pas qu'un homme libre pût se faire esclave volontairement. Le texte dont on argumente dit que l'esclave acheté sert six années, et sort libre la septième sans rien payer ; que si son maître lui a donné une femme dont il a des enfants, ceux-ci demeurent esclaves au cas où leur père userait du droit de recouvrer la liberté ; mais que si l'esclave déclare devant les juges qu'il aime son maître, sa femme et ses enfants, et qu'il ne veut point devenir libre, il demeurera alors esclave et obligé de servir à toujours [1]. Par ce texte on voit que l'esclave pouvait renoncer à recouvrer la liberté pour conserver la femme qui lui avait été donnée, avec les enfants nés de leur union; mais on n'y voit pas qu'un homme libre pût devenir esclave par l'effet de sa volonté.

Grotius ne se demande pas si les gouvernements de son temps sont légalement absolus. Il paraît même les condamner, puisque selon lui la souveraineté ne peut

[1] Voici le texte de *la Vulgate* : Si emeris servum hebræum, sex annis serviet tibi, in septimo egredietur liber gratis... si autem dominus dederit illi uxorem et peperit filios et filias, mulier et liberi ejus erunt domini sui; ipse vero exibit cum vestitu suo. Quod si dixerit servus : Diligo dominum meum et uxorem ac liberos, non egrediar liber, offeret eum dominus diis et applicabitur ad ostium et postes perforabitque aurem ejus subocula, et erit ei servus in seculum. Liber exodi, cap. XXI.

résulter que d'un pacte. Tout ce qu'il soutient, c'est qu'il est des conditions auxquelles la souveraineté peut s'exercer légitimement. Or ces conditions ne se sont jamais réalisées. Un seul exemple pourrait peut-être être allégué, celui du Danemarck, où le clergé et les bourgeois forcèrent, en 1660, la noblesse, jusqu'alors souveraine de fait, à déférer au roi Frédéric III une autorité sans bornes, héréditaire dans sa famille. Par l'effet de la *loi royale*, promulguée par Fréderic III, après une délibération de la diète composée des trois ordres, les rois de Danemarck eurent le pouvoir *de faire les lois, de les abroger et de les négliger à volonté.* Ils l'ont conservé jusqu'à nos jours; mais encore, tout en admettant la théorie de Grotius, pourrait-on contester la validité d'un acte qui ne fut ni consenti ni ratifié par la nation elle-même[1].

Le contrat unilatéral de Grotius, aussi bien que celui de Hobbes et de Bossuet, ne saurait donc être la source de la souveraineté. Une nation ou un particulier qui

[1] ULPIEN (*Dig. de Constit. princ.* l. I) et GAÏUS (*Inst.* 1-5) rapportent qu'à l'avénement de chaque nouvel empereur romain, le peuple remettait par une loi expresse la toute-puissance dans ses mains : *Populus ei et in eum omne suum imperium et potestatem conferebat.* Ce n'est pas un exemple à ajouter à celui que nous empruntons à l'histoire de Danemarck. La loi *regia*, comme on l'appelait, n'empêchait pas, en effet, que le peuple, les plébéiens, le sénat, les magistrats, ne conservassent le pouvoir de faire des lois. Par la loi *regia*, l'empereur recevait un mandat; la puissance qu'elle lui conférait conservait le caractère de puissance déléguée ; il n'acquérait pas par cette loi un pouvoir qui lui fût propre.

s'aliènent ne font pas un acte valable en soi. La souveraineté, comme l'esclavage, c'est la négation du droit, et ce qui condamne la puissance du maître sur l'esclave condamne en même temps l'autorité du souverain sur les sujets.

A la vérité, selon certains absolutistes, la toute-puissance souveraine n'anéantirait pas le droit. Pour Bossuet, le droit c'est la raison, et il continue d'exister, même quand le souverain abuse de son pouvoir [1]. Mais que serait le droit sans la faculté de contraindre et de résister? Pourrait-on y voir autre chose qu'une abstraction, un mot vide? Pour moi, je me consolerais difficilement d'avoir perdu ma liberté ou mon champ et ne saurais me résigner à l'inaction, par la pensée que quelque chose que Bossuet appelle le droit me reste. La manifestation du droit, c'est la force employée légitimement. Il est bien clair que si je ne puis agir contre celui qui me fait injustement violence, monarque ou multitude, je n'ai pas de droit, mais seulement le sentiment de l'injustice dont je suis victime, douleur inutile que loin de chercher à nourrir je devrais plutôt souhaiter qu'on pût m'enlever.

Ce que nous disons du principe de la souveraineté rend sans objet l'examen de questions qui ne peuvent se présenter qu'autant que l'on admettrait la légitimité de la puissance souveraine. Telle est celle de savoir si

[1] 5e *Avertissement*, 53.

l'aliénation de Hobbes et de Grotius peut s'induire d'un consentement tacite, et telle est aussi celle qui s'élève sur la légitimité de la souveraineté héréditaire.

On a donné à la souveraineté une autre origine, la conquête. Selon Hobbes, Grotius et Bossuet, le gouvernement peut s'établir par la conquête ; mais la souveraineté ne devient légitime que par l'assentiment de la nation conquise [1].

Ce n'est là, comme on le voit, qu'une application de la théorie de Hobbes sur l'esclavage, et c'est, sous une autre forme, la théorie qui précède sur l'acquisition de la souveraineté. Tout ce qui vient d'être dit s'applique donc parfaitement à celle-là comme à celle-ci. Or il n'est pas vrai que le consentement du vaincu puisse légitimer l'esclavage ; il n'est pas vrai qu'un individu ou une nation puisse trouver une compensation légitime à la perte de son libre arbitre ; il n'est pas vrai enfin qu'un engagement pris sous l'empire de la force puisse être le fondement d'un droit, ni qu'une partie soit juridiquement obligée envers qui ne s'engage à rien.

Une quatrième théorie fait dériver la souveraineté de la nécessité pour l'homme d'être gouverné ; c'est la doctrine du droit divin. L'homme, dit de Maistre, en sa qualité d'être à la fois moral et corrompu, juste dans son intelligence et pervers dans sa volonté, doit nécessairement être gouverné ; autrement il serait à la fois

[1] *Leviathan*, ch. XX. *De Jure belli ac pacis*, lib. I, cap. III. *Politique tirée de l'Écriture sainte*, liv. I, art. 3.

sociable et insociable, et la société serait à la fois nécessaire et impossible. Et de Maistre conclut, avec raison si l'on admet ses prémisses, que la souveraineté résulte directement de la nature humaine; que les souverains n'existent pas par la grâce des peuples, mais par la grâce de Dieu, et que tout gouvernement est bon lorsqu'il est établi et subsiste depuis longtemps sans contestation [1].

Domat avait dit avant de Maistre « que la nécessité d'un gouvernement sur les hommes, que leur nature rend tous égaux, fait voir que c'est de l'ordre de Dieu que dépend le gouvernement, et que c'est Dieu que les souverains représentent dans leurs fonctions [2]. »

Cette doctrine qui remonte par saint Thomas jusqu'à saint Paul, a d'abord le tort de placer le droit en dehors des conditions où il est accessible à la raison humaine. De toutes les théories absolutistes, c'est assurément la plus profonde. Platon l'avait pressentie, quand il disait que le souverain absolu ne doit pas être seulement supérieur à ses sujets, comme le pasteur à son troupeau, mais supérieur d'une manière toute divine. En effet, si l'absolutisme pouvait se justifier, ce ne serait qu'à la condition d'avoir une origine surnaturelle. Mais cette doctrine, nous le répétons, échappe à toute discussion ; elle confond le domaine de l'intelligence avec celui de la foi; elle fait un dogme de ce qui, par

[1] *Du Pape*, liv. II, ch. I et IX.
[2] *Lois civiles*, part. II, liv. I, sect. I, § 4.

son objet, reste abandonné aux contentions des hommes.

Le gouvernement des affaires humaines par la Providence est sans doute un fait irrécusable; l'histoire entière l'atteste; mais ce fait providentiel appartient à l'ordre historique, et ne peut être invoqué pour dispenser le pouvoir qui se présente comme le dépositaire de la volonté de Dieu de justifier du mandat qu'il prétendent exercer. Rien de commun entre l'action occulte de Dieu, qui a soumis la vie des nations, comme celle des individus, à d'impénétrables décrets, et cette puissance effective que des dynasties prétendent exercer comme un droit. Tout ce qui se traduit par un acte de contrainte est du domaine de la discussion. Et la conséquence, c'est qu'à tout pouvoir qui se présente comme investi d'une puissance coactive, je puis demander d'exhiber sa commission. Nul, individu, famille ou portion de peuple, ne peut s'attribuer la souveraineté sous prétexte qu'il représente la Providence : ce serait confondre les matières de la foi avec celles de la science. Un droit suppose un titre discutable; il sera donc toujours déraisonnable de faire appel au respect d'une autorité sacrée, pour justifier l'exercice d'une puissance temporelle à exercer dans les affaires humaines.

Si l'on écarte cette idée de l'intervention secrète de Dieu par un homme dans le gouvernement des nations, pour ne s'arrêter qu'à la partie de la théorie qui laisse prise au raisonnement, la doctrine absolutiste des écrivains catholiques peut s'apprécier facilement. De Maistre pose en principe que tout gouvernement est bon lorsqu'il est établi et qu'il subsiste depuis longtemps sans contestation. Mais, si la perpétuation d'un fait en matière de gouvernement n'est pas le sceau de la consécration divine, on ne soutiendra pas qu'un fait peut devenir légitime par cela seul qu'il a duré, et encore moins que sa durée antérieure pourra légitimer sa continuation. Ce serait au moins une singularité.

Il ne faut pas oublier, en effet, que tout gouvernement a eu son commencement, toute dynastie son fondateur, et que tout pouvoir a été organisé par une volonté unique ou multiple avant d'exister tel qu'il est. C'est ce titre primitif qu'il faut interroger. Or rien ne peut suppléer la juste cause de ce premier établissement. En droit politique comme en droit civil, le temps ne peut donner de valeur à ce qui est nul dans son principe; il peut encore moins créer un titre, c'est-à-dire donner de la valeur à ce qui n'a pas une existence même apparente; et c'est pourquoi on est autorisé à déclarer illégitime, sans plus ample examen, toute souveraineté qui ne peut s'appuyer sur un titre autre que le fait de sa propre existence.

On a quelquefois raisonné par analogie de ce qui a lieu en droit civil pour la prescription; mais l'analogie n'existe pas. Quand un possesseur prétend avoir prescrit un immeuble, fonds de terre ou maison, il faut qu'on lui suppose un titre auquel se rattache la présomption de propriété que l'inaction du propriétaire réclamant a détachée du sien. La prescription ne légitime pas la propriété; mais, le principe de la propriété étant admis, elle légitime telle propriété et l'assure dans telles mains. Entre deux titres, le titre produit et celui que la possession prolongée suppose, c'est à celui-ci que la loi veut qu'il soit référé par la prescription. La prescription n'est ainsi qu'un moyen pour le juge de se décider sur une compétition appuyée sur des faits qu'un long espace de temps a rendus douteux. Mais, comme ce n'est pas ainsi que se présente la question de la souveraineté, où le débat n'est pas engagé entre deux prétendants, mais bien sur la légitimité même du pouvoir souverain, il faut dire que revendiquer un droit sans justifier d'un fait à son origine qui lui ait donné naissance et déclarer un gouvernement légitime parce qu'il a duré, c'est agir sans titre, c'est faire un titre réel de ce qui n'est en droit civil que la présomption d'un titre ou supposé ou perdu.

D'ailleurs si l'on remonte à l'origine de ce pouvoir dont parle de Maistre, on trouvera un fait qui n'a pas encore duré, et qui, par conséquent, manque du caractère qui, dans la doctrine même de de Maistre, pourrait seul le légitimer ; il faudra alors chercher le titre de cette souveraineté dont la durée légitimera celles qui lui succéderont. La question, comme on le voit, renaît toujours.

Dira-t-on que la durée d'un gouvernement le légitime rétroactivement? Mais cela d'abord ne s'appliquerait qu'au passé, et ne légitimerait pas la prétention de tout souverain d'user dès lors et dans l'avenir du droit d'agir impunément, fût-ce en faisant le mal. Et n'en fût-il pas ainsi, que le principe d'autorité qu'on veut établir ne serait pas moins ruiné dans sa base; car tout citoyen, tout individu, aurait le droit de proposer son gouvernement et devrait être écouté, nul ne pouvant dire que ce gouvernement à l'essai ne devra pas durer et ne sera pas par conséquent légitime comme tout autre.

La question est donc toujours de savoir si la souveraineté peut s'acquérir, et quel serait le titre légitime d'acquisition. Un gouvernement n'est pas légitime par cela seul qu'il existe. C'est mal défendre le principe de la souveraineté que de l'établir sur la nécessité où sont les hommes d'être gouvernés. Si les sociétés ont besoin d'un gouvernement, l'homme n'a pas moins besoin de liberté. La liberté, c'est-à-dire le droit, est le premier bien de l'homme; sans lui tous les autres biens sont inutiles ou suspects. Si le principe de la souveraineté est inconciliable avec celui du droit, il n'est pas douteux que le premier doive céder au second; car la société est le moyen et non le but, et l'homme est fait pour pratiquer la loi du devoir avant d'obéir au penchant qui le porte à vivre en société.

Tels sont les différents systèmes par lesquels on a essayé de justifier l'absolutisme gouvernemental. Ils diffèrent entre eux; mais tous (le système panthéistique de Spinosa excepté) ont un point commun en ce qu'ils placent les nécessités vraies ou apparentes de l'état social au-dessus du droit de l'individu. Hobbes, Bossuet et Grotius d'un côté, saint Thomas, Domat et de Maistre de l'autre, diffèrent d'opinion sur la génération de la souveraineté; mais tous sont d'accord en ce point, qu'elle est légitime du moment où elle est nécessaire, et que sa nécessité découle de la perversité de l'être humain.

L'absolutisme de Hobbes a soulevé d'universelles clameurs, même parmi les partisans de la souveraineté du droit divin. C'est bien à tort, car ses principes sont les leurs, et en le combattant ils ajoutent l'inconséquence à l'erreur.

Que disait Hobbes? que l'homme est naturellement ennemi de l'homme; que la guerre est l'état de nature; que l'état de société vaut mieux; qu'il n'est pas de société sans gouvernement; que le gouvernement est nécessairement tout-puissant, d'où résultent les divers attributs de la souveraineté et l'anéantissement du droit des gouvernés. Et de Maistre? que l'homme est un être corrompu et pervers dans sa volonté; qu'il est sociable par sa nature, mais que sa perversité native rend nécessaire l'établissement d'un gouvernement, d'où la nécessité absolue de la souveraineté et la justification en droit de tous les actes du souverain. Il n'y a pas même entre eux la différence des mots, et le philosophe anglais peut réclamer à bon droit la première place à côté des défenseurs de la souveraineté du droit divin, sinon avec eux.

Hobbes, il est vrai, a été entraîné à remonter par l'analyse à des principes devant lesquels se sont arrêtés ses sectateurs sans le savoir. Prenant le fait pour le droit, il a voulu expliquer ce qui est, selon lui. Il a été conduit à confondre le juste avec l'utile, édifiant ainsi les principes sur les faits, au lieu d'arriver aux faits par les principes. Mais ce que Hobbes n'a pas craint de dire, des théologiens le pensent encore ; car supprimer le principe du droit, l'écraser en quelque sorte sous celui de la souveraineté, c'est, quoi que l'on fasse, placer l'utile avant le juste, et c'est ce qu'ont fait Domat et de Maistre, aussi bien que Grotius et Bossuet.

Le principe de la souveraineté, répétons-le, est une pièce de la doctrine utilitaire. Les partisans de la souveraineté même du droit divin, qu'ils le sachent ou l'ignorent, sont des sectateurs de Hobbes et de Bentham : ils placent comme eux l'utile avant le juste. Peu importe qu'ils corrigent le matérialisme de leur doctrine par cette idée d'une destinée providentielle imposée au souverain, c'est toujours sur le principe d'utilité qu'ils basent la souveraineté. On peut fulminer contre la doctrine de Hobbes en défendant le principe de l'absolutisme ; mais il faut savoir que c'est cumuler le bénéfice de la doctrine et l'honneur de l'injure. C'est se porter pieusement l'héritier d'un patrimoine mal acquis : mieux vaudrait répudier la succession.

On hésite à condamner aussi péremptoirement des docteurs dont les écrits commandent à tant d'autres titres la vénération. Et cependant quelles concessions possibles en face de certaines inconséquences? Heureuses inconséquences après tout, qui ont préservé leurs auteurs des excès de leurs théories ! Mais chez l'homme le cœur vaut peut-être mieux que l'esprit ; considérons encore comme un bien que, doué d'une intelligence défectueuse, l'homme soit en même temps doué du sentiment qui la corrige.

La doctrine catholique proscrit la révolte[1]. Obéissez aux puissances, dit l'apôtre ; car celui qui résiste aux puissances résiste à l'ordonnance de Dieu ! Nous dirons un jour comment ce commandement n'avait d'autre objet que d'établir le caractère pacifique de la nouvelle doctrine; comment il était un précepte de conduite et non un principe de droit, encore moins la justification de la souveraineté avec ses conséquences. Et cela concédé dès à présent, nous pouvons établir une ligne de démarcation profonde entre le conseil de l'apôtre chrétien, qui fait aux nouveaux convertis une vertu de la résignation, et des théories qui, confondant des questions d'ordre tout différent, font sortir un principe matérialiste d'un précepte de mansuétude et de prudence.

[1] SAINT PAUL, *Épître aux Romains*, I, 13.

Ainsi les droits de la souveraineté, qui sont l'anéantissement du droit, ne peuvent naître ni de la volonté des gouvernés, ni d'un mandat divin dont nul gouvernement ne pourra jamais justifier, ni de la prétendue nécessité des gouvernements absolus. Voyons si la souveraineté réside, comme l'ont voulu des doctrines opposées, dans le corps de la nation.

CHAPITRE III.

SUITE.

De la souveraineté du peuple. — De la doctrine de la souveraineté du peuple chez les écrivains de la Réforme. — Elle n'est justifiée que d'une manière incomplète. — Du contrat social de Rousseau. — Réfutation du principe du contrat social et de ses conséquences. — De l'idée de la liberté politique. — Du sentiment commun comme principe de souveraineté.

Par opposition aux philosophes et aux jurisconsultes qui ont défendu le principe de la souveraineté acquise, des publicistes ont édifié la doctrine de la souveraineté du peuple. Cette doctrine, si on l'examine en elle-même, n'exclut pas plus que les précédentes aucune forme de gouvernement; mais il y a entre l'une et l'autre cette différence signalée précédemment, que le gouvernement, selon la première, s'exerce comme un droit propre aux gouvernants mêmes, tandis que, selon la seconde, il n'est qu'une fonction déléguée, à laquelle la nation peut mettre fin quand elle le veut, ou au moins à des conditions et dans des circonstances qu'elle détermine.

La doctrine de la souveraineté du peuple ne remonte point au delà de la Réforme. Ce n'est qu'à cette époque que l'on a commencé à discuter philosophiquement les droits des gouvernés et des gouvernants. Ce n'était pas la première fois sans doute que la question de la souveraineté se présentait, puisque les révolutions qui remplissent l'histoire ne sont que l'exercice ou le déplacement de la souveraineté ; mais jusqu'alors les peuples et les gouvernements avaient été selon les temps, les lieux, les mœurs, souverains sans le savoir, et c'était la première fois qu'en réponse aux prétentions théoriquement absolutistes de certains souverains, comme les Stuarts, on formulait théoriquement aussi la doctrine diamétralement opposée de la souveraineté du peuple.

Les systèmes par lesquels on a essayé de justifier la souveraineté du peuple ne sont pas nombreux. Le premier est celui des écrivains de la Réforme. Milton, Théodore de Bèze, Fr. Hothman, Jurieu, tous leurs coreligionnaires, n'ont défendu la souveraineté du peuple qu'en combattant la doctrine contraire, comme si la souveraineté existait nécessairement quelque part et indépendamment de la volonté des gouvernés[1] ! Aux ab-

[1] C'est ce que dit positivement le contradicteur de Bossuet, le ministre Jurieu. « Nous sommes persuadués que les hommes sont naturellement libres et indépendants les uns des autres, excepté cette

solutistes qui défendaient les droits du roi, ils opposaient le droit des peuples, pour qui les rois sont faits, et qui peuvent secouer le joug d'un souverain qui abuse de son autorité[1]. A ceux qui faisaient découler la souveraineté d'une aliénation volontaire, ils opposaient l'histoire, qui montre la perpétuation du droit populaire, ou ils répondaient que la dignité personnelle, la vie et la liberté ne peuvent s'abdiquer[2]. A ceux qui soutenaient la prérogative royale fondée sur un consentement tacite, ils disaient que celui qui exerce un pouvoir ne saurait être supérieur à celui qui le confère[3]. A tous, ils demandaient les titres de ce pouvoir tout-puissant; et ils soutenaient que l'abdication de toute liberté personnelle ne peut s'induire, comme chose vraisemblable, de l'inaction et du silence.

Tout cela était puissant comme critique, mais nul

dépendance mutuelle que Dieu a mise entre les pères et les enfants, entre les maris et les femmes. Mais nous croyons aussi que le péché a rendu la domination et la subordination de condition nécessaires, en sorte qu'il est, moralement parlant, impossible que les sociétés subsistent sans domination et sans souveraineté. » 16e *Lettre pastorale*, 3e année.

[1] MILTON, *Tenure of Kings and Magistrates*. La doctrine politique de la Réforme sur la souveraineté et sur le droit de résistance a été exposée dès le XVIe siècle, dans deux opuscules qu'on ne lit plus, quoique d'une rare éloquence. Le premier, a été publié sous le pseudonyme de E. Junius Brutus; ils sont intitulés, l'un : *Vindiciæ contra tyrannos*; l'autre : *De Jure magistratuum in subditos*, etc.

[2] FR. HOTHMAN, *Franco-Gallia*. E. Junius Brutus, *Vindiciæ contra tyrannos*.

[3] V. notamment JURIEU, *loco citato*.

comme système. Si les docteurs de la Réforme n'avaient voulu que critiquer, leur triomphe eût été complet. Mais ils ambitionnaient un rôle plus élevé, ils voulaient fonder ; et, avec des critiques, c'est-à-dire des négations, on n'édifie rien. La souveraineté n'existait pas dans les gouvernements, selon eux. Soit ; mais cela prouvait-il qu'elle résidât dans les masses, dans le peuple ?

On ajoutait, à la vérité, que la souveraineté devant être quelque part et n'étant pas là où les champions des gouvernements la plaçaient, elle ne pouvait résider que dans le terme opposé, le peuple. C'était proclamer une autre souveraineté du droit divin ; mais il eût fallu établir l'existence du peuple comme peuple, et c'est ce que les politiques de la Réforme ne faisaient pas.

La doctrine démocratique des écrivains de la Réforme manquait donc par la base. Le peuple n'est point un corps moral en qui réside la souveraineté comme dans sa source [1]. C'est une agrégation d'hommes poussés par un besoin commun, et dans laquelle chacun reste lui-même. Les individus qui la composent ont des droits ; mais le peuple, comme peuple, n'en a pas, et surtout il n'a pas la souveraineté, qui serait l'anéantissement des droits de l'individu. Il ne suffisait donc point aux écrivains de la Réforme de contester le droit des rois ; ils avaient à établir ceux des peuples, en faisant connaître

[1] JURIEU, 16 *Lettre pastorale* de la 3e année.

comment la souveraineté leur appartient soit naturellement, soit par acquisition, à défaut de quoi leur doctrine n'était plus que de la critique et point un système.

La souveraineté du peuple n'est pas plus légitime par elle-même, c'est-à-dire innée, que celle des gouvernements. Le peuple souverain, c'est le peuple pouvant se faire du mal à lui-même, comme l'a dit Rousseau. La souveraineté est chez lui, comme ailleurs, cette faculté d'agir sans avoir raison. Or un tel pouvoir n'appartient point à cette agrégation d'hommes qu'un penchant commun a réunis ; et pour prouver que les peuples sont souverains, il ne suffit pas de prouver que les gouvernements ne le sont pas.

Par une erreur, une équivoque, qui est encore à cette heure on peut dire universelle, les publicistes de la Réforme ont confondu la nécessité des gouvernements dans les sociétés civiles, avec la prétendue nécessité de la souveraineté. C'est, au contraire, à distinguer ces deux choses qu'ils auraient dû s'appliquer. Il faut un gouvernement au sommet de toute société ; qui pourrait y contredire ? Mais suit-il que le gouvernement puisse être souverain, dans une mesure plus grande ou moindre ? Comment surtout le peuple aurait-il en lui cette souveraineté infuse ? C'est ce qu'il eût fallu expliquer.

La loi de la pluralité des suffrages peut être un établissement de convention, et encore avec certaines restrictions ; mais ce n'est point une règle à laquelle nul soit naturellement tenu de se soumettre. L'autorité du nombre est sans valeur, si l'on ne produit un titre pour la légitimer. A défaut, la majorité n'exerce plus qu'une contrainte arbitraire, et toute contrainte contraire au droit, fût-elle exercée par tout un peuple, moins le citoyen qu'on opprime, est tyrannie.

Les écrivains de la Réforme ont été frappés des conséquences du droit de la souveraineté. Aussi quelques-uns se sont-ils attachés à la limiter dans le peuple, où elle réside, selon eux, comme dans sa source, et par conséquent dans le gouvernement d'un ou de plusieurs à qui elle peut être concédée[1].

Nous verrons plus loin ce qu'il faut penser de cette souveraineté limitée. Dès à présent nous pouvons dire qu'une telle transaction détruirait l'un par l'autre et le droit et la souveraineté.

Il est remarquable qu'en proclamant la doctrine de la souveraineté du peuple, la Réforme n'a point été conséquente avec son principe du libre examen, qu'elle avait eu le tort d'appliquer tout d'abord à des matières où le libre examen est un non sens. Après avoir attaqué l'autorité dans l'ordre spirituel, où elle réside essentiellement, elle l'a attaquée dans l'ordre politique, où l'on peut toujours la discuter. Si elle s'était renfermée dans son rôle critique, elle serait restée jusqu'à un certain point d'accord avec elle-même ; on n'eût pu lui reprocher que de ne pas savoir remplacer les ruines qu'elle

1 V. notamment JURIEU, *loco citato*.

avait faites. Mais elle a été plus loin, et à la doctrine de la souveraineté du gouvernement, elle a substitué celle de la souveraineté du peuple. Là est l'inconséquence. Reconnaître la souveraineté du nombre, c'était déplacer l'autorité, non s'en affranchir ; et cependant le dernier mot de la Réforme, c'est la négation de toute autorité. Elle pouvait donc, à ses risques, attaquer le droit des gouvernements ; mais pour n'être point infidèle à son principe, dont Descartes a donné, sans le prévoir, la formule en ramenant toutes les vérités à l'appréciation du sens individuel, elle devait proscrire toute souveraineté, autre que celle que l'individu peut exercer sur lui-même.

Le second système est celui de Rousseau.

Rousseau a bien compris que le peuple n'est pas souverain inné, et qu'il ne suffit pas de ruiner le droit des rois pour édifier celui des peuples. Partisan de la souveraineté du peuple, il a expliqué comment, selon lui, un peuple est un peuple, voyant bien, comme il le dit expressément, que, à moins d'une convention antérieure et conclue unanimement, il n'y a point obligation pour le petit nombre de se soumettre à la volonté du grand. Mais la convention qu'il suppose a-t-elle quelque réalité ? c'est une question.

On connaît la doctrine de Rousseau. Le Contrat social, c'est le véritable évangile de la démocratie ; c'est ici le lieu d'en parler avec quelques développements. Selon Rousseau, le fondement du corps politique est dans la convention de ses membres. Cette prétendue convention, Rousseau ne peut en produire l'original ; mais il la suppose, et il croit pouvoir arriver à en donner la teneur exacte, en recherchant quelle peut être sa nature, son usage et sa fin, d'après la nature de l'homme et les lois naturelles auxquelles il est soumis[1]. Le problème peut, selon lui, s'énoncer en ces termes : « Trouver une forme d'association qui défende et protége de toute la force commune la personne et les biens de chaque associé, et par laquelle chacun s'unissant à tous n'obéisse pourtant qu'à lui-même et reste aussi libre qu'auparavant[2]. »

Or, dans l'opinion de Rousseau, le pacte social établi sur ces bases se réduit aux termes suivants : « Chacun des associés met en commun sa personne et toute sa puissance sous la suprême direction de la volonté générale, et ils reçoivent chaque membre comme partie indivisible du tout[3]. »

De ce contrat d'association, Rousseau déduit deux conséquences principales : la première, que la volonté de tous est l'ordre, la règle suprême, la loi, quelle que soit cette volonté, pourvu qu'elle ait pour objet un intérêt commun, car la loi n'est légitime qu'autant que son objet importe à tous[4] ; la seconde, que la souverai-

[1] *Contrat social*, liv. I, ch. VI.
[2] *Ibid.*
[3] *Ibid.*
[4] *Ibid.*, liv. II, ch. VI.

neté est indivisible, inaliénable et réside essentiellement dans le corps social. L'indivisibilité de la souveraineté résulte, selon Rousseau, de l'unité du corps politique, qui ne peut vouloir pour partie, et son inaliénabilité, qui fait que le souverain ne peut être représenté que par lui-même, serait une conséquence de la nature de la volonté, laquelle ne peut se transmettre[1].

Dans cette doctrine, le gouvernement est l'intermédiaire entre le peuple et le souverain, entre chaque particulier et le corps entier de la nation; c'est le pouvoir agissant, qui exécute ce que le pouvoir souverain a voulu, et qui réduit la loi en actes particuliers. Il peut se personnifier dans une ou plusieurs personnes; mais son mandat est toujours révocable au gré du souverain; car c'est bien d'un mandat que dérive, dans ce système, le pouvoir du gouvernement, et non d'un contrat qui lierait d'une manière quelconque le peuple souverain[2].

[1] *Contrat social*, liv. II, ch. v et vi, et liv. III, ch. xv.

[2] Rousseau appelle monarchie la forme de gouvernement où le pouvoir d'exécuter est concentré par le souverain dans les mains d'un magistrat unique, dont tous les autres tiennent leurs pouvoirs. Il appelle aristocratie celle où il est resserré dans les mains d'un petit nombre, de sorte qu'il y ait plus de simples citoyens que de magistrats; et il appelle démocratie celle où le dépôt du gouvernement est commis à la plus grande partie du peuple, en sorte qu'il y ait plus de citoyens-magistrats que de simples particuliers.

Cette dernière forme de gouvernement est évidemment impossible, comme Rousseau le dit lui-même : elle n'a jamais existé et elle n'existera jamais. Mais le gouvernement que Rousseau appelle monarchique n'a pas un autre principe que la démocratie. Le peuple y est toujours

Ce système, dont toutes les parties paraissent rigoureusement liées, prête à de graves objections. D'abord il suppose une convention là où la convention n'existe pas. Le penchant qui pousse l'homme à vivre en société est en effet tout-puissant, et cette agrégation appelée société civile n'est pas le libre produit des volontés. D'un autre côté, les devoirs et les droits de l'homme dérivent de sa nature, et il ne peut les modifier par sa propre volonté. Or, si d'une part la société est un fait nécessaire, et si d'une autre part l'homme a des devoirs et des droits qu'il ne peut abdiquer, un contrat social est une supposition chimérique, qui ne peut justifier les droits de la souveraineté.

Rousseau pose en principe que l'homme en société doit être protégé de toute la force commune dans sa personne et dans ses biens; et le problème, selon lui, est de trouver une forme d'association qui donne à chacun des associés cette garantie. Mais si c'est un problème, l'association n'existe donc pas effectivement! De ce que telle forme d'association serait juste et utile, il ne suit nullement qu'elle soit. La légitimité d'un fait, pour le cas où il viendrait à se réaliser, n'implique en aucune manière son existence actuelle. Si donc Rousseau

législateur souverain. Le roi de Rousseau n'est qu'un magistrat toujours révocable, à la différence du roi de Hobbes, qui a un pouvoir à lui propre et legifère et exécute. Pour Rousseau, il n'y a jamais eu qu'un gouvernement de droit, le gouvernement républicain dans l'acception ordinaire du mot. On voit ce qu'il faut penser de ce passage généralement si mal compris, où Rousseau déclare *sa* démocratie impossible.

voulait établir le principe de la souveraineté du nombre sur le consentement commun, il devait prouver que de fait ce consentement existe, exprès ou tacite, et qu'il peut être la source des droits de la souveraineté; mais aller du possible au certain, du vraisemblable au vrai, de la légitimité d'un fait à son existence, et conclure de l'énoncé d'une difficulté à sa solution, c'est franchir un degré dans le raisonnement. *Ab posse ad actum non valet consequentia.* Et qu'on ne dise pas que de fait l'association existe, et que l'on se sert de l'énoncé du problème seulement pour en découvrir la forme; c'est ce qu'il fallait prouver. Ce qui existe, c'est la société. Or l'association et la société n'ont rien de commun : celle-ci n'est qu'un fait; celle-là serait un contrat; et l'existence d'un contrat qui embrasse tous les actes de la vie civile des particuliers, doit s'induire au moins de quelque chose.

On ajoute que c'est un contrat tacite. Nous répondrons que c'est une raison de plus pour en chercher la cause ailleurs que dans une hypothèse. Quoi! les hommes vivraient sous l'empire d'un contrat qui n'est écrit nulle part; ce contrat serait partout le même; les clauses en seraient tellement déterminées que la moindre infraction les rendrait vaines, et cependant il serait le produit de volontés libres agissant spontanément! Il y a là bien des contradictions. Le caractère d'un acte libre est de se diversifier à l'infini; des causes libres agissant sans règle n'ont jamais pu produire un résultat nécessaire. Un tel résultat, Rousseau le suppose ; cela se conçoit, il ne se serait jamais vu.

En dernière analyse, Rousseau tient à établir sur une base certaine le droit social et politique ; mais ce n'est pas dans un contrat qu'il fallait la chercher. Pour éviter l'absurde, il détermine à l'avance les clauses de ce contrat, produit supposé de volontés libres : cela est prudent, mais peu rationnel ; c'est revenir au point de départ par un circuit où l'on court risque de s'égarer. Il eût été plus simple et aussi sûr de déduire le droit, de la nature de l'homme, en passant par-dessus ce contrat supposé.

Ainsi le fait supposé d'un contrat social est, dans le système même de Rousseau, une inutilité, une superfétation. Ce n'est qu'une fiction ; et dans l'application particulière qu'il en fait, il n'y a pas même pour excuse la nécessité.

L'erreur de Rousseau s'explique par celle des docteurs qu'il combat. Tous admettent l'existence d'une souveraineté : l'un l'établit sur la force, un autre sur l'autorité paternelle, un troisième sur la volonté de Dieu ; d'autres enfin, comme nous venons de le voir, la font sortir de la négation de toutes ces doctrines. La souveraineté dérivant de tels principes ne pouvant s'admettre, Rousseau a pensé à la faire résulter de la volonté libre des particuliers. C'était créer une chimère pour justifier une puissance exorbitante. Que de savoir si la souveraineté serait légitime au cas où elle résulterait du consentement de tous, c'est une question; mais en cherchant à quelle condition la souveraineté pourrait se légitimer, il fallait examiner si le fait d'où elle dériverait a quelque réalité.

Rousseau n'a pas déduit la souveraineté de l'association ; il a modelé l'association sur la souveraineté. Il s'est abusé lui-même : l'idée de la souveraineté du peuple était préconçue chez lui, aussi bien que chez Jurieu. Il a justifié la cause par l'effet, et il fallait expliquer la légitimité de l'effet par la réalité de la cause.

La seconde objection à faire contre la doctrine du Contrat social, c'est qu'en admettant que le contrat existât, on ne saurait le reconnaître comme un acte légitime en soi. La volonté générale est la suprême direction, dit Rousseau ; rien ne peut empêcher un peuple de se faire le mal qu'il lui plaît [1]. Or ce pouvoir de faire le mal, qui est bien, en effet, le caractère essentiel de toute souveraineté, est aussi illégitime dans la multitude que dans un homme.

Rousseau l'a combattu lui-même dans la doctrine de Grotius. Il considère comme absurde et inconcevable qu'un homme se donne gratuitement ; car renoncer à sa liberté c'est renoncer, selon lui, aux droits de l'humanité, ce qui est incompatible avec la nature de l'homme. Dans sa pensée, tout contrat n'est point juridiquement obligatoire ; car il est des engagements qui

[1] *Contrat social*, liv. II, ch. XII.

constituent une rénonciation à des devoirs, lesquels ne s'abdiquent pas. Ce qu'il dit de la rénonciation de chaque particulier et du peuple au profit d'un gouvernement, est parfaitement applicable à celle qu'il suppose faite au profit du nombre souverain; car dépendre de tous ou dépendre d'un seul, c'est la même chose, c'est n'avoir pas de droit.

On dit qu'entre le gouvernement souverain et le peuple souverain il y a une différence ; que chaque particulier est à la fois membre du souverain et sujet dans la doctrine du contrat social, tandis qu'il n'est que sujet dans la doctrine contraire, qu'ainsi les membres de la société qui obéissent à la volonté générale n'obéissent qu'à eux-mêmes.

Mais cette différence ne légitime pas l'autorité du nombre. Il est aussi incompatible avec la nature de l'homme d'abandonner réciproquement à d'autres la règle de ses actions que d'abdiquer son libre arbitre entre les mains d'un maître. Admettre des tiers en participation pour déterminer une règle d'action, c'est renoncer éventuellement à sa liberté. Mais, comme en politique de même qu'en droit civil, le compromis n'est pas possible quand l'aliénation est défendue, par la raison que compromettre c'est aliéner sous condition, il faut renoncer à la vaine distinction de Rousseau. Et quant à soutenir que les citoyens n'obéissent qu'à eux-mêmes dans la doctrine de la souveraineté du peuple, c'est un jeu d'esprit : ils obéiraient à un arbitrage mutuel, mais ce n'est pas là rester maître de soi.

On ajoute que le corps social, quand il fait mal, ne nuit ni à tous ses membres ni à chacun d'eux en particulier, mais seulement se fait mal à lui-même, ce qui est très-permis ! C'est supposer que l'État absorbe l'individu, subtilité, en parole, digne des sophistes de la Grèce, et en fait monstruosité rare, si jamais elle arrivait à se produire. Or Rousseau lui-même reconnaît la fausseté de cette supposition dans l'énoncé du problème qu'il suppose ; car il y tient compte de la nature de l'homme, et la forme d'association qu'il cherche doit avoir pour objet de protéger de toute la force commune la personne et les biens de chaque associé. Le corps social qui se fait du mal à lui-même, c'est-à-dire qui use jusqu'au bout du droit de la souveraineté, agit donc bien contre ceux de ses membres qui n'ont point consenti au mal qu'ils supportent. Et puis un abus ne cesserait pas d'être parce qu'il s'exerce contre tous au lieu de quelques-uns, et l'union du corps politique, quelle qu'elle soit, ne saurait jamais donner au nombre la puissance d'anéantir le droit.

Les théoriciens du contrat social se retranchent derrière un dernier sophisme. Chacun se donnant tout entier dans le contrat social, disent-ils, la condition est égale pour tous. Mais qu'importe, si cette convention fait aux particuliers une condition que le droit réprouve ? L'envie sera satisfaite, mais le droit ne le sera pas. D'ailleurs, à tout prendre, cette condition égale n'existe qu'au moment où se forme le contrat que Rousseau suppose, et elle disparaît dès que la souveraineté s'exerce. Il n'y a point égalité entre le grand nombre qui peut faire du mal à la condition de s'en faire à soi-même, et le petit nombre qui n'est garanti contre les abus d'autorité que par le sentiment de l'intérêt personnel de la majorité. Mais, cette égalité existât-elle, qu'est-ce donc que l'égalité sous le despotisme?

Nous décomposons le principe fondamental de la doctrine de Rousseau, pour mettre à nu le sophisme qu'elle recèle, parce qu'en général c'est le caractère de sa manière, de présenter une grande rigueur au moins apparente dans ses déductions et très-peu de netteté dans ses principes : c'est le charme et le danger de ses écrits; jamais l'erreur n'y paraît dans sa nudité. Que l'on en juge par un dernier trait.

A son sens, le pouvoir souverain doit avoir des bornes; ainsi, ce que chacun aliène, par le pacte social, de sa puissance et de sa liberté, c'est seulement la partie dont l'usage importe à la communauté; le souverain ne peut charger les sujets d'une chaîne inutile, et la volonté générale ne s'exerce légitimement qu'autant qu'elle part de tous pour s'appliquer à tous, c'est-à-dire qu'elle statue sur un objet d'un intérêt commun. Mais alors que deviennent les droits de la souveraineté et cette faculté pour le corps politique de se faire du mal si cela lui plaît? Et comment peut-on dire que toutes les clauses du contrat social se résument en celle-ci, que nous rapportons textuellement : l'aliénation totale de chaque associé avec tous ses droits à toute la communauté?

Ou bien le contrat social confère au corps politique la toute-puissance, même pour faire le mal, et l'on peut faire à la souveraineté du peuple les mêmes objections qu'à celle des gouvernements; ou bien il ne lui donne qu'un pouvoir limité, et l'on peut adresser à la doctrine du contrat social un troisième reproche, celui d'inconséquence.

Qu'est-ce, d'ailleurs, qu'une souveraineté limitée? Si le souverain peut faire tout le mal qu'il lui plaît, je nie les droits de la souveraineté, celle du peuple comme toute autre. Si on lui refuse le droit de faire beaucoup de mal, en lui concédant celui de faire un peu de mal impunément, je fais à la doctrine le reproche d'inconséquence. Si, enfin, on appelle souveraineté le pouvoir d'agir conformément au droit et seulement dans les limites du droit, je reconnais la légitimité de cette puissance; j'ajoute seulement que ce n'est plus la puissance souveraine.

Après l'examen des principes de Rousseau, on est plus à l'aise avec les conséquences qu'il en a déduites. La souveraineté, dans sa doctrine, est indivisible, inaliénable, et ne peut être représentée. Ces propositions seraient incontestables si l'on devait admettre le point de départ; mais si la souveraineté démocratique n'existe pas, il n'y a pas à disserter sur ses caractères.

Il est facile aussi de voir à quoi s'en tenir sur la liberté civile, dont on a donné tant de théories différentes. Commençons par la sienne.

On lit dans le Contrat social : « Le peuple anglais pense être libre ; il se trompe fort ; il ne l'est que durant l'élection des membres du Parlement ; sitôt qu'ils sont élus, il est esclave, il n'est rien [1]. »

Rousseau prend toujours le corps moral pour les individus ; il confond perpétuellement le droit et la garantie du droit, et la liberté civile, qui est le droit, avec la liberté philosophique ou volonté.

Que l'on écarte, en effet, la liberté philosophique, qui se confond avec la volonté, puisque cette question : Notre volonté est-elle libre? n'est autre que celle-ci : L'homme a-t-il une volonté? Que l'on écarte également la liberté naturelle, ce pouvoir illimité dont l'homme ne peut user sans méconnaître les règles de la raison, et la seule idée que l'on puisse se faire de la liberté se confondra avec l'idée du droit [2]. Le peuple anglais, c'est-à-dire chacun des particuliers qui le composent, peut donc être aussi libre après l'élection des membres du Parlement que durant cette élection, car le droit n'a pas changé.

Tout homme est libre qui peut user de tout son droit, on ne saurait assez le répéter. Le droit et la liberté sont choses identiques. L'homme ne doit vouloir que ce qui est juste, et sa puissance ne peut aller au delà de sa vo-

[1] *Contrat social*, liv. III, ch. XV.

[2] V. *Suprà*, p. 61.

lonté ainsi réglée : sa liberté d'action dès lors n'a pas seulement pour limites les bornes de sa puissance, mais encore celle de la raison, qui lui commande de s'arrêter devant le droit d'autrui, et ne lui permet de faire librement que ce qu'il pourrait faire licitement.

Rousseau confond ici la liberté, c'est-à-dire le droit, avec les actes d'une puissance souveraine. Or l'exercice d'une force quelconque n'est pas la liberté, mais seulement sa manifestation : la liberté est une faculté, non un fait. Pour que l'homme soit libre, il n'est pas nécessaire qu'il agisse, il suffit qu'il puisse agir, si bien qu'au repos il n'est pas moins libre s'il a la faculté de se mouvoir quand il le voudra. Et puis, en admettant que la liberté fût l'action, ce n'est pas au moment où il exprime sa volonté que l'on pourrait dire qu'un peuple est libre; car précisément ce n'est que quand cette volonté sera exprimée, que les particuliers qui le composent seront libres ou ne le seront pas, selon que la décision prise en commun leur permettra ou non d'agir librement.

C'est, à un certain point de vue, dans une erreur de même nature que celle de Rousseau, que sont tombés ceux qui rangent parmi les libertés publiques les droits d'élection et de pétition et le jugement par jurés[1]. L'exercice de ces droits constitue une participation aux actes de gouvernement; ils peuvent être, selon l'état intellectuel et moral du peuple, une garantie de droit;

[1] *Vide suprà*, p. 85 et suiv.

mais ils ne sont pas le droit même, et, par conséquent, la liberté ; car une nation où les particuliers n'auraient pas de droits politiques pourrait jouir d'une liberté entière, si chacun avait le plein exercice de ses droits personnels et qu'on lui reconnût la faculté de les faire respecter ; et en sens inverse, elle pourrait être esclave, n'être rien, si les particuliers n'avaient des droits politiques que pour en abuser.

Dire, avec Royer-Collard, qui parla un jour la langue de Rousseau[1], qu'un peuple qui n'intervient pas dans les actes du gouvernement n'est pas libre, quelque heureux, tranquille et bien gouverné qu'il soit du reste, c'est donc parler inexactement ; il faut dire que sa liberté est sans garantie et sans lendemain assuré.

Mais le peuple, ce ne sont pas les particuliers, dit-on, ceux-ci doivent disparaître dans l'État. Ils peuvent ne pas être libres ; mais le peuple le sera.

Je réponds que cette distinction est une subtilité, et que quand on parle de liberté civile ou politique on ne peut jamais avoir en vue que les citoyens pris chacun individuellement. Dans les rapports internationaux, la liberté d'une nation c'est l'absence ou l'affranchissement de tout joug étranger ; mais dans l'ordre civil, la liberté du peuple ne peut-être distinguée de celle des citoyens. Il y a la liberté et il y a l'indépendance nationale, deux choses différentes ; or le corps moral peuple, ce sont tous les individus ensemble, et ce ne serait point

[1] Discours du 16 décembre 1817.

un peuple libre que celui dont les membres seraient courbés sous des lois arbitraires, fussent-elles l'œuvre du grand nombre.

Des philosophes ont défini la liberté, la faculté de faire ce qu'on veut[1]. C'est une variante de l'idée que s'en faisait Rousseau ; seulement il l'appliquait au corps moral peuple et non à chaque particulier, l'individu disparaissant dans sa doctrine. Mais admettre une telle liberté, ce serait méconnaître en l'homme cette raison dont il doit faire usage surtout pour réfréner ses passions mauvaises ; ce serait lui enlever ce qui le distingue des autres êtres de la création, la puissance de lutter contre lui-même. Or l'homme ne peut faire tout ce qu'il veut, c'est-à-dire tout ce qu'il lui plaît, par la raison que le mal pourrait lui plaire, et que la raison lui défend de mal faire. Ajoutons que si l'homme était libre en ce sens, la liberté n'existerait que pour le petit nombre, et que la servitude du faible serait le prix de la liberté du fort.

La faculté de faire ce qu'on veut, c'est le droit de la force, à moins que par un démenti à soi-même on n'impose à l'homme le devoir de rester maître de sa volonté, cas auquel il n'y aurait qu'une différence de mots avec la doctrine que nous soutenons.

On a été plus loin encore. On a appelé liberté le pouvoir pour l'homme d'avoir ce qu'il convoite, en d'autres

[1] De Tracy, *Commentaire de l'Esprit des lois*, ch. xi. C'est aussi l'idée que s'en faisait Hobbes.

termes, l'absence de tout obstacle qui s'oppose à ce qu'il soit ce qu'il veut être. On a dénié la liberté à tous ceux à qui le hasard ou la naissance rend difficile la réalisation de leurs vœux, de sorte que dans cette doctrine, funeste autant que fausse, la liberté, c'est non-seulement le droit, mais le pouvoir de développer ses facultés sous la sauvegarde de la loi[1].

Mais qui ne voit l'erreur fondamentale d'une doctrine qui place la liberté non en nous, mais hors de nous? La liberté est un attribut de notre être, c'est une faculté, une puissance de notre âme; ce n'est pas la puissance effective de réaliser ce que notre volonté a conçu. L'exercice en est borné par la raison; il cesse naturellement quand finit la puissance de l'individu. Mais il n'y a là rien qui ne soit dans les conditions de la nature humaine; car l'homme ne peut raisonnablement vouloir que ce qu'il peut. Être libre philosophiquement, c'est avoir une volonté; à ce point de vue, tous les hommes sont libres. Être libre politiquement, c'est pouvoir user de son droit; à ce point de vue, tous les hommes doivent être libres, et chacun peut revendiquer la liberté qu'on lui aurait ravie. Mais n'avoir pas ce que l'on désire, ce n'est pas n'être pas libre; autrement toutes les langues auraient un mot pour désigner une chose qui n'existe pas, chacun ayant

[1] L. BLANC, *le Socialisme, Droit au travail*, Opusc. 1849. Cette idée de la liberté est celle des philosophes allemands, si l'on admet l'identité du droit et de la liberté. V. *Suprà*, p. 61.

désiré au moins une fois quelque chose qu'il n'a pas eu.

Il faut donc distinguer la faculté inhérente à l'homme et égale pour tous, de la puissance effective, variable, contingente, purement accidentelle. Si, après avoir voulu et tenté de réaliser dans la mesure du droit l'objet de son désir, l'homme se trouve arrêté par un obstacle matériel ou par sa propre faiblesse, il n'est pas moins libre. Tout ce qu'il faut dire, c'est que sa force est limitée ; mais nul ne s'en est jamais étonné.

Revenons au sujet dont cette digression nous a éloigné. De ce que la souveraineté ne réside pas dans les gouvernements, il ne suit nullement qu'elle réside dans le peuple. Le peuple n'est pas souverain naturellement, car la volonté du nombre ne peut se placer au-dessus du droit ; et il n'est pas souverain par l'effet d'un contrat, par la raison que ce contrat n'existe pas et serait nul de soi s'il était jamais consenti.

La souveraineté du peuple n'existe pas même dans la doctrine de ceux qui donnent le consentement commun pour fondement à la certitude. Aussi n'avons-nous pas fait un système distinct de la souveraineté du peuple selon les disciples de Vico. Le principe démocratique de Vico fait le peuple législateur, il ne le fait pas souverain. Il lui donne l'infaillibilité et non pas ce qui est le caractère de la souveraineté, le droit de faire le mal impunément[1]. Vico fait de la loi l'expression d'une

[1] C'est par erreur que de Maistre considère les mots *infaillibilité* et *souveraineté* comme parfaitement synonymes. Un pouvoir infail-

vérité de droit qu'il appartiendrait au nombre de proclamer comme toutes les autres; mais il n'en fait pas l'expression d'une volonté qui se légitime par elle-même, et qui n'ait nul compte à rendre de ses déterminations.

lible agirait toujours justement; le pouvoir souverain, au contraire, peut faillir, et son caractère est même de pouvoir faillir impunément. Dans la doctrine de Vico, le peuple est infaillible, et non souverain; dans la doctrine de Rousseau, il est souverain, mais si peu infaillible, qu'il doit prendre des mesures pour se prémunir contre les effets de ses propres fautes.

CHAPITRE IV.

SUITE.

Théorie de la souveraineté de Jurieu et de B. Constant. — Théorie des constitutions républicaines en France. — Théorie de Royer-Collard.

La doctrine de la souveraineté du peuple avec toutes ses conséquences a choqué certains publicistes. Elle leur a paru incompatible avec la liberté des citoyens. En effet, donner à un homme ou au nombre un pouvoir sans bornes, c'est créer une force à redouter, puisqu'elle sera exercée par des hommes, qui seront inévitablement conduits à en abuser.

Ce sont ces considérations, plutôt de fait que de droit, qui ont amené les publicistes dont nous parlons à n'accorder à la nation qu'une souveraineté limitée. En conséquence, tout en reconnaissant le peuple pour souverain, ils corrigent les doctrines que nous venons d'exposer et de réfuter, en renfermant sa souveraineté dans un cercle tracé par les droits des individus [1].

Telle est la doctrine de la plupart des écrivains de la Réforme au XVIIe siècle et entre autres du ministre Jurieu. Jurieu fait le peuple souverain (et nous avons vu ce qu'il faut penser de cette souveraineté populaire innée), mais, dans sa pensée, le peuple n'a pas sur lui-même un pouvoir sans bornes; car s'il concède la souveraineté, ce qu'il peut ne pas faire, mais sur quoi il ne peut revenir s'il l'a fait, il ne concède qu'un pouvoir limité dans les bornes de celui que les hommes ont sur eux-mêmes [2].

Telle est aussi la doctrine de Benjamin Constant, qui a écrit que la loi doit être circonscrite dans les mêmes limites que l'autorité dont elle émane [3].

Cette doctrine se rapproche de la vérité, mais elle n'est pas la vérité tout entière. Si l'on veut dire que la loi ne peut être que l'expression de la vérité, et n'est

[1] Les mêmes mots peuvent exprimer des idées différentes, et, en sens inverse, des expressions différentes peuvent représenter la même idée. Des écrivains placeront la souveraineté dans le peuple, tout en reconnaissant qu'elle peut être transférée à un gouvernement, comme le pensaient les écrivains de la Réforme; d'autres diront que la souveraineté est dans le gouvernement, parce qu'elle lui a été cédée; c'est dire la même chose. Jurieu passe pour avoir défendu le principe de la souveraineté du peuple, et B. Constant pour l'avoir combattue; leur doctrine est cependant la même.

[2] JURIEU, 16e *Lettre pastorale de la 3e année*.

[3] *Cours de politique constitutionnelle*, Paris, 1836, t. I, part. 1, ch. I.

loi qu'à la condition d'être juste, nous y souscrirons. Mais il restera à savoir à qui, de l'individu ou du nombre, il appartient de déclarer cette vérité, et il y aura à choisir entre le sens individuel de Descartes et le sentiment commun de Vico. Et puis, il ne faudra plus parler de la souveraineté même limitée, car la souveraineté, c'est le pouvoir irresponsable, et ce n'est pas être souverain que d'avoir la puissance d'agir seulement dans les limites du droit.

Que si l'on veut, au contraire, que la souveraineté dispense aux individus leurs droits dans une certaine mesure, mais qu'il en soit auxquels elle ne peut aucunement porter atteinte, on tombe dans une grave inconséquence ; car tous les droits sont de même nature. et l'on ne voit pas pourquoi la souveraineté, si elle domine quelques droits, ne pourrait pas les dominer tous.

La volonté de tout un peuple, dit Benjamin Constant, ne peut rendre juste ce qui est injuste ! Mais la conséquence serait que nul n'est souverain ; et si l'on admettait qu'il existe une souveraineté restreinte, il fallait dire quelles injustices il faut tolérer chez le souverain et auxquelles il est permis de résister.

La doctrine de Jurieu et de Benjamin Constant laisse donc subsister les objections que l'on élèvera toujours contre le principe de l'absolutisme. De Maistre a dit avec raison que toute souveraineté est absolue dans son cercle. Peu importe, en effet, que l'on n'accorde qu'une puissance circonscrite au souverain, dès qu'on en fait un, du moins pour le principe. Restreindre plus ou moins le cercle de la souveraineté, c'est s'approcher plus ou moins de la vérité, c'est diminuer l'arbitraire, ce n'est pas le supprimer. N'y eût-il qu'un point sur lequel la souveraineté pût s'exercer, il y aurait au moins un point sur lequel le droit pourrait être méconnu.

L'antinomie que nous signalons s'est rencontrée dans les constitutions françaises de 1791 de 1793, de l'an III et de 1848. Toutes proclament le principe de la souveraineté du peuple, en reconnaissant néanmoins aux citoyens des droits inaliénables et supérieurs aux lois écrites. Mais quels sont ces droits, leur étendue, leurs limites, et comment surtout peuvent-ils se concilier avec la souveraineté populaire?

Proclamer le peuple souverain, puis rédiger immédiatement une déclaration des droits, c'est faire deux choses qui se détruisent.

La constitution de 1791 écrit au milieu même de la déclaration des droits (art. 6), cette maxime empruntée à Rousseau, que la loi est l'expression de la volonté générale. Elle place ainsi le principe de l'absolutisme démocratique au centre de cet ensemble que forment les droits individuels. Il est trop évident que c'était introduire dans l'œuvre même un principe contraire qui devait la faire éclater.

D'autres publicistes, les publicistes de l'école doctrinaire, qui, en philosophie, voient le sceau de la vérité dans l'affirmation de la raison impersonnelle, ont proclamé la souveraineté de la raison, de la justice des intérêts légitimes[1]. Ceux-ci ont évité le défaut de précision que nous reprochons à la doctrine de la souveraineté limitée; mais ils se sont servis d'un mot à la fois impropre et insuffisant. Le mot souverain appliqué à la justice, est d'abord inexact, par la raison que la souveraineté implique l'idée de faillibilité, quoi qu'on dise, et qu'on ne veut être souverain que parce qu'on se sent faillible. La souveraineté abrite l'erreur en repoussant l'examen; elle ne peut donc pas convenir à la raison, à la justice, au droit, dont le caractère est au contraire l'immuabilité, attribut essentiel de la seule vérité.

Nous ajoutons ensuite que proclamer la souveraineté de la justice, ce n'est pas résoudre la difficulté, et cela est frappant. Si l'on peut dire que la justice, c'est-à-dire ce qui est raisonnable, est souveraine et seule souveraine, c'est en ce sens que le pouvoir social ne peut prêter l'appui de la force à aucune prétention contraire au droit. Or cela ne dispense pas de dire où réside le pouvoir de déclarer ce qui est juste. Il est bien clair que ma raison n'est pas nécessairement la raison; mais la raison, et pour parler comme l'école doctrinaire la raison impersonnelle, débarrassée de tout ce qui n'est pas elle, n'est pas moins dans l'individu. C'est mal par-

[1] V. *Discours de Royer-Collard* du 20 mai 1820 et du 4 octobre 1832.

ler que d'appeler souveraineté la règle selon laquelle le souverain doit agir. La souveraineté n'est point une pure abstraction, même quand on prendrait pour telle cette puissance de déclarer la vérité de droit; c'est un attribut. Elle doit se personnifier en quelqu'un, individu ou multitude. Il n'y a pas de souveraineté sans souverain; car un droit ne saurait se concevoir indépendant du sujet qui l'exerce. Si donc l'on pouvait admettre la raison comme souveraine, il ne faudrait pas moins dire à qui il appartient de proclamer ce qui est la raison et de déclarer ce qui est juste.

Un exemple nous fera mieux comprendre; car l'erreur des publicistes doctrinaires ne s'est pas produite pour la première fois dans la politique.

Une des grandes controverses que la Réforme suscita, portait sur le caractère de la véritable Église. Le point fondamental de la doctrine catholique, c'est que l'Église est visible. Les protestants de la Suisse, pour accorder la nouveauté de leur foi avec la nécessité d'une église perpétuelle, d'un gouvernement durable en matière de religion, imaginèrent une église invisible. Cette église invisible était une chimère; car une église est un État comprenant des gouvernants et des sujets, et non un être de raison que rien ne personnifie. Or cette erreur du calvinisme est précisément celle que les doctrinaires modernes ont transportée, vraisemblablement sans le savoir, dans l'ordre politique. La souveraineté de la justice, c'est l'invisibilité de l'Église; l'école doctrinaire a ainsi des ancêtres, ce sont les protestants qui ont souscrit à la Confession Helvétique de 1566[1].

Mais l'école doctrinaire n'est pas demeurée d'accord avec son prétendu principe. Lorsqu'on est descendu de la théorie à l'application, il a fallu personnifier la raison souveraine, et l'on a eu alors le gouvernement représentatif. Ce système, comme on sait, s'est développé en Angleterre par l'intervention de l'élément populaire dans la guerre de l'aristocratie contre le pouvoir royal, guerre patiente et suivie où le peuple, associé aux seigneurs dans une lutte qui est toute l'histoire de l'Angleterre sous les rois normands, a retenu naturellement sa part dans le démembrement de l'autorité. Le gouvernement représentatif a été ainsi un résultat historique, et comme il s'est trouvé que les combinaisons sur lesquelles il repose ont paru propres à assurer le règne du droit, on les a adaptées à cette doctrine qui admet une souveraineté sans qu'il y ait de souverain. L'application devait contredire la doctrine. Aussi, dans ce gouvernement, les pouvoirs sont limités, la souveraineté n'appartient privativement à aucun homme, à aucun corps ; mais la raison souveraine, le pouvoir de déclarer ce qui est juste, est représenté, personnifié quelque part; elle l'est dans l'union des assemblées et du pouvoir royal.

On comprend que nous ne parlons ici, en ce qui con-

[1] V. Bossuet, *Histoire des variations*, liv. XV.

cerne la France, que du système représentatif tel qu'il a été conçu par les auteurs de la charte de 1830, et non tel qu'il a été essayé jusqu'à cette dernière époque. La charte de 1814 faisait résider *l'autorité tout entière dans la personne du roi*; elle n'était qu'un *engagement libre et volontaire*, une précaution que l'autorité royale prenait contre elle-même, une *concession* faite à des sujets[1]. Le souverain, selon la charte de 1814, c'était le roi; la charte de 1830, au contraire, partage la souveraineté. Peu importe que les combinaisons constitutionnelles fussent les mêmes dans les deux chartes, le principe était essentiellement différent.

Les théoriciens de la souveraineté de la raison ont donc employé une expression doublement inexacte. A la souveraineté d'un homme ou de la multitude, ils substituent la souveraineté partagée d'un corps politique et d'un homme; ils déplacent la souveraineté, ils ne la suppriment pas. Or cette souveraineté (car il ne faut plus parler maintenant de la souveraineté de la raison) n'est pas plus légitime que toute autre. Les droits de la souveraineté, qui ne sauraient être l'apanage ni d'un homme ni du nombre, ne peuvent appartenir collectivement à un homme et à un corps politique. En vain soutiendrait-on que le contrat d'une nation avec son gouvernement est légitime : s'il emporte aliénation du droit individuel, il est nul de soi, et s'il réserve le droit, il n'ajoute plus rien.

[1] V. *Préambule de la charte de* 1814.

Les combinaisons du système représentatif peuvent être plus propres qu'aucunes autres à assurer le règne du droit; elles peuvent servir à une plus libre manifestation de la justice, en ne permettant pas aux hommes chargés de faire la loi de se produire avec ce qu'ils ont de personnel, ou plutôt en neutralisant alors leur action. On peut le soutenir, surtout si la constitution pose des principes qui rappellent le plus exactement les droits des citoyens ; mais le souverain ne peut pas plus là qu'ailleurs faire le mal impunément ; il ne peut agir qu'à la charge d'avoir raison : c'est la condition au-dessus de laquelle nul homme, nul gouvernement ne peut prétendre à se placer.

CHAPITRE V.

DE L'ORGANISATION POLITIQUE.

De la formation des gouvernements. — Théorie des constitutions. — Théorie du droit de résistance. — Opinions de Vattel, de Bossuet, de De Maistre, de Grotius, des écrivains de la Réforme, de Platon. — Que l'idée du droit comprend la faculté de résister à l'arbitraire.

Si l'évidence est quelque chose et si la logique n'est pas un instrument trompeur, nous pouvons constater comme des résultats acquis qu'il n'appartient ni à un homme ni à la multitude de se placer au-dessus du droit, et que c'est à l'individu seul, dans le recueillement de sa conscience, à prononcer sur son droit et sur celui de ses semblables.

Ce principe, qui a acquis pour nous l'évidence d'une vérité première, a deux conséquences, ou plutôt deux corollaires, tant la conséquence est liée au principe : la première, que la légitimité de tout gouvernement est dans la justice de son action, et la seconde, que la faculté de résister à l'injustice appartient à tout membre de la société.

Nous disons d'abord qu'aucun gouvernement n'est légitime qu'autant qu'il agit justement ; mais il faut voir ce que sera le gouvernement. Nous avons à nous dégager un peu des discussions métaphysiques qui précèdent, pour arriver presqu'à des questions d'applications. Expliquons-nous.

L'existence durable d'une société ne saurait se concevoir sans un pouvoir public. Une collection d'hommes isolés chacun dans son droit ne forme point une société politique. Dire que toute souveraineté est illégitime, ce n'est pas saper par la base tout gouvernement; car la souveraineté individuelle n'empêche pas l'alliance des volontés, et cette alliance de volontés fera les gouvernements légitimes et réguliers, légitimes, disons-nous, quoiqu'ils ne soient pas souverains. Le gouvernement, d'après ces données, sera donc un ensemble de volontés qui s'exerceront légitimement quand elles s'exerceront conformément au droit, mais légitimes dans ce cas seulement.

Maintenant, l'ensemble de volontés qui fait le gouvernement a besoin d'un lien. Sans considérer l'institution des gouvernements comme divine, on peut reconnaître la nécessité d'un gouvernement constitué, sinon pour augmenter la somme de bonheur de tous, selon les rêves des utopistes encore plus nombreux qu'on ne croit, au moins pour assurer à chacun sa liberté. Quel en sera le caractère, ou plutôt, pour parler un langage connu de tous, sur quoi reposera alors la constitution de l'État?

Évidemment il faudra écarter du statut constitutionnel toute disposition qui impliquerait une suprématie du nombre sur l'individu, et considérer comme sans force celles qui toucheraient aux droits individuels des membres de l'État. Or, en bornant l'acte constitutionnel par de telles limites, il n'aura à statuer que sur les moyens organiques propres à assurer le maintien du droit, et son caractère sera celui d'un accord sur un objet déterminé.

Voilà le principe véritable des constitutions comme il faut les concevoir. Les constitutions ne sont point une idée moderne; tous les États en ont une, coutumière ou écrite, octroyée ou consentie; à peine faut-il excepter ceux où sévit un gouvernement purement despotique. La grande charte que les barons anglais arrachèrent à Jean-sans-Terre en 1215, celles que les communes au moyen âge arrachèrent à leurs seigneurs, la charte du roi Jean le Bon, en 1355, accordée sur les représentations des États-Généraux, en échange des subsides qu'ils offraient de fournir contre l'invasion anglaise, réglaient les droits et les obligations des souverains constitutionnellement, et quand il n'y avait pas d'écrit, souvent la coutume reconnue suppléait à l'écrit. C'est ainsi que dans l'ancienne France on distinguait les *lois du Roi*, révocables à la volonté du souverain, et les *lois du royaume,* qui liaient le souverain et auxquelles il ne pouvait toucher seul. Mais les constitutions ont un caractère différent, selon qu'elles sont l'œuvre ou du souverain seul, ou du souverain et des sujets, ou de la nation constituée en république.

Quand le souverain est absolu, et qu'il soumet l'expression de sa volonté à la ratification d'un sénat, d'un parlement, il ne prend d'engagement qu'avec lui-même : *Sibi cavere volunt,* comme disait Grotius des souverains de son temps. Les sujets n'ont aucun droit acquis; aussi Grotius reconnaît-il que le prince peut retirer sa promesse par son expresse volonté, *speciali posterioris voluntatis significatione* [1]; que les sujets ne peuvent agir contre le souverain, et qu'une protestation silencieuse reste tout leur droit.

Dans les États où le pouvoir du prince est limité, et où l'on fait résider en principe la souveraineté dans le peuple, la constitution est l'œuvre collective du prince et de la nation. Elle confère des droits réciproques; c'est un véritable contrat. Telle est la constitution anglaise, dans les différents actes qui la composent, et telle était chez nous la charte de 1830. Dans ces constitutions, on ne tient pas compte des modifications incessantes que le temps a apportées à la composition du corps moral, qui se trouve être l'une des parties contractantes. Elles ne sont pas perfectibles; c'est un mal dont l'effet sou-

[1] *De Jure belli ac pacis*, liv. I, cap. IV.

vent ne tarde pas à apparaître; mais, le contrat admis, il faut tirer cette conséquence, que la violation des clauses du pacte par une des parties autorise la résistance de l'autre.

Dans les États républicains, la constitution écrite a un tout autre caractère : elle a pour objet de poser des limites au delà desquelles les pouvoirs publics, simples mandataires de la nation, agissent sans droit; et, pour nous servir d'une comparaison qui n'aura rien de déplacé ici, puisqu'il s'agit de droit, nous dirons qu'une constitution républicaine ne peut être que le cahier permanent des charges auxquelles les représentants exercent leur mandat.

C'est de ces constitutions que doivent évidemment se rapprocher les constitutions coutumières ou écrites, sous le régime politique que nous supposons. Elles seront un mandat rappelant d'une manière permanente aux gouvernants les conditions auxquelles ils exercent leur pouvoir. Seulement, dans les républiques qui ont pour base la souveraineté du peuple, le mandat peut embrasser tous les actes de la vie des citoyens, tandis que, dans le régime que nous supposons, il ne doit toucher à aucun des droits individuels.

Ainsi, 1° la légitimité de tout gouvernement ne peut avoir pour principe que la justice de son action ; 2° le gouvernement c'est l'alliance des volontés individuelles, telle est la double condition d'existence de tout gouvernement légitime. Ces deux propositions paraissent incontestables ; voyons cependant les objections qu'elles soulèvent.

Le pouvoir de légiférer ainsi reconnu à chacun, c'est l'anarchie, dira-t-on ; chacun appellera droit la prétention qu'il élève et contestera la justice de celle qu'on élèvera contre lui ; le droit véritable demeurera sans sanction, faute d'une force collective qui domine les forces individuelles : une telle doctrine, en un mot c'est la négation du gouvernement.

Cette objection ne serait pas fondée en fait, et en droit elle est sans force. En droit, d'abord, qu'importent les conséquences quand le principe est vrai ? Il ne faudrait s'arrêter que devant des impossibilités tout à fait insurmontables. Si l'anarchie est un mal, c'est après tout, un mal moindre que le despotisme à degré égal ; au moins elle n'avilit pas. L'homme est fait pour la société, mais, avant tout, pour la pratique du devoir ; et, en poussant les choses à leur extrémité, on peut dire que le barbare est moins éloigné de sa fin que l'esclave volontaire ; car il a toujours une conscience, un droit, un Dieu, toutes choses que celui-ci n'a plus.

En fait, l'anarchie n'est nullement la conséquence de la doctrine qui fait l'individu arbitre du droit. Il n'est personne qui, au temps où nous vivons, n'ait été spectateur d'une révolution, et n'ait assisté à ce moment suprême où une nation se trouve sans gouvernement. Une société qui se transforme violemment, c'est une société qui se forme ; et, en ce sens, nous avons tous assisté à la formation des sociétés. Qu'a-t-on vu alors? chaque citoyen se constituant lui-même magistrat dans la cité, s'érigeant comme législateur et juge, c'est-à-dire arbitre de son droit et de celui de ses semblables. Dans un tel état, le droit a ses apôtres, le crime a ses vengeurs, la justice a ses ministres. Triste état assurément, et qui ne peut durer; car s'il n'est pas encore l'anarchie, il y conduirait promptement, étant au moins la confusion. Le consentement universel viendra donc constituer un gouvernement, qui susbtitue la justice de tous à la justice de chacun. Mais ce gouvernement ne sera pas souverain, tout-puissant, en ce sens qu'il pourra ordonner et faire le mal impunément; car chaque particulier a réservé un droit de contrôle sur ses actes.

Nous ne disons là rien d'absolument nouveau. Saint Isidore, au IVe siècle, les jurisconsultes Balde, Dumoulin, Noodt, etc., subordonnent l'autorité des gouvernements à la justice de leur action; et ils n'ont cru émettre, comme tant d'autres avec eux, qu'un principe de raison et non une idée destructive de toute organisation politique[1].

La doctrine du sens individuel n'enfante pas plus l'anarchie en politique que le septicisme, autre espèce d'anarchie, en philosophie. La vérité ne suit pas, grâce à

[1] V. notamment DUMOULIN, *Commentaire sur l'édit des petites dates*; Paris, 1552, et G. NOODT, *Dissertatio de jure summi imperii.*

Dieu, toutes les oscillations de l'esprit humain ; elle a toujours plus d'un adhérent. Proclamer l'autorité du sens individuel, ce n'est pas pousser l'homme à cette infatuation qui le priverait des secours qu'il peut trouver dans les lumières d'autrui ; c'est le rappeler à sa dignité d'être intelligent et libre, à qui la raison a éte donnée pour qu'il en fît usage.

Il en est des vérités de droit comme de toutes autres. Une vérité démontrée ne tarde pas à devenir une vérité reconnue, et autour viennent se grouper les hommes à l'esprit desquels elle est apparue. Dans l'ordre politique, on assiste ainsi à la formation des gouvernements, dont les actes sont justes s'ils sont conformes à la vérité de droit, et injustes s'ils y sont contraires.

Si l'on disait maintenant que l'individu, juge des actes du pouvoir, prendra pour mesure d'appréciation son propre intérêt, sa passion, plutôt que la raison, la vérité, nous en conviendrions peut-être ; mais nous dirions : il fait mal, et de fait il sera redressé par la raison des autres, qui ne peuvent avoir le même intérêt ni la même passion.

Et si l'on ajoutait, sur cet aveu, que le principe d'autorité est alors absous, nous nierions absolument. Qui donc a pu s'imaginer que le mal, l'abus de la force serait jamais impossible? Mais il y a entre les absolutistes et les défenseurs de la liberté cette différence, que les premiers s'accomodent du mal, l'absolvent, réservant toute leur tendresse pour les bourreaux et leurs malédictions pour les victimes qui ne veulent plus l'être, tandis que les seconds l'acceptent comme une loi divine, le subissent quelquefois, mais tiennent toujours au-dessus du criminel quel qu'il soit, despote aveugle ou multitude imbécile, la menace d'une juste réaction et d'une réparation équitable du droit violé. Ceux-ci se résignent au mal, mais par impuissance et en le condamnant; ceux-là, au contraire, le glorifient et l'élèvent à la dignité d'un droit.

Notre théorie admet, du reste, comme légitimes toutes les formes de gouvernement; elle n'en proscrit aucune. Les institutions gouvernementales pourront être bonnes ou mauvaises, meilleures ou pires, selon qu'elles assureront bien ou mal au citoyen sa liberté, au droit sa sanction; mais les meilleures ne seront pas légitimes en ce sens qu'elles devraient être respectées, même en produisant le mal. C'est là toute notre doctrine. Monarchie, démocratie, gouvernement représentatif, constitués selon les temps, les lieux, les circonstances, l'état des mœurs et le degré de civilisation des peuples, tout est bon dans de justes limites, et en dehors rien n'est juste.

Passons au second corollaire que nous avons indiqué, En repoussant la doctrine de la souveraineté, et en déterminant l'étendue du pouvoir de tout gouvernement, nous avons fait la théorie du droit de résistance, sur lequel on a tant écrit. A cette question : Quand la résistance est-elle licite? il faut répondre : Toutes les fois que le droit est violé. Et à cette autre question : Qui peut y recourir? il faut répondre : Tout le monde.

L'idée du droit implique la faculté de résister aux injonctions faites en exécution de lois injustes, de même que la souveraineté l'exclut nécessairement. Le citoyen qui résiste à une loi injuste use de son droit, aussi bien que celui qui défend contre son semblable son champ ou sa liberté : il n'y a de différence qu'en ce que l'un l'exerce contre une force individuelle, et l'autre contre une force collective.

Que l'on ne se méprenne pas sur le sens de ces paroles. Dire quel est le droit, ce n'est pas convier le peuple à la révolte. La révolte, c'est-à-dire l'emploi de la force pour substituer une souveraineté à une autre, est toujours criminelle, car elle a pour but d'usurper sur le droit; mais la résistance, quand elle est raisonnable, n'est que l'exercice du droit, et c'est ainsi que les écrivains catholiques eux-mêmes l'admettent dans certains cas [1]. La Convention n'aurait encouru aucun blâme pour avoir fait de la résistance à l'oppression du plus saint des devoirs, si, en écrivant sa maxime dans une constitution, elle n'avait légitimé en apparence toutes les insurrections. La résistance est, en effet, licite

[1] SAINT-THOMAS. L'oracle de l'ultramontanisme, Bellarmin, permet dans certains cas la résistance contre le souverain pontife lui-même. Il ne dénie que la faculté de le juger, de le punir ou de le déposer, *quod non est*, dit-il, *nisi superioris*. C'est notre doctrine à l'égard des souverainetés temporelles.

toutes les fois que le droit est violé; seulement, il faut qu'il soit bien constant que l'autorité a violé le droit.

Nous disons ensuite que tout citoyen peut recourir à l'emploi de la force. En effet, la question de savoir qui peut résister en cas de violation du droit, n'est autre que celle-ci : Qui peut prononcer sur le droit? Et comme c'est à l'individu à déclarer le droit, il suit que c'est à lui à décider quand il y a lieu de résister aux exigences de l'autorité.

On a nié la légitimité de l'action individuelle des particuliers dans l'État. La nation, et la nation tout entière, dit-on, peut seule toucher à la forme de son gouvernement [1].

Cela est bon à dire comme conseil, mais non assurément comme règle de droit. Si mon droit est violé, pourquoi serais-je tenu d'attendre que la violation du droit apparût à tous ? Constituer chaque particulier juge de son droit, ce n'est pas dire que chacun peut légitimement résister par la force à toutes les exigences qui lui paraissent y porter atteinte : la raison de l'individu est peu de chose; l'homme doit prudemment soumettre ses résolutions au contrôle de ses semblables, s'il ne veut encourir, à juste titre, le reproche d'un excessif orgueil; mais enfin le vrai n'est pas moins le vrai pour n'apparaître qu'à un seul et non à tous ou à plusieurs [2].

[1] VATTEL, *Droit des gens*, liv. I, ch. III et V.

[2] Selon le droit public de l'Angleterre, la résistance est permise contre toutes les illégalités, et chaque particulier a le droit d'agir

Les défenseurs de l'absolutisme n'admettent pas en général que la résistance puisse être jamais légitime. Cependant il y a entre eux, sur ce point, quelque divergence qui s'explique par la différence de leur doctrine sur la génération de la souveraineté.

Bossuet, comme Hobbes, proscrit la résistance, sans distinction. L'obéissance absolue est, en effet, la conséquence de ses idées sur la souveraineté. Mais s'il est vrai que cette obéissance répugne au droit, que reste-t-il, sinon la résistance contre l'arbitraire [1]?

Pour rassurer les peuples contre les excès de la souveraineté, Bossuet soutient que le despotisme pur, vio-

individuellement. A l'appui du premier point, Delolme rapporte la déclaration du Parlement, qui déclara le trône vacant après la déchéance de Jacques II, par le motif, entre autres, que ce prince avait rompu le contrat existant entre la nation et le gouvernement. A l'appui du second, il cite une décision de la cour du banc de la reine Anne, qui déclara un prévenu excusable d'un meurtre commis sur l'agent d'un constable qui procédait à une arrestation illégale (*The Constitution of England*, *Book*, II, cap. XIV). Nous ne changeons à cette doctrine qu'un mot; nous substituons le *droit* à la *loi*.

[1] Bossuet s'est rangé parmi les défenseurs les plus ardents de l'absolutisme; mais, à le lire attentivement, on reconnaîtra que c'est peut-être moins par système qu'en haine de l'anarchie. Il ne se dissimule pas les inconvénients du pouvoir absolu. Mais, dit-il, « ce principe de rébellion qui est caché dans le cœur du peuple ne peut être déraciné qu'en ôtant jusque dans le fond, du moins aux particuliers en quelque nombre qu'ils soient, toute opinion qu'il puisse leur rester de la force, ni autre chose que la prière et la patience contre la puissance publique. » 5e *Avertissement aux protestants*. Sans trop s'arrêter au droit, Bossuet a vu les deux maux et a choisi celui qui lui paraissait le moindre.

lent, est impossible; que les conséquences outrées de la souveraineté sont irréalisables, et que la souveraineté trouve dans le propre intérêt du souverain étroitement lié à la félicité des sujets une borne que le souverain ne franchira jamais [1].

Cela laisserait beaucoup à dire, si l'on interrogeait l'histoire, qui n'a pu suffire à enregistrer toutes les monstruosités du Bas-Empire et du moyen âge, sans parler des temps plus modernes. Mais alors même que les souverains auraient en eux-mêmes ce frein à leur toute-puissance, ce ne serait qu'une garantie de fait, qui manquerait si le souverain venait à oublier son intérêt; et pour garantir un droit, ce qu'il faut, c'est une garantie de droit.

D'ailleurs Bossuet déplace la question. Il dit : Le mal n'arrivera pas; il s'agit de savoir quel sera le droit si le mal vient à se réaliser. Donner sa parole, ce n'est pas répondre à qui demande une raison.

On a été jusqu'à écrire qu'il y a à côté de toute souveraineté une force quelconque qui lui sert de frein : une coutume, la conscience, un poignard !... Mais quelle doctrine que celle qui compte sur le crime pour préserver des excès d'un droit; qui constitue le criminel défenseur du juste, et ne permet pas à un peuple de se défendre contre un prince coupable, autrement qu'en se rendant coupable lui-même! Accorder tout au sou-

[1] 5e *Avertissement aux protestants.*

verain, et tranquilliser les sujets, en leur découvrant dans l'ombre le couteau d'un misérable, est-ce honnête, ou seulement logique?

De Maistre, qui a formulé cette idée, n'est cependant point aussi absolue que Bossuet, au moins dans l'ordre politique; il a reproduit de nos jours la doctrine théocratique du moyen âge, qui place au-dessus de la souveraineté des princes la suprématie spirituelle des papes, et constitue ceux-ci juges des cas où les peuples peuvent licitement résister aux souverains [1]. La souveraineté est divine, dit De Maistre; mais le pouvoir du pape étant éminemment divin, les papes et les papes seuls peuvent, à certains égards et dans des circonstances extraordinaires, dispenser les sujets de l'obéissance qu'ils doivent à l'autorité légitime, et les relever de leur serment de fidélité.

Nous n'avons rien à dire de l'application d'une telle doctrine dans nos temps modernes. Notre époque est trop éloignée des idées théocratiques, pour qu'il y ait lieu d'en discuter seulement la convenance. La toute-puissance des papes se concevait au moyen âge, où la souveraineté temporelle ne pouvait être considérée que comme une manifestation de la souveraineté spirituelle du chef de l'Église; alors la théocratie était une partie de la doctrine catholique, un article de foi, et l'Église concédait la souveraineté au même titre qu'elle dispensait les droits et

[1] *Du Pape*, liv. II, ch. III, IX, X, XI.

imposait les devoirs dans la vie civile. Mais aujourd'hui une telle puissance supposerait une communauté de croyance qui n'existe plus, ou bien une suprématie innée du pouvoir religieux, qu'on ne pourra justifier jamais. Et à ne prendre cette doctrine qu'en elle-même, c'est-à-dire par son côté humain, sans s'arrêter à ses conséquences politiques, il est évident qu'elle n'est pas plus satisfaisante que la doctrine de Bossuet; car, si elle place une souveraineté au-dessus des souverainetés, si elle constitue un pouvoir juge des autres pouvoirs, si elle établit quelque part sur la terre un tribunal arbitre entre les souverains et les peuples, et ainsi peut obvier à des inconvénients, en droit, elle ne prête pas moins aux mêmes objections, ne faisant en réalité que reculer la difficulté.

La loi qui commande l'obéissance est, dit-on, bonne, juste et nécessaire en général; mais on accorde que si Néron est sur le trône, elle peut paraître un défaut, et de là on conclut à l'utilité d'un pouvoir suprême, qui dispense de la loi générale et soit le seul dispensateur... Mais si c'était Néron lui-même qui fût sur ce trône dominant tous les autres!

Il est vrai que dans la doctrine catholique, un Néron sur le trône pontifical est une impossibilité; tout au moins n'agirait-il pas comme Néron; car il faut supposer au chef suprême de la religion une grâce toute particulière, qui le mette à l'abri de l'erreur, au moins dans les matières qui relèvent de son autorité spirituelle.

Discuter une telle doctrine conduirait loin. Il suffira de faire remarquer qu'elle confond l'ordre spirituel avec l'ordre temporel et que dans l'ordre d'idées où elle se place, elle nous échappe absolument.

Qui ne déplorera hélas! l'inconséquence de tels docteurs et leur imprudence étrange, que peut seule expliquer une grande frayeur! On repousse toutes les garanties légales comme dangereuses, les réclamer c'est se montrer factieux, le citoyen ne doit jamais pouvoir songer qu'il a des droits; mais comme on ne peut contester que l'enivrement de la toute-puissance ne soit redoutable, on espère en un hasard, un préjugé, un crime heureux pour contenir le despote! Voilà à quelles aberrations entraînent les doctrines extrêmes : on proscrit la raison, et l'on réhabilite, comme l'expression de la volonté divine, la faiblesse des gouvernants et la violence criminelle de tel fanatique inconnu; on fera de Louis XVI une victime justement immolée, et de Robespierre un ministre de Dieu.

Grotius fait une concession. Selon lui, le peuple ne peut pas n'obéir au prince qu'autant seulement qu'il règne en bon prince, et le prince qui abuse de son autorité ne devient pas par cela même dépendant de son peuple. Le souverain qui s'est même engagé envers son peuple par quelque promesse (nous dirions aujourd'hui qui a octroyé une constitution), et qui refuse de tenir sa promesse, n'encourt pas la déchéance : l'action chez le peuple est nulle par défaut de faculté et de puissance.

Cependant le refus d'obéissance est licite, selon Grotius, et la résistance est possible lorsque le prince commande d'agir contrairement à la loi de Dieu, ou pousse la nation à quelque nécessité extrême et inévitable [1].

Cette concession est une inconséquence; car l'on ne voit pas pourquoi quelque nécessité extrême et inévitable, *summa et alioqui inevitabilis necessitas*, pourrait justifier la résistance, si le peuple n'a point en principe le droit de résister. Tout principe de droit est absolu : si un peuple peut résister à l'autorité, il le peut dans toutes les nécessités possibles, alors même qu'elles ne sont pas extrêmes et inévitables; et si la résistance des citoyens était illicite, elle le serait même pour défendre leur propre vie.

Les écrivains politiques de la Réforme ont appliqué à cette matière les principes du droit civil sur les effets des contrats synallagmatiques.

On sait que dans leur opinion le peuple est souverain en ce sens que le gouvernement n'a de puissence que celle qu'il lui a donnée, sans que cette puissance cependant puisse être jamais illimitée. Le peuple a ses droits, le gouvernement a les siens, et la résistance est légitime contre tout gouvernement qui anéantit les droits du peuple [2]. Telle est la théorie de la constitution anglaise, qui permet aux particuliers de faire valoir leurs griefs devant les tribunaux par la voie ordinaire devant le

[1] *De Jure belli ac pacis*, lib. I, cap. IV.

[2] JURIEU, 16e *Lettre pastorale* 3e *année*.

chef du pouvoir exécutif ou le Parlement, au moyen de pétitions, et finalement par la force [1]; et telle était aussi la théorie de la charte de 1830, chez nous, dont une disposition confiait les droits qu'elle consacrait au patriotisme de la nation [2].

Dans cette doctrine, la loi fondamentale une fois arrêtée ne peut être désobéie que si le pouvoir lui-même la déchire; et en dehors des cas de violation du pacte fondamental, toute résistance est criminelle.

Cela ne peut être admis sans une distinction. Si la convention supposée était telle et exécutée de telle manière que les droits de chacun fussent respectés, nulle difficulté ne se présenterait. Résister au droit, c'est un crime, surtout quand c'est au mépris d'un engagement. Mais la question ne se présente point ainsi. Il faut supposer une constitution qui, tout en prétendant réserver les droits de la nation, donne néanmoins au pouvoir social une autorité incompatible avec le droit : sous l'empire d'un tel pacte, la résistance sera-t-elle légitime seulement quand le pouvoir déchirera la convention? Non, car une telle convention ne peut être invoquée par la puissance publique ni lui donner des droits.

Le pacte constitutionnel, en effet, n'est point un lien, quand le droit est violé; la souveraineté limitée est aussi illégitime, dans une mesure moindre, que la souverai-

[1] DELOLME, *the Constitution of England, Book*, XI, cap XIX. *Vide suprà*, p. 295.

[2] *Charte du* 14 *août* 1830, art. 66.

neté entière, et reconnaître au gouvernement, comme nous l'avons dit, le droit de faire un peu de mal, en lui déniant celui de faire beaucoup de mal, c'est une inconséquence que la bonté de l'intention ne rachète pas.

Mais les constitutions modernes reconnaissent aux citoyens des droits politiques plus ou moins étendus. Ceux-là mêmes qui participent à la confection de la loi, soit par leur coopération personnelle, soit par la nomination des mandataires chargés de la faire, peuvent-ils résister s'ils la jugent contraire au droit? Nous ferons sans hésitation une réponse affirmative; nous ne dirons pas ils doivent, mais ils peuvent résister.

La question s'est présentée à l'esprit de Platon, autrement que comme un cas exceptionnel, par la raison que tous les hommes libres étaient citoyens à Athènes et investis des mêmes droits politiques. Or Platon proscrit toute résistance aux lois, d'abord parce que le citoyen n'existe que par la loi, et ensuite parce que tout citoyen ayant participé à sa confection ou au moins ayant le droit d'en demander le changement, résister, c'est trahir la foi donnée [1].

[1] *Criton*, trad. de M. Cousin. Dans la belle prosopopée du Criton, les lois rappellent à Socrate qu'elles lui ont donné la vie, puisque ce n'est que par la loi que la famille est constituée dans un État; qu'elles l'ont nourri en veillant à son éducation, et enfin qu'elles doivent être respectées, parce qu'elles n'obligent personne à demeurer sous leur empire, nul n'étant sujet malgré soi. Platon leur met dans la bouche ces paroles qui résument sa doctrine : « Nous soutenons que le citoyen qui manque à nous obéir est injuste de trois manières; il nous

Après ce qui précède, nous n'avons plus rien à dire des doctrines qui font de la loi le fondement du droit. Et quand à cette raison que résister aux lois de son pays alors qu'on y jouit des droits politiques c'est violer la foi donnée, elle repose sur cette hypothèse qu'il y a une foi donnée, tandis qu'il n'en est rien.

D'ailleurs, en fût-il autrement, l'homme ne peut compromettre sur ses devoirs. De la convention qu'on suppose il ne peut naître qu'une de ces obligations réputées en droit civil avoir une cause réprouvée ; et pour de telles obligations, il n'y a pas d'action. Qui oserait soutenir sérieusement que l'homme peut faire de sa vie un enjeu, soumettre ses droits à une transaction et ses devoirs à un intérêt aléatoire? On ne tolérerait pas même un pareil pacte ayant un intérêt matériel pour objet. Manquer à sa parole c'est forfaire au devoir sans doute, mais ce n'est pas s'obliger que de donner sa foi en s'enchaînant pour faire le bien.

Que l'on se garde bien de donner à ces idées une portée qu'elles n'ont pas. Nous ne disons pas : promettre n'oblige pas ; nous disons seulement : toute stipulation n'est pas licite. Il est telle parole (et c'est le cas où nous nous plaçons) dont celui qui l'a reçue, gouvernement ou particulier, n'est point autorisé à deman-

désobéit, à nous, qui lui avons donné la vie ; il nous désobéit, à nous, qui sommes en quelque sorte ses nourrices ; enfin, il trahit la foi donnée, et se soustrait violemment à notre autorité, au lieu de nous désarmer par la persuasion. »

der l'exécution. Je rirais de Shilock se plaignant de la violation de la foi jurée. D'ailleurs l'honnête homme peut échapper à cette alternative de forfaire au devoir ou de manquer de parole, c'est en ne promettant que ce qu'il peut tenir sans regrets; et ce n'est pas trop de demander au particulier, comme citoyen, la même prudence qu'il apporte dans les plus simples affaires de la vie civile.

En dernière analyse, la doctrine de Platon se réduit à ceci, que tout citoyen soumet licitement sa liberté au résultat aléatoire d'une délibération publique quand il y apporte le contingent de son opinion. Or le droit ne peut être ainsi enchaîné. La puissance publique est sans titre pour prétendre à un tel sacrifice, et Mirabeau méritait bien les acclamations dont on couvrit sa voix, quand il s'écria sur le projet de la loi relative à l'émigration, tout législateur qu'il était : « Je jure de n'y obéir jamais ! »

Nous ne défendrons pas maintenant cette théorie du droit de résistance du reproche d'armer les particuliers contre toute autorité établie; il est trop évident que, juste en elle-même, elle est sans danger si l'on n'en fait qu'une juste application. La vérité doit toujours conserver ses franchises; car, s'il fallait la cacher, que ferait-on donc pour l'erreur? On n'a jamais reproché aux jurisconsultes de fournir par leurs controverses un aliment à l'esprit de contention. Si nous maintenons que l'homme doit, même vis-à-vis de la puissance publique, savoir faire respecter tous ses droits, c'est parce qu'il est comptable à Dieu de l'accomplissement de tous ses devoirs.

Voilà les conséquences dernières des idées de conscience, de devoir, de droit, trinité morale, cercle infranchissable où tout se tient. Qu'on n'invoque plus, avec les docteurs catholiques, cette autorité supérieure, divine des gouvernements, qui anéantit le droit des individus, pour qui, en dernière analyse, les gouvernements sont faits. Avec la souveraineté autocratique, la propriété elle-même, droit si cher depuis qu'il fut attaqué, n'existe plus autrement que par la tolérance de la loi; elle manque de base, de fixité, de garantie, exposée qu'elle est à toutes les atteintes de l'autorité publique. Le patrimoine des citoyens n'est plus qu'un pécule comme celui des fils de famille et des esclaves dans l'ancienne Rome. Louis XIV était monarque absolu; comme tel, il prétendait à la disposition pleine et libre de tous les biens [1] : à son point de vue, sa prétention était très-légitime.

Que l'on ne parle plus d'avantage de l'autorité démocratique avec les docteurs de la Réforme; car, dans ce système, chacun sera autorisé à peser sur la loi, et la cupidité n'aura d'autre frein que le sentiment de ses propres excès. Toutes les prétentions des utopistes seront légitimes; toutes ces doctrines qui débordent dans

[1] *Mémoires et instructions pour le dauphin.*

les temps d'agitation politique devront être discutées si l'application en est possible; tous les systèmes auront le droit de se produire et pourront à un titre égal demander à la loi sa sanction. La liberté individuelle ne sera plus qu'un mot, la liberté du culte une faveur, et la liberté de la presse et de l'enseignement une tolérance de l'autorité publique.

Et maintenant le droit ne sera-t-il qu'un rêve? A ceux qui le soutiendraient, il faudrait répondre avec Mirabeau : « Je suis loin de le croire; mais si c'est un rêve, qu'on ne me parle donc plus de justice; qu'on pose hardiment le fait pour le droit. En un mot, qu'on m'enchaîne sans m'ennuyer [1]. »

Quand naguère, en 1848, la propriété s'est trouvée menacée et que le procès a été fait à la loi qui la garantit, ce n'est pas comme une création de la loi qu'on l'a défendue. On la proclamait un droit naturel, supérieur à toutes les lois humaines, et auquel les lois, eussent-elles même l'assentiment du nombre, ne pouvaient toucher. C'était raison. Mais si l'on remonte à ce principe commun de tous les droits, il faudra reconnaître qu'ils sont tous inhérents à l'individu, et alors on reconnaîtra par cela même deux choses, à savoir que la souveraineté n'est nulle part et que la résistance est légitime toutes les fois qu'il y a violation du droit.

[1] *Esprit de Mirabeau, Pensées diverses*, t. II.

CHAPITRE VI.

DE LA PEINE.

Du droit de punir. — A quelles conditions la peine est-elle légitime? — De l'utilité de la peine. — De la justice de la peine. — Définition du délit. — Première objection; réfutation. — Deuxième objection; réfutation.

Nous admettons comme un point démontré que c'est à l'individu à déclarer le droit, et que l'individu peut et doit user des forces que la nature lui a départies pour assurer l'exercice de son droit. De plus, dans l'état de société, l'exercice du droit de chaque citoyen se liant au droit de ses semblables et toute violence injuste étant une menace pour le droit de tous, les citoyens peuvent unir leurs volontés et leur puissance pour constituer une puissance publique qui garantisse à chacun l'exercice de ses droits, et de là le gouvernement.

Mais le droit n'est pas garanti seulement au moyen de la force exercée par une autorité publique agissant au nom et dans l'intérêt de tous; le rôle du pouvoir ne consiste pas uniquement à opposer une résistance inerte aux actes qui constituent une atteinte au droit. Repousser la force par la force actuellement, puis s'arrêter, ce ne serait pas empêcher suffisamment le retour de l'arbitraire, qui pourrait ne se lasser que trop tard et après des échecs trop répétés; et cependant le droit a besoin d'une garantie durable contre la violence. La faculté pour chacun de s'assurer l'exercice de son droit doit être quelque chose de plus que celle de résister. L'obligation pour la puissance publique de veiller au maintien de la liberté de tous et de réagir contre qui trouble l'ordre social, implique le pouvoir de prévenir le retour du mal en frappant le coupable. Or ce pouvoir, cette faculté, c'est le droit de punir.

Le droit de punir exercé par l'individu ou par le pouvoir qui représente les individus, n'est autre chose que le droit même. Punir, c'est-à-dire faire du mal dans les limites de la raison pour défendre son droit et prévenir une nouvelle attaque; c'est continuer l'œuvre de la résistance, c'est user de cette faculté de contraindre sans laquelle le droit ne se conçoit pas; c'est faire un acte légitime à la fois et par lui-même et par le but auquel il tend.

Le droit de punir a donc sa source dans le droit de la défense[1]. La puissance publique l'exerce par déléga-

[1] De condamner aucuns parce qu'ils ont failly, ce seroit bestise, comme ditct Platon, car ce qui est faict ne se peult défaire; mais

tion; mais derrière le juge investi du redoutable mandat d'infliger la peine, il faut voir les individus agissant pour prévenir le retour d'un mal injuste et puisant le droit d'agir dans le droit de se défendre[1]

Quand mon semblable méconnaît mon droit, je le repousse; quand il le méconnaît en m'attaquant avec une intention frauduleuse ou méchante, comme il révèle un naturel qui doit faire prévoir une récidive, je le frappe pour qu'il n'y revienne plus. Le droit de punir est là tout entier.

Mais comment la société peut-elle et doit-elle se défendre contre ceux de ses membres qui troublent l'ordre social ? Comment l'action de la justice humaine par la peine peut-elle être légitimement exercée? Contre qui la société peut-elle sévir, et à quelles conditions? En d'autres termes, que faut-il entendre par ce que les criminalistes appellent le délit?

Si l'on partait de cette idée que punir c'est se défendre et que tout est bien pour la défense, on serait conduit à légitimer toutes les rigueurs, tous les moyens

c'est afin qu'ils ne fassent plus de mesme ou qu'on fuye l'exemple de leur faulte. On ne corrige pas celui qu'on pend, on corrige les autres par lui (MONTAIGNE, liv. III, c. VIII).

[1] Sénèque a dit, avant Montaigne et après Platon, que la peine est infligée, non pour le passé, mais en vue de l'avenir, *non quia peccatum est, sed ne peccetur*. Si l'on avait la certitude que tel crime ne pût se reproduire ni en enfanter d'autres, la partie offensée serait autorisée à exiger une réparation; mais le pouvoir public ne le serait pas à infliger une peine.

d'intimidation. Mais ce serait un principe erroné par cela qu'il serait trop absolu. Agir par la peine, c'est prolonger l'acte de la défense. La défense proprement dite, c'est la réaction immédiate et nécessaire contre la cause d'un danger présent. La défense par l'action pénale suppose au contraire le danger passé, et n'a pour objet que de prévenir une nouvelle attaque. D'un autre côté, punir c'est réagir contre un être intelligent et moral, qui conserve des droits quoique coupable. Or de ce but de la justice pénale et de ce caractère de l'être contre lequel elle s'exerce, résulte cette conséquence, que son action est doublement limitée, et que la peine ne peut être légitime qu'à cette double condition d'être à la fois utile et juste en soi.

Utile, disons-nous, c'est-à-dire mesurée sur le droit de l'offensé; autrement ce ne serait plus la défense même continuée. L'homme n'a de droit sur son semblable que pour repousser une attaque injuste. Par une extension toute naturelle ou plutôt par une suite du droit de défense, il peut réagir contre son agresseur et lui infliger un mal dans le but de pourvoir à sa sécurité future; le châtiment est alors légitime par la crainte qu'il inspire; mais ce frein, qui se trouve pour les coupables dans la crainte de la peine, ne peut être imposé que s'il est utile et seulement dans la limite de l'utilité.

D'ailleurs la réaction par l'application de la peine c'est, avons nous dit, la défense contre l'attaque. Or il ne peut y avoir violation du droit ni attaque que par un fait nuisible. Le mal moral ne relève pas de la justice humaine. L'homme n'a pas de juridiction pour les manquements aux purs devoirs de conscience de ses semblables; car punir sans nécessité, c'est, comme l'a dit Vauvenargues, entreprendre sur la clémence de Dieu. L'action de la justice pénale a donc bien pour première limite l'utilité : elle cesse d'être légitime dès qu'il n'y a plus un droit et implicitement un devoir à faire respecter.

Cette vérité a été proclamée au siècle dernier par Beccaria et n'est plus contestée. Elle est la condamnation de toutes ces pénalités qui frappaient pour des délits purement moraux, comme les injures à la divinité, les simples pensées criminelles, les habitudes contre nature, etc.; ou qui ne satisfaisant pas à cette double condition de la légitimité de toutes les peines, d'être à la fois morales et répressives, étaient moins des peines que des vexations, comme l'exposition, la mutilation et la marque; ou qui n'ayant nulle proportion avec le mal matériel résultant du délit, étaient ainsi, pour l'excès, un empiétement de la justice humaine sur le domaine de la justice absolue, qui n'appartient qu'à Dieu, comme la peine de mort tant prodiguée, avant la réformation des lois pénales, dans les temps modernes.

La seconde condition nécessaire pour légitimer l'action pénale, c'est la justice. La justice humaine doit se régler en effet sur le droit que conserve le coupable.

Le mal purement moral ne peut être puni ici-bas; mais aussi le mal purement matériel ne peut être atteint par la peine, et pour que la punition soit juste il faut que la punition soit proportionnée au délit.

Cette seconde condition dérive du droit de punir même. Punir n'est un droit que pour un être intelligent vis-à-vis d'un être intelligent comme lui. On ne punit pas la matière dont la force inerte fait obstacle à l'exercice de la volonté, on la maîtrise. On ne punit pas l'animal qui attaque, on le dompte, et on peut le tuer pour prévenir une nouvelle agression. Rien ne mesure le degré de douleur physique que je puis lui causer, parce qu'il est sans droit, et que le droit ne se conçoit que par opposition à une volonté libre qui fait obstacle à l'accomplissement du devoir. Mais quand l'obstacle émane d'un être doué d'intelligence et de moralité, la réaction a un caractère tout différent: elle n'a plus pour objet de surmonter une résistance purement matérielle, ce qui n'est qu'un fait et ne saurait être l'exercice d'un droit [1]; elle s'attaque à un être à qui sa faute n'a point enlevé tout caractère d'inviolabilité. Dès lors naît l'obligation pour la justice humaine de choisir la peine qu'elle inflige, de ne l'infliger qu'au coupable, et de la mesurer sur le droit; car c'est être injuste que de réagir par la peine contre celui dont la volonté est

[1] Nous supposons que cela s'entend de soi. Tout ce que nous voulons dire, c'est que pour cette question : Qu'est-ce que le droit? s'élève, il faut que deux hommes se rencontrent.

demeurée étrangère au mal, et c'est punir, dans la proportion de l'excès, un innocent, que de frapper un coupable d'une peine excessive ou injuste [1].

Il y a presque à s'excuser d'exposer des notions auxquelles la conscience générale a souscrit dès que la raison les a comprises; et cependant bien des vérités frappantes n'en ont pas moins été oubliées. On ne confond plus la vengeance et l'intimidation pure avec la peine. Aussi n'est-il pas sans intérêt de suivre les efforts par lesquels les publicistes ont cherché à accorder avec la justice les pénalités, quelquefois terribles mais justes, qui frappent dans un intérêt public certains faits que la conscience ne désavoue que timidement, comme la violation des règles de la police sanitaire dans le cas d'épidémie, les manquements à la discipline à la face de l'ennemi et certaines publications séditieuses. La même raison doit faire proscrire les pénalités que la morale réprouve pour leur barbarie, et qui déshonorent le pouvoir qui les inflige autant qu'elles blessent le droit de celui qui les subit, et faire réprouver ces sentences portées sans qu'il soit tenu compte de l'intention de l'agent, de son état intellectuel et des mille circonstances qui accompagnent la perpétration du délit.

Ainsi l'action de la justice humaine doit être réglée à la fois par deux conditions. Elle doit être mesurée sur

[1] Sunt quædam officia etiam adversus eos servanda a quibus injuriam acceperis; est enim ulciscendi et puniendi modus. Cic., *de Off.*, liv. II. Propè est inique puniat qui nimis. *Sen. De clem.* I, 14.

le droit de l'offenseur et sur le droit de l'offensé. En présence d'un mal matériel considérable, la justice pénale ne doit voir que la culpabilité de l'agent ; et devant une culpabilité flagrante, elle ne doit voir que le dommage effectif.

Il est facile maintenant de définir le délit. On n'appellera pas ainsi le mal purement matériel qui porte atteinte au droit d'autrui : ce serait donner au mot une acception qu'il n'a jamais eue. Le mal matériel donne lieu à une réparation civile, qui peut être exigée par la force, comme l'accomplissement de toutes les obligations ; mais il n'autorise pas la réaction par la peine.

On ne peut pas non plus appeler délit le mal purement moral. Ce serait confondre le délit, dont la dénomination appartient à la langue du droit, avec ce que les moralistes appellent la faute et les théologiens le péché. Le mot délit, comme le mot droit, éveille une idée complexe. Le délit, c'est le mal à la fois matériel et moral, c'est l'atteinte au droit d'autrui portée méchamment, c'est l'infraction aux principes de l'ordre social faite avec intention de nuire.

On fait à la théorie qui fonde le droit de punir sur la défense que nous appellerons continuée diverses objections. Plusieurs ne portent que sur des points accessoires non obligés du système. Nous ne parlerons que de celles qui en attaquent les bases.

La première consiste à opposer la justice à la défense. Rien de commun, dit-on, entre se défendre et punir.

Quand l'acte criminel est consommé, et que le coupable est désarmé et saisi, la défense cesse ; et si l'individu dont le droit a été méchamment attaqué, ou la société pour lui, réagit contre l'auteur de l'acte criminel, ce n'est plus de défense qu'il faut parler, car c'est plutôt d'une attaque que cette réaction aurait le caractère.

Cette objection n'est pas fondée. Toute-puissante contre la doctrine qui placerait le droit de punir dans la défense directe, elle est sans force contre celle qui fait du droit de punir le droit de se défendre contre les attaques à venir. Vis-à-vis du coupable désarmé, le droit de la défense directe cesse ; mais le droit de frapper n'est point épuisé ; et il reste à l'individu injustement attaqué à se prémunir par une réaction exemplaire contre de nouvelles atteintes à son droit. C'est là le droit de punir, qui n'est peut-être pas la défense proprement dite dans le sens étroit du mot ; mais qui participe de la défense, puisqu'il a pour objet d'assurer à l'individu sa sécurité future.

D'ailleurs l'objection n'est qu'une querelle de mot, Veut-on voir entre la défense et la peine une contradiction? Mais si tout ce qui précède est exact, c'est la défense qui sera légitime, et c'est la peine qui ne le sera pas. Il est facile de passer sur la critique du mot, si l'on accorde que la réaction par la peine, qui a pour objet de prévenir de nouvelles attaques, se mesure à la fois sur la culpabilité de l'agent et sur l'utilité que la peine peut produire. Le droit de punir, comme on l'entend, n'appartiendra pas ainsi à l'individu ou à la société; mais si ce n'est le droit de punir, ce sera la défense, et peu importe le mot, si l'on reconnaît que la chose est légitime.

Une autre objection s'en prend à la moralité de cette réaction par la peine. La peine n'est, dit-on, dans ce système qu'un moyen politique, et l'accusé un épouvantail dans les mains du juge. Or la conscience répugne à ce que l'homme soit ainsi matière à expérience.

Cette critique, si elle était fondée, s'attaquerait au droit de punir même, quelque fondement qu'on y donnât. Il n'est pas de système, en effet, qui ne tienne compte de l'utilité de la peine, et qui, par conséquent, n'y voit un moyen d'intimidation, et dans le coupable un sujet à expérience. Le plus ou le moins est ici sans importance. L'utilité est la condition fondamentale de l'exercice du droit de punir dans tous les systèmes. Aussi tous rejettent-ils les pénalités qui nes eraient ni exemplaires ni rassurantes, et mesurent-ils le degré du mal que la justice humaine peut infliger sur l'utilité qu'on peut en attendre.

On ajoute que la prévention peut être un des effets de la peine, mais non le but, et qu'il n'y a pas de justice à punir dans le délinquant actuel les délinquants futurs.

Mais ce reproche ne serait mérité que pour qui ne voudrait pas tenir compte de la culpabilité de l'agent et frapperait uniquement en vue du mal à prévenir; il ne l'est pas, si l'on conserve au système l'élément moral sans lequel il est dénaturé. On ne frappe pas, en effet, des délinquants futurs dans la personne du coupable présent ; ce que l'on punit, c'est le délit actuel. Quand un coupable a restreint par son fait le cercle de ses droits, en vue de l'utilité présente et future, et pour réparer le mal moral et matériel du délit, la victime ou la société pour elle agit dans la mesure du juste ; mais en agissant de cette manière contre le coupable, c'est lui seul qu'elle punit et non pas nul autre.

Que pourrait dire le patient atteint justement ? Qu'on le frappe sans droit? Mais quel droit peut-il invoquer, lui qui a volontairement restreint le sien en en abusant? S'il est justement frappé, on ne blesse aucun droit ; il a diminué sa personnalité d'autant ; et la peine a alors le seul caractère qu'elle puisse avoir, appliquée par les hommes, c'est-à-dire que la prévention dans la limite du droit en est à la fois l'effet et le but.

On conteste, il est vrai, que la culpabilité morale du patient soit une condition de la peine dans la théorie de la défense continuée. L'admettre, c'est, dit-on, pure bonté d'âme ou prudence politique ; elle ne résulte pas de la doctrine même.

C'est une erreur. Ceux qui font cette critique injuste veulent à toutes fins que la réaction par la peine soit nécessairement aveugle. Mais comment la défense continuée, réfléchie, serait-elle forcément exclusive de toute idée de moralité ? La société, c'est-à-dire l'homme, peut

18.

seulement se défendre et prévenir de nouvelles attaques; c'est là tout son droit. Exiger que la réaction contre le coupable soit mesurée sur sa culpabilité, en d'autres termes, qu'elle s'arrête devant le droit qu'il conserve, ce n'est pas contredire son principe; c'est le limiter, comme on les limite tous, sans qu'ils cessent pour cela d'être absolus dans leur cercle. Et si c'était une contradiction, tous les systèmes de droit pénal seraient contradictoires, car il n'en est pas, au moins de raisonnables, qui ne donnent au droit de punir ces deux limites, l'utilité et la justice.

Toute apparence même de contradiction disparaît d'ailleurs, si l'on remarque que ces deux conditions de l'action de la justice pénale peuvent se ramener à un seul principe. Dire que nulle peine n'est légitime qu'à la condition d'être utile, c'est vouloir que la peine soit mesurée sur le droit de l'offensé, et qu'elle cesse quand ce droit est satisfait. Lui imposer d'être juste, c'est obliger la justice humaine à s'arrêter devant le droit de l'offenseur. Exiger qu'elle soit à la fois utile et juste, c'est donc exiger qu'elle soit juste vis-à-vis de la victime et du coupable; c'est vouloir que la justice soit satisfaite complétement, aux deux points de vue.

Ainsi, le droit de réagir par la peine est bien le droit de se défendre. La défense s'arrête quand l'utilité cesse; et elle doit s'arrêter aussi devant le droit du coupable, c'est-à-dire quand l'action de la défense deviendrait injuste.

CHAPITRE VII.

SUITE.

Théorie du droit de punir de Beccaria. — Que le pouvoir social n'a pas de supériorité innée sur l'individu. — Des moyens et de la garantie. — Théorie de Bentham. — Théorie de Rossi. — Réfutation.

On a établi sur le droit de punir bien des systèmes, si l'on compte comme des systèmes distincts ceux qui ne diffèrent entre eux que par des nuances. Quelques-uns ont un point de départ diamétralement opposé, et tous cependant conduisent à des résultats à peu près semblables. Malgré l'identité des conséquences de toutes ces doctrines, on ne peut passer condamnation sur leur fausse terminologie, d'abord parce qu'elles produisent de fausses tendances, et ensuite parce que des conséquences rendues acceptables par des distinctions plus ou moins subtiles, ne peuvent faire fermer les yeux sur le danger plus ou moins prochain, mais certain, du principe d'où elles ne découlent pas nécessairement.

Le premier système est celui de Beccaria. Selon le publiciste milanais, les hommes se sont réunis volontairement en société : chacun a fait le sacrifice d'une portion de sa liberté, pour s'assurer la jouissance paisible du reste, et la somme de toutes ces portions de liberté sacrifiées forme la souveraineté de la nation. Or le droit de punir, dans ce système, n'est autre chose que le droit de la souveraineté ; et c'est une conséquence, que toute peine est injuste quand son application n'est pas nécessaire à la conservation du dépôt de la liberté publique [1].

Cette doctrine est vicieuse, comme toutes celles qui établissent cet ordre social, que la peine a pour objet de garantir, sur l'hypothèse d'un contrat. Nous avons assez parlé de ce prétendu contrat social, pour qu'il soit superflu d'y revenir ici.

Le contrat social de Beccaria se différencie cependant de celui de Rousseau. Tandis que, selon Rousseau, chacun des associés met en commun sa personne et toute sa puissance sous la suprême direction de la volonté générale, selon Beccaria, il ne met en dépôt que la moindre portion possible de sa liberté. Mais cette différence n'efface pas le vice du point de départ : dans l'un et dans l'autre système, le contrat social n'est qu'une pure hypothèse, et il faut plus qu'une hypothèse pour fonder un droit.

[1] BECCARIA, *des Délits et des Peines*, § 2.

La doctrine de Beccaria est, en dernière analyse, celle de la défense continuée. Au fond, nous n'aurions à soulever aucunes critiques; elle repose sur les mêmes principes que nous venons d'exposer. Mais Beccaria semble avoir pensé que le droit de punir ne peut appartenir à l'individu ou à une collection d'individus non unis par un lien conventionnel, et il a été conduit à donner une théorie de la société civile. C'était prendre un soin superflu. Le droit de punir s'exerce pleinement dans l'état social; mais il n'existerait pas moins dans une société qui ne se composerait que de deux individus. Seulement, dans l'état anarchique, la justice pénale ne serait le plus souvent que le masque de la force, le prétexte de la convoitise, la vengeance, la rapine déguisée, tandis que dans l'état social, elle atteint à un certain degré d'impartialité.

Je sais que l'on a contesté à l'individu ce droit d'infliger une peine à son semblable. Le droit de punir, a-t-on dit, suppose une supériorité morale, une autorité qui ne saurait exister d'homme à homme, tous les hommes étant égaux. Toute personne attaquée a le droit de repousser une agression injuste; mais se défendre ce n'est pas punir, et la peine proprement dite ne peut être infligée que par le pouvoir social.

Ces idées sont inexactes en ce qu'elles ont pour point de départ une pure supposition. La supériorité naturelle du juge sur le coupable n'est pas une condition de l'exercice du droit de punir. S'il était vrai que la peine ne pût être infligée ici-bas que par un tiers investi d'une supériorité morale, le droit de punir n'existerait pas. Où chercherait-on une telle supériorité? où la placerait-on? Partout il n'y a que des hommes, c'est-à-dire des égalités. Serait-ce dans la société? Mais la société, c'est la multitude, laquelle n'a nulle supériorité morale sur l'individu. Tous les hommes réunis n'ont point une autorité plus grande que celle que chacun a séparément. Quoi que l'on fasse, le juge sur son siége et le coupable sur son banc sont deux hommes égaux en devoirs et par conséquent en droits. L'un a sur l'autre l'autorité d'une conscience pure et le prestige de la redoutable mission dont il est investi; il est incontestablement son supérieur, mais d'une supériorité accidentelle et non innée, comme en le voudrait; car de supériorité naturelle sur l'homme, il n'y a que celle de Dieu, et le nombre au nom duquel le magistrat agit n'a pu lui communiquer une autorité qu'il n'a pas en lui-même.

On ajoute que la justice pénale a pour bornes le maintien de l'ordre; qu'un ordre social suppose une société, et que la justice pénale ne saurait exister hors de l'état de société, puisqu'alors elle serait sans limites.

Ce raisonnement prouverait plus qu'on ne veut. En effet, de ce que la justice pénale ne serait pas bornée par l'utilité dans l'état extra-social, il ne faudrait pas conclure qu'elle n'existe pas; ce qu'il faudrait dire, c'est qu'elle se confond avec la justice absolue.

Mais est-il vrai que l'ordre ne puisse se concevoir que quand une société est constituée, avec son gouvernement, ses lois, sa force organisée? Ce serait confondre le droit et la garantie, deux choses essentiellement différentes, et que nous nous sommes toujours efforcé de distinguer. L'ordre social, c'est le droit, qui a une existence indépendante des législations et des gouvernements. Tout système qui donne pour bornes au droit de punir le maintien de l'ordre social, mesure par cela même l'action de la justice pénale sur le droit de l'individu injustement attaqué. Or, comme le droit apparaît dès que deux êtres intelligents et moraux sont en présence, il suit que la justice a les mêmes limites dans ce que l'on appelle l'état extra-social que dans l'état de société, et que si ces limites sont une condition de la justice humaine, comme le veut la doctrine à laquelle nous répondons, cette condition se trouve toujours et nécessairement remplie. Ainsi la théorie que l'on oppose est celle que nous défendons, moins un avantage, celui de la précision.

On ajoute enfin que la justice humaine ne peut s'exercer qu'avec un ensemble de moyens, un système de règles et de garanties qui manquent à l'homme agissant isolément. Que serait-ce, dit-on, que la justice individuelle, si ce n'est le désordre?

Je réponds que de ce que le moyen manquerait, il ne faudrait pas conclure que le droit n'existe pas. Autre chose est le droit, autre chose sont les moyens de l'exercer utilement. La justice existait avant que l'on eût fait des codes de procédure pour en régler l'application, et un pouvoir n'est pas illégitime en principe parce qu'il peut être mal exercé. Abuser d'un pouvoir légitime, c'est tout autre chose qu'agir sans pouvoir. La faillibilité plus grande ou moindre du juge, dans tel ou tel état, n'est rien quant au principe qui rend son action juste. Cela est si vrai que, avec le meilleur système pénal, appliqué dans le pays le plus éclairé, l'erreur sera toujours inévitable, quoiqu'on ne puisse dire pour cela que le droit de punir n'existe pas ici-bas.

Que la justice individuelle soit le désordre, cela est possible; mais on pourrait accorder que cela est, sans être obligé de reconnaître que toute justice individuelle est exercée sans titre. D'ailleurs, par la force même des choses, ce chaos de toutes les justices individuelles ne saurait durer, comme nous l'avons dit précédemment en parlant de la formation des gouvernements.

Un autre système sur le droit de punir est celui de Bentham. Ce qui légitime la peine, dit Bentham, c'est sa seule utilité. Nous avons assez longtemps parlé de cette doctrine qui confond le bien, le juste avec l'utile; il serait inutile d'y revenir ici. La doctrine de Bentham supprime la moralité dans les actions de l'homme; elle le dégrade; elle le rabaisse au rang des êtres privés d'intelligence; elle fait du droit une question de comptabilité; elle confond la peine, qui ne peut s'appliquer qu'à un être intelligent, avec la force, dont on use pour dompter la matière. Voilà plus qu'il n'en faut pour sa condamnation.

Un troisième système est celui de Rossi. Sa doctrine, très-compliquée et par conséquent difficile à analyser en quelques lignes, fonde le droit de punir sur le devoir moral de l'individu et la suprématie du pouvoir social; elle substitue au droit de frapper pour se défendre, de Beccaria et de Bentham, le droit de punir proprement dit, c'est-à-dire le droit de faire justice.

Rossi part de ce principe qu'il existe une loi et une justice morales. La loi morale est révélée par la conscience; la justice l'est par le sentiment; et cette justice morale a un commencement d'action dans ce monde par le remords, et par l'aversion et le blâme de ses semblables qui atteignent le coupable dès ici-bas.

Mais de ces devoirs imposés à l'homme, il en est qui doivent être rangés dans une catégorie spéciale; ce sont ceux qu'il doit accomplir en sa qualité d'être sociable. L'homme, selon Rossi, ne peut atteindre à son plus haut degré de développement que par le principe de la coexistence paisible avec ses semblables. Il suit de là que la société est pour l'homme un devoir, et que chacun est tenu de respecter l'ordre, sans lequel la société n'existerait pas. Troubler l'ordre social, c'est, dans ce système, faire obstacle chez d'autres à l'accomplissement du devoir de vivre en société. Or, à défaut d'une justice qui exerce son action immédiatement et complétement dans ce monde, il est indispensable qu'un pouvoir pourvoie au salut de la société par le maintien de l'ordre ; ce pouvoir sera le pouvoir social, et son moyen d'action, si l'instruction, les récompenses, la police, la défense, la réparation sont insuffisantes, sera la peine.

Dans ce système, la peine est une rétribution du mal par le mal, infligée par un pouvoir au nom de la société. Le mal qu'elle atteint, c'est le mal fait à l'ordre social, et c'est le seul qu'elle puisse atteindre. Elle est légitime, dit Rossi, car il y a justice absolue à punir l'auteur d'un mal. Elle est exercée légitimement, car elle l'est par un pouvoir légitime, par cela seul qu'il est nécessaire, et que l'on ne pourrait nier sans nier l'ordre social, et par lui la société. Enfin elle est infligée dans un but légitime, puisque c'est pour le maintien de l'ordre, sans lequel la société n'existerait pas [1].

Les conséquences pratiques du système de Rossi sont en réalité celles que nous avons vu découler du droit de la défense continuée. La peine doit être juste intrinsèquement et utile à la conservation de l'ordre social ; c'est, sauf l'ordre dans lequel ces deux conditions sont présentées, ce que nous avons dit précédemment. On n'aurait donc aucune objection à élever si la doctrine n'était fausse en elle-même et ne manquait à expliquer précisément ce qu'elle a pour objet de prouver. C'est le reproche auquel elle ne saurait échapper.

[1] *Traité de droit pénal*, liv. I, ch. XII.

La doctrine de Rossi a, en effet, ce vice de ne point expliquer le droit de punir du pouvoir social, si l'on entend par ces mots le droit d'anticiper sur la justice que Dieu se réserve dans un monde inconnu. Rossi distingue le droit de faire justice du droit de la défense; mais, le droit de faire justice n'est pas justifié dans sa doctrine; car lors même que la société serait un devoir, comme le dit Rossi, et que le pouvoir social aurait une supériorité légitime sur tous ses membres, il ne résulterait nullement que ce pouvoir aurait le droit de punir, comme on l'entend, et tout le droit que l'on pourrait lui reconnaître ne serait jamais que d'agir pour la défense commune. La justice humaine ne peut frapper que pour défendre les individus; il n'y a pas identité de nature entre son action et cette action de justice absolue que la Providence commence ici-bas. C'est mal procéder que de placer la justice intrinsèque de la peine avant son utilité; la peine est une réaction mesurée par la justice, mais qui doit être utile avant tout. La justice humaine n'est pas même un démembrement de la justice absolue, et rien ne peut donner à l'homme, individu ou magistrat, le droit de frapper son semblable, abstraction faite de toute idée de défense.

Où irait-on avec une telle doctrine? Le pouvoir social exercerait dans un certain cercle la justice absolue! Qui donc lui a fait cette délégation? Il punirait au nom de Dieu! Qui pourrait assurer qu'au moment où ce pouvoir frappe le coupable, Dieu n'a pas pardonné?

Et cependant la doctrine de Rossi repose sur ce pivot, que l'homme, la société, peut commencer ici-bas la justice divine, comme si cette créature ignorante et fragile assistait de près où de loin aux conseils du Dieu clément!

Quoi que l'on fasse, on n'arrivera jamais à ce point, que le droit de faire justice puisse appartenir à un pouvoir humain. L'utilité n'est pas la seconde condition de l'action pénale, elle est la première; elle n'est pas relative au but de la peine, mais au droit même de l'infliger; elle n'est pas nécessaire pour limiter l'action de la justice pénale, mais bien pour la légitimer. Et par conséquent le droit d'infliger la peine n'est pas le droit de faire justice, mais le droit de se défendre.

Cela ressort d'ailleurs de la théorie même de Rossi. Pour édifier son système, il restreint l'objet de la justice pénale aux seuls délits sociaux; il n'attribue le droit de punir qu'au pouvoir social, qui peut seul avoir une supériorité légitime sur les individus, et il n'admet la peine comme juste qu'en cas d'insuffisance de tout autre moyen d'action. Or ces trois restrictions sont une triple contradiction du point de départ de sa doctrine.

Restreindre l'application de la peine aux délits sociaux, c'est tout d'abord proclamer le principe de l'utilité. Le délit social, selon Rossi, est celui qui porte atteinte à l'ordre, au droit, et qu'il y a non-seulement justice, mais utilité à réprimer. Or ne reconnaître de juridiction à la justice humaine que sur les délits de cette nature, c'est lui dénier le droit de faire justice en lui reconnaissant le droit de la défense. Rossi rompt en paroles avec la doctrine de Beccaria, mais il y revient en réalité ; il répudie le principe de la défense, mais non complétement, car il le cache dans le délit à punir. Que la justice humaine n'ait juridiction que sur les délits sociaux, cela est incontestable, c'est une vérité que tous les systèmes proclament, que tous les publicistes sont d'accord à reconnaître. Mais alors la peine n'est plus légitime parce qu'elle est juste en principe et utile dans son application ; sa légitimité dérive de ce fait qu'elle est utile d'abord et mesurée sur la justice.

En second lieu, Rossi n'attribue le droit de punir qu'au pouvoir social. Le pouvoir a sur les individus une supériorité légitime, dit Rossi, car il est le conservateur de l'ordre, par conséquent rationnel comme l'ordre social, comme l'association même.

Cette prétendue supériorité morale du pouvoir social n'est qu'une imagination. Rossi a bien compris que le droit de faire justice (pour éviter toute ambiguïté, nous évitons à dessein de dire le droit de punir) ne pouvait exister que de supérieur à inférieur. D'égal à égal, en effet, on ne peut parler de justice, mais seulement de défense ; aussi s'est-il attaché à établir la supériorité morale du pouvoir chargé de maintenir l'ordre dans la société. Mais cette supériorité n'existe pas, et, sans elle, la théorie de Rossi ne peut se soutenir. De ce qu'une puissance est instituée pour maintenir l'ordre, il ne suit nullement qu'elle ait le droit de punir proprement dit, attribut de Dieu seul. Une puissance nécessaire a pour mission de pourvoir aux nécessités qui l'ont fait instituer ; elle n'a pas par là un caractère de supériorité morale sur les individus. D'où le tiendrait-elle ? Si elle est légitime seulement parce qu'elle est nécessaire, sa légitimité cesse avec la nécessité. Le pouvoir social a ainsi le droit d'agir pour la défense de tous, mais là s'arrête son droit. La justice absolue ne lui appartient pas. Il a la puissance de fait, il peut avoir la puissance de droit, et il l'a quand il agit pour la défense commune dans les limites du juste. Mais, pour avoir le droit de faire justice, il lui faudrait une institution divine, dont la théorie de Rossi repousse le principe, et la nécessité d'être du pouvoir social ne peut en tenir lieu.

Enfin Rossi n'admet la peine comme légitime qu'en cas d'insuffisance des autres moyens de protection, tels que l'instruction, la défense, la réparation. Troisième contradiction. Si la peine n'est qu'un moyen de protection à ranger sur la même ligne que tous les autres, mais seulement plus efficace, le pouvoir social ne fait pas justice en l'appliquant : il frappe, il se défend ; il n'accomplit pas cette mission divine de punir.

Rossi n'a donc pas prouvé ce qu'il avait entrepris de démontrer. La justice humaine punit l'auteur d'un délit, si l'on entend par délit tout atteinte au droit portée méchamment, et par peine le mal qui a pour objet de prévenir une nouvelle attaque; mais elle ne le punit pas, si l'on entend par peine une satisfaction donnée à la justice absolue au moyen d'un mal matériel, et sans autre intérêt que celui de la justice.

Au reste, les critiques que nous élevons contre la doctrine de Rossi ne s'attaquent point aux résultats, nous le répétons. Mais ces résultats ne sont exacts que parce que Rossi dévie à propos du but qu'il s'est proposé pour se rapprocher de certaines doctrines qu'il a commencé par répudier.

IV

DES NATIONALITÉS.

Comment se forment les nationalités. — Du territoire; des races; des mœurs; du langage; de la foi religieuse. — Du droit international. — Du droit de la guerre. — De l'équilibre des forces nationales. — Que les mœurs complètent le droit.

Nous supposons la société formée par l'agrégation d'hommes que la naissance ou toute autre circonstance a réunis en un même lieu. Un pouvoir social n'a pas tardé à s'établir par l'effet du consentement commun, et l'ordre social, c'est-à-dire le droit, s'est maintenu par le fait de la volonté de chacun. On a ainsi la société; mais la Cité n'existe point encore. Comment se déterminera-t-elle?

Comment s'établiront les nationalités? L'humanité ne peut former tout entière une seule nation. Le droit est le même partout; mais les circonstances dans lesquelles il y a lieu à l'appliquer varient selon les lieux, les climats, et selon les besoins et le caractère des individus, ce qui explique le morcellement à l'infini de la grande société humaine. Quel sera donc le principe de cette agrégation plus complète qui forme la Cité?

Nous avons fait pressentir la réponse dès le début de ce travail. L'union de la Cité tient à la communauté des goûts, des penchants, des passions, des idées et de la foi religieuse des membres qui la composent. La sympathie, qui est le principe de la société et de toute association, n'a d'autre cause que le sentiment de l'identité de nature entre individus qui se rencontrent. Toutes les fois que cette identité n'apparaît pas, il y a guerre. La constitution de la Cité se trouvera donc déterminée par toutes les circonstances qui influent sur la sympathie que les individus éprouvent les uns vis-à-vis des autres.

La première condition de l'existence d'une nationalité repose sur la configuration du territoire. Il n'y a de société à proprement parler qu'entre individus habitant sur un même sol. Il est d'ailleurs presque impossible que les autres conditions nécessaires pour qu'une nation existe comme nation, se rencontrent là où des accidents naturels rendent les communications rares et difficiles.

La seconde condition est l'unité de la race. Des hommes d'une race différente ne pourront jamais former une même nation, et l'identité de race est une cause universelle de sympathie et par conséquent un des principes nécessaires de la société. Quand on considère combien est puissant le lien sympathique qui unit dans un même empire les habitants d'une même province, et combien est profonde quelquefois l'antipathie qu'une légère différence d'origine inspire aux habitants d'une autre partie, on ne peut imaginer un seul instant comme possible l'union d'individus de race différente dans une même cité, sous un même gouvernement.

L'histoire des dix premiers siècles de notre ère est pleine du récit des invasions. Or, là où une invasion a réussi, la fusion des conquérants et des vaincus a mis en moyenne cinq et six siècles à s'accomplir.

En troisième lieu vient la conformité des mœurs, qui comprend la communauté du langage. L'éducation, le génie particulier d'un peuple, résultat des influences climatériques et de sa position topographique, développent les goûts, les coutumes qui forment le caractère d'une nation.

Enfin la communauté de la foi religieuse est un principe de sociabilité puissant, à quelque degré de développement que soit arrivé l'esprit d'un peuple. La révocation du fameux édit de Nantes n'avait d'autre objet que de donner à l'unité nationale plus de puissance. Si l'on considère cet acte en lui-même c'est une révoltante violation du droit; mais son but politique pourrait se justifier plus facilement.

Ainsi l'union intime qui fait un peuple, une nation, tient à cette quadruple identité de l'habitation, de la race, des mœurs et de la religion. Ce n'est qu'à cette condition que les principes du droit, qui sont les mêmes en tous lieux et pour tous les hommes, mais dont les applications diffèrent selon la nature des relations et des besoins, peuvent être compris par tous ceux qui y sont soumis. Si tous les hommes étaient de même race et avaient les mêmes mœurs et les mêmes croyances, la distinction des nationalités n'existerait pas vraisemblablement, et l'humanité ne formerait qu'un peuple; mais tant qu'il y aura entre eux des différences, l'humanité se divisera par groupes. L'unité qui fait la cité n'est pas l'unité de Platon ; elle n'emporte pas le libre essor des passions ; elle n'exclut pas la diversité des aptitudes et l'inégalité des conditions; elle est le résultat de l'union d'hommes poussés les uns vers les autres par la communauté des intérêts, animés des mêmes sentiments, soumis aux mêmes besoins et par conséquent obéissant aux mêmes lois.

La formation des nationalités est le résultat d'un ordre providentiel qu'il ne dépend pas des hommes de changer. L'homme, en effet, ne dispose pas du territoire ; il ne change pas les types et il ne saurait modifier le caractère intellectuel et moral d'un peuple. La carte de l'Europe n'est pas l'œuvre de la politique ; elle s'est faite d'elle-même, et c'est d'elle-même qu'elle se modifiera dans les parties où le fait contredit la nature des choses. Partout où l'homogénéité dont nous parlons n'existe pas, il y a une lutte ouverte ou cachée, que les combinaisons de la politique ne sauraient faire cesser.

Dans l'antiquité, toutes les forces de l'Asie se ruant sur l'Europe sont venues échouer contre la résistance des petits peuples de la Grèce. Plus tard, même tentative et à peu près même insuccès : les races turque et arabe n'ont jamais pu que *camper* en Europe. Les croisades ne devaient pas réussir. L'Allemagne n'a jamais implanté d'une manière durable sa domination en Italie. Les grands empires, résultat de circonstances accidentelles, comme l'empire romain, ou produit du génie d'un homme, comme l'empire de Charlemagne ou de Napoléon, n'ont pu et ne pouvaient durer. L'esprit de conquête, qui peut faire beaucoup de mal, a au moins cela de consolant que le mal qu'il fait ne dure pas. C'est que les nationalités, répétons-le, ne se forment pas au gré de la volonté des hommes, et que si l'homme peut troubler l'ordre providentiel, il ne dépend pas de lui de le changer.

Le droit exerce son empire de nation à nation, comme d'individu à individu. Il n'existe pas moins quoiqu'il n'y ait pas de force publique pour en assurer le respet. Le droit international, c'est le droit entre individus qui n'auraient pas de supérieur pour juge des différends qui peuvent survenir entre eux. Dans les rapports internationaux, le droit peut être souvent méconnu et la force se donner plus librement carrière, mais c'est la garantie qui manque et non pas le principe.

Il ne peut entrer dans le plan de ce travail de poser les principes du droit international. Nous nous exposerions d'ailleurs à des redites, puisque les nations, dans leurs rapports entre elles, ne peuvent être considérées que comme des individus [1]. Nous ne parlerons que du fait de la guerre, qui a joué de tout temps dans le monde un si grand rôle, non de la guerre en principe, dont nous avons déjà parlé, mais de sa légitimité.

Qu'est-ce que la guerre? quand est-elle possible? quand est-elle légitime? quels moyens permet-elle de mettre en usage? Ce sont toutes questions qui, pour être résolues, obligent de remonter à l'idée du droit.

La guerre est un fait de force, et par conséquent, par elle-même, un fait sans moralité. Pour certains philosophes, c'est l'effet d'une maladie, un acte de démence [2]. Pour d'autres, c'est un fait divin, une expiation [3]. Nous pensons en avoir donné la véritable explication. La seule raison qui puisse l'expliquer et la justifier en même temps, est empruntée à l'idée du droit. La guerre est légitime quand elle a pour objet d'assurer le respect du droit entre nations, et n'est légitime qu'à cette condition; et si l'histoire fournit tant d'exemples de guerres iniques, c'est qu'entre nations comme entre individus,

[1] « On dirait qu'il y a deux justices tout différentes : l'une qui règle les affaires des particuliers, qui règne dans le droit civil; l'autre qui règle les différends qui surviennent de peuple à peuple, qui tyrannise dans le droit public : comme si le droit public n'était pas lui-même un droit civil, non pas, à la vérité d'un pays particulier, mais du monde. » MONTESQUIEU, *Lettres persanes*, lettre 94.

[2] LA BRUYÈRE, ch. XII, *Des jugements*.

[3] V. *Suprà*, p. 25.

le roi a été mal compris et que la violence injuste est de tous les temps.

La guerre est pour les nations ce qu'est la peine entre les particuliers. S'il existait au-dessus d'elles un pouvoir supérieur accepté, il agirait envers chaque nation comme les gouvernements envers chaque citoyen. Il n'y aurait pas guerre, mais punition. De même l'absence de tout gouvernement parmi les hommes ferait renaître l'état de guerre, en ce sens que chaque particulier serait de fait juge et vengeur de son droit. La guerre, c'est la peine infligée par l'offensé lui-même, au lieu de l'être par une autorité supérieure.

De ce caractère de la guerre résultent plusieurs conséquences. D'abord, le mal de la guerre, dans le cas où elle est légitime, doit être, comme le mal de la peine, utile et juste en soi : utile, c'est-à-dire mesurée sur les griefs de la nation offensée; juste, c'est-à-dire mesurée sur le droit que conserve la nation qui a rendu la guerre nécessaire. La guerre entreprise par esprit de conquête n'est qu'un brigandage; la guerre juste en principe, mais continuée après qu'elle n'est plus utile et juste, est comme la peine excessive, un mal injuste pour l'excédant.

En second lieu, le caractère de la guerre agit sur la nature des moyens qu'une nation met en usage pour attaquer ou se défendre. Tous ne sont pas licites. Le droit des gens coutumier, celui qui est reconnu par un usage constant entre nations, a proscrit certains moyens de destruction et certaines extrémités. Les guerres d'extermination sont défendues. L'usage du poison, de l'assassinat, l'emploi de certaines armes, de certains projectiles, sont interdits. La coutume n'a fait ainsi que consacrer par l'application un principe de droit et de morale supérieur à toutes les coutumes. Le mal de la guerre est en effet illégitime quand il n'est pas nécessaire, et Montesquieu a posé le véritable principe du droit de la guerre quand il a dit que les nations doivent se faire dans la guerre le moins de mal qu'il est possible, sans nuire à leurs véritables intérêts[1].

Quelques philosophes, les mêmes pour qui toute guerre est un acte de folie, considèrent le droit de la guerre comme un non sens. « Le droit de la guerre, dit Voltaire, je ne sais ce que c'est. Le code du meurtre me semble une étrange imagination. J'espère que bientôt on nous donnera la jurisprudence des voleurs de grand chemin[2]. » La plaisanterie frapperait juste si toute guerre était nécessairement un acte de rapine; mais si la guerre peut être légitime, juste, nécessaire, l'accouplement des mots droit et guerre ne saurait surprendre, et un code de la guerre n'est pas plus étrange qu'un code pénal ou une loi d'expropriation.

Enfin c'est une conséquence du caractère de la guerre que les traités qui en sont la suite n'imposent pas à la

[1] V. *Esprit des lois*, liv. X, ch. II et III.

[2] *Dialogues et Entretiens philosophiques*, t. XXXV, p. 305, édit. de 1822.

nation vaincue des conditions qui dépassent cette double limite de l'utile et du juste que nous avons rappelée. La guerre n'est en dernière analyse qu'un moyen pour une nation d'obtenir la réparation d'une injure; le but auquel elle tend, c'est la réparation même, c'est la soumission de la nation dont les actes ont porté une atteinte au droit. Or la soumission est suffisante quand la réparation est complète, et la réparation ne peut qu'être proportionnée au mal.

L'idée que nous donnons du droit de la guerre est celle que s'en sont faite les publicistes les plus recommandables. Grotius compare à un jugement la résolution de recourir à la voie des armes. On doit y apporter, dit-il, le même soin scrupuleux : *Bella ut recta sint non minori religione exercenda quam judicia exerceri solent* [1]. Ailleurs il décide que la guerre ne peut pas plus qu'un procès être juste en elle-même pour les deux parties : *Bellum utrumque justum esse non potest ut nec lis*. Les parties, en effet, peuvent être toutes deux de bonne foi; mais, comme la vérité de droit est ici ou là et ne saurait être ici et là tout à la fois, l'une des deux a tort nécessairement.

Ici se présente une question. Le principe d'union des différents Etats de l'Europe depuis la dissolution de l'empire romain, ou plutôt depuis qu'ils ont commencé à se connaître, a changé selon le progrès des idées. Au

[1] *De Jure belli ac pacis*. prol., XV.

moyen âge, au temps de la grande puissance des papes, Rome devint le centre d'une association de la plupart des Etats catholiques. Cette association était souvent troublée par des rivalités intestines et les prétentions souvent excessives de la cour de Rome; mais la communauté de religion n'était pas moins un principe d'union. Aussi le faisceau des Etats catholiques se reformait-il comme de lui-même sous la pression d'un danger commun, et retrouvait-on toutes les forces de la chrétienté quand il s'agissait de se défendre contre les infidèles ou de les attaquer.

Le grand schisme de la Réforme changea le principe de l'association. Depuis le traité de Westphalie, et surtout depuis le traité d'Utrecht, les besoins politiques et commerciaux et les intérêts des familles régnantes ont été le principe de presque toutes les alliances. La politique extérieure des Etats de l'Europe a toujours tendu depuis le XVIIe siècle au maintien de l'équilibre européen. Toute nation qui a tenté d'acquérir une puissance menaçante pour le maintien de cette équilibre, a eu à lutter contre les forces coalisées des autres Etats; souvent, pour n'avoir pas à se défendre, ces Etats coalisés ont attaqué, et c'est ainsi que les guerres des XVIIe et XVIIIe siècles ont été toutes déterminées par ce principe éminemment politique de la pondération des empires. L'attaque était-elle juste ?...

Pour être bien comprise, la question a besoin d'être généralisée. Nous la poserons ainsi : Une nation peut-elle en attaquer une autre lorsqu'elle a lieu de craindre d'être attaquée elle-même ?

Montesquieu résout la question affirmativement. « Entre les sociétés, dit-il, le droit de la défense entraîne quelquefois la nécessité d'attaquer, lorsqu'un peuple voit qu'une plus longue paix en mettrait un autre dans la nécessité de le détruire, et que l'attaque est dans ce moment le seul moyen d'empêcher cette destruction[1]. »

Nécessité est mis ici pour droit d'attaquer, et Montesquieu reconnaît, sans distinction, que le droit existe quand il paraît que la paix prolongée pourrait être dommageable.

Cette opinion est trop absolue. La déclaration de guerre motivée par la seule possibilité d'un dommage futur serait injuste; car faire la guerre, c'est punir, et l'on ne punit pas pour un désir, une pensée, encore moins pour la tentation que des circonstances éventuelles pourraient donner de mal faire. Une nation qui croit avoir à redouter, dans un temps plus ou moins éloigné, une agression injuste, peut négocier, préparer des alliances, demander des garanties ; mais elle ne peut attaquer, c'est-à-dire punir. La guerre, comme la peine, n'est légitime que pour réprimer une violation du droit. Une velléité criminelle chez celui que l'on attaque ne peut la justifier. Faire le mal actuellement

[1] *Esprit des lois*, liv. X, ch. II.

à autrui pour le rendre impuissant à faire lui-même du mal dans l'avenir, c'est agir contre le droit, par cela seul que c'est faire un mal qui n'est pas motivé par une atteinte au droit.

Mais la guerre est incontestablement légitime contre un Etat qui fait des préparatifs pour attaquer. Pour que la défense soit un droit, il n'est pas nécessaire quelle soit devenue impossible. Préparer une agression, c'est lui donner un commencement d'exécution, et, par conséquent, c'est légitimer l'attaque de l'État ou de l'individu que menacent ces actes préparatoires.

Il y a entre la question de droit international que nous discutons et celles que résout la théorie de la tentative, en droit pénal, une identité parfaite. La guerre est légitime contre un état qui fait des préparatifs d'agression, comme l'est la peine, contre le particulier qui fait des actes préparatoires de la perpétration d'un crime. Des considérations de différente nature peuvent, en droit pénal, déterminer le législateur à laisser des actes simplement préparatoires impunis : il peut craindre de fermer la porte au repentir, de pousser au crime en stimulant un malfaiteur pusillanime, ou d'égarer la peine peut-être sur la tête d'un innocent. D'ailleurs la police préventive de l'État peut empêcher par sa surveillance la réalisation des projets criminels préparés. Mais cela ne fait pas que les actes préparatoires d'un crime ne puisse être légitimement punis ; c'est l'utilité, ce sont les moyens qui manquent, et non le droit, et quand il y a entre nations utilité et possibilité de punir par la guerre, le droit ne peut être douteux.

Il est facile maintenant de voir si le système d'équilibre sous lequel vivent les États de l'Europe, et par lequel se détermine l'état de paix ou de guerre, est conforme au droit. Si un agrandissement de territoire une augmentation de puissance peuvent être une préparation à un accroissement de puissance plus grande encore, il est évident que tous les Etats qui ont intérêt à le prévenir pour n'être pas mis plus tard dans la nécessité de se défendre, peuvent s'unir pour attaquer eux-mêmes.

Nous terminerons ici l'exposé de ces idées sur le droit. Mais il ne faut pas oublier qu'au-dessus de l'ordre social, qui se maintient par la force, il y a les mœurs sur lesquelles la force n'a pas d'action. Les nations obéissent à des lois écrites, mais leurs destinées ne sont pas renfermées dans des textes. C'est une étrange erreur d'étendre le domaine de la loi au delà de ses limites naturelles ; c'est commettre au législateur une œuvre qui ne saurait jamais être la sienne, et qu'il ne peut même accomplir utilement. Toucher à la liberté de l'individu, c'est se défier de Dieu ; c'est entreprendre de corriger son ouvrage ; c'est élever un édifice de fantaisie, humain, sur un plan divin, éternel.

La politique, cette science si mal définie, si mal comprise, ne peut être autre chose que la science du droit. Machiavel, Bossuet, Fénelon, La Bruyère et mille autres avant et après eux ont tracé, chacun à son point de vue, le portrait idéal du prince souverain. Ils ont cru à l'existence d'une science ou plutôt d'un art tendant à utiliser les passions humaines et à les diriger vers un but préconçu. Science vaine, art méprisable que celui de gouverner les hommes en composant avec leurs passions! Un temps viendra où l'art de la politique, c'est-à-dire l'art de feindre appliqué au gouvernement des choses humaines, sera flétri comme toutes les faussetés intéressées; mais alors on aura reconnu que la puissance publique peut agir seulement pour assurer le respect du droit, et que le reste ne lui appartient pas [1].

Que les gouvernements donc renoncent à cette vaine entreprise de conduire l'humanité, qui se conduirait

[1] *Figaro.* — Feindre d'ignorer ce qu'on sait, de savoir tout ce qu'on ignore, d'entendre ce qu'on ne comprend pas, de ne point ouïr ce qu'on entend, surtout de pouvoir au delà de ses forces; avoir souvent pour grand secret de cacher qu'il n'y en a point; s'enfermer pour tailler des plumes, et paraître profond quand on n'est, comme on dit, que vide et creux; jouer bien ou mal un personnage; répandre des espions et pensionner des traîtres; amollir des cachets; intercepter des lettres, et tâcher d'ennoblir la pauvreté des moyens par l'importance des objets, voilà toute la politique, ou je meurs.

Le comte. — Eh! c'est l'intrigue que tu définis.

Figaro. — La politique, l'intrigue, volontiers; mais comme je les crois un peu germaines, en fasse qui voudra (*Mariage de Figaro*, acte II, sc. 5).

beaucoup mieux elle-même, et qu'en définitive ils ne conduisent pas. Ce leur sera encore une tâche assez lourde de formuler le droit et d'en assurer l'exécution au milieu des complications que peut faire naître un état de civilisation avancée, sans prétendre à exercer sur les sociétés humaines une action arbitraire toujours, et qui ne peut qu'entraver leur marche.

APPENDICE

En 1854, s'il m'en souvient bien, une controverse s'éleva dans la presse quotidienne sur le caractère philosophique du droit. J'étais dès lors très-occupé de la composition de ce volume. Je crus bon d'intervenir dans cette polémique, et je publiai dans le journal *la Presse*, deux articles sous forme de lettres à son rédacdacteur en chef, qui avait pris mes idées à partie. Je reproduis ici ce qui, dans ces deux lettres, peut avoir conservé quelqu'intérêt. Le lecteur y trouvera sous une forme réduite les idées fondamentales de mon ouvrage.

I

A M. DE GIRARDIN.

J'ai suivi avec attention la discussion polémique que vous avez engagée avec le rédacteur en chef de *la Gazette de France*, et ce n'est pas sans une certaine frayeur, je vous l'avouerai, que je vous ai vu arriver à poser les termes du plus formidable problème qu'ait à résoudre la raison humaine.

Qu'est-ce que le droit, en effet, dans son essence, dans son principe, dans l'acception la plus haute, la plus générale, la plus absolue du mot? C'est la question qui se présente incessamment à l'esprit du philosophe et de l'homme d'État, non pas toujours avec la précision des questions purement pratiques, mais avec ce vague qui augmente d'autant le sentiment indistinct que l'esprit conçoit de l'importance de toutes les questions fondamentales en toutes matières, et principalement dans celles où la nature sociable de l'homme est intéressée.

Je dis que la question que vous avez posée est fondamentale, et je pourrais ajouter, sans crainte d'être contredit, que c'est la seule question dont aurait à s'occuper l'homme d'État vraiment pénétré de sa mission. La loi, que les pouvoirs publics, quels qu'ils soient, formulent, maintiennent et font exécuter, peut-elle avoir un autre objet que d'assurer à l'homme le respect de son droit? N'est-elle pas accomplie quand l'ordre, c'est-à-dire la liberté pour tous, qu'il ne faut pas confondre avec le silence que la crainte fait quelquefois observer dans les rues, quand l'ordre, dis-je, règne dans l'État? Peut-on demander aux pouvoirs publics plus ou moins que la justice? Leur action ne devient-elle pas obligatoire dès que le droit est violé, et ne cesse-t-elle pas dès qu'il est satisfait? A toutes ces questions chacun a répondu à l'avance, et l'on reconnaîtra sans difficulté que la loi que le pouvoir public formule ne peut demeurer en deçà du droit sans qu'il y ait anarchie, et que, en sens inverse, le despotisme commence dès qu'elle va au delà.

Que l'on examine les réclamations des sectes, des partis, des individus, de toutes les minorités, en un mot, et l'on trouvera que le seul objet avoué de ces réclamations est un droit méconnu. Elles n'imagineraient pas de demander plus ou moins. Elles peuvent dissimuler ou tromper sans doute, mais l'erreur doit n'être pour rien comptée; et le mensonge, quand elles l'emploient, est un hommage éclatant, quoique indirect, qu'elles rendent au droit éternel.

Telle est la puissance du droit, que l'injustice elle-même, publique ou privée, se cache sous son enseigne, pour produire ses prétentions. Un peuple n'est jamais descendu à un état de dégradation assez profond pour en perdre complétement le sentiment et en oublier jusqu'au nom. On cherchera à en fausser l'idée, on mentira, mais on n'en anéantira jamais la conscience; et les malheureux qui insultent au droit en feignant de n'y voir qu'un mot, sont assurément encore plus abjects qu'ignorants.

. . . .

Qu'est-ce donc que la justice, cette règle éternelle des actions de l'homme en société? Qu'est-ce que le droit?

Le mot a plusieurs significations. Je suis obligé d'entrer ici dans des distinctions d'école, au moins étranges à l'endroit où paraîtra cette lettre; mais la nécessité d'être clair m'y contraint. Le mot *droit* désigne d'abord un ensemble de préceptes, de commandements qui ont pour sanction nécessaire la force, et dans certains cas la peine. En ce sens, on dit : le *droit français*, le *droit anglais*, pour désigner l'ensemble des lois françaises ou anglaises.

En un autre sens, le droit est une faculté. Quand j'use du droit d'aller, de venir, d'imprimer, de m'approprier les objets vacants, ou de tout autre droit, j'use d'un droit que je tiens de ma nature, et j'use d'une faculté légale, si ce droit m'est garanti par une loi de mon pays.

Or c'est dans cette dernière acception que le droit doit s'entendre quand on pose cette question : Qu'est-ce que le droit? Le droit, dans son sens absolu, c'est le droit individuel, ou bien le droit n'existe pas.

Je ne voudrais pas diffamer les juristes, mes collègues, mais combien en est-il qui distinguent le droit de la loi, et qui voient quelque chose au-delà du fait législatif? et cependant il s'en faut que la loi soit toujours juste. Il est des lois injustes, comme celle à laquelle Mirabeau jurait de n'obéir jamais, tout législateur qu'il était; et cette locution, *loi injuste*, qui est dans toutes les langues, dans tous les idiomes, renfermerait une contradiction, si la loi pouvait être arbitraire et n'avait un archétype dans cette règle dont j'entreprends de chercher la formule.

C'est maintenant que commencent les divergences. Pour Spinosa, le droit c'est la force; toutes les créatures, sans excepter l'homme, font licitement tout ce qu'elles peuvent faire. Cette philosophie du droit du plus fort est une pièce d'un système qui ne pourrait être exposé ici; elle soulève, d'ailleurs, trop profondément la conscience pour avoir besoin d'une réfutation.

Pour Hobbes et Bentham, le droit c'est l'intérêt. Mais qui oserait encore avouer cette doctrine sans l'expliquer, la corriger, et, pour parler plus exactement, sans la dénaturer? La morale de l'intérêt est réprouvée par la conscience au même titre que celle qui proclame la légitimité de toutes les forces; elle n'en est qu'une variété.

Pour Grotius, le droit est la faculté de faire tout ce qui n'aurait pas pour résultat de rendre impossible l'état social. Mais où est la base d'une telle doctrine, et comment peut-on subordonner à la société, qui n'est pour l'homme qu'un moyen d'arriver à sa fin, la fin même de l'homme, c'est-à-dire la pratique de la loi morale dont les préceptes sont écrits dans sa conscience?

Kant a plus approché de la vérité quand il a posé cette règle du droit: Agis de telle sorte que le libre usage de ta volonté puisse concorder avec la liberté de tous. Mais ici encore quelque chose laisse à désirer, car le précepte de Kant n'est, après tout, qu'un précepte; et il n'en donne pas le fondement.

Je pourrais parler encore du principe de Krause, qui est celui des docteurs du socialisme, bien qu'ignoré de la plupart d'entre eux. Selon Krause, l'homme a droit à tout ce qui lui est nécessaire pour l'accomplissement de sa destinée, et peut l'exiger de ses semblables. Pour juger cette doctrine, il suffit de faire remarquer qu'elle livre l'homme à l'homme. Or chacun ne peut pas être ainsi instrument et sujet.

Mais si toutes ces doctrines sont fausses ou incomplètes, que sera le droit? Nous le définirons, quant à nous, d'une manière bien simple; nous dirons : C'est la faculté pour chacun de faire ce que le devoir prescrit.

Nul assurément ne contestera ce principe. Qui oserait nier le droit chez l'homme de faire ce que sa conscience lui demande? Qui pourrait, d'un autre côté, lui accorder une faculté plus étendue à l'encontre de ses semblables? Et comment concevrait-on qu'il pût désirer légitimement plus qu'accomplir la loi du devoir, ou qu'il dût consentir à faire moins? Si j'ai le droit de m'approprier les objets vacants nécessaires à mon existence, c'est que je dois vivre pour faire le bien; si j'ai le droit de parler, d'écrire et d'imprimer, c'est que mon devoir est de dire haut ce que je sais être la vérité. On ne trouvera pas un droit véritable qui n'ait un devoir pour principe. Que si maintenant on demande où est le principe du devoir, je répondrai : dans la conscience de l'individu ; et voilà en quel sens j'ai dit, en commençant, que votre définition du droit était vraie, mais trop large.

On réclamera contre cette royauté de la raison ; mais on n'aura pas fait un grand pas quand on y aura substitué la raison de Dieu ; car qui peut connaître la raison de Dieu, sinon la raison de l'homme? On revient au point de départ après un détour, et la question demeure toujours entière.

Je me trouve conduit à faire une remarque sur une doctrine dont vous vous êtes constitué l'apôtre. Vous soutenez avec une persistance infatigable que la liberté est illimitée de sa nature ; que le pouvoir public, en la restreignant, va contre le but qu'il se propose ; qu'il fait mal, disons le mot, qu'il est injuste. Je ne puis souscrire à une telle doctrine. Qu'est-ce que la liberté, sinon le droit? La synonymie est parfaite. Or, de même que le droit de tout faire ne serait plus le droit en principe, et, en fait, enfanterait le chaos ; de même aussi la liberté illimitée serait l'anéantissement de la liberté, car les libertés de tous étant égales, elles doivent être chacune limitées, ou elles s'entre-détruiront.

Je tirerai de ma définition du droit une autre conséquence : c'est que le pouvoir public, dans l'exercice de tout acte injuste (je ne dis pas seulement illégal), excède sa mission et devient le justiciable de tout individu dans l'État. Le pouvoir attente à ma liberté, à mon droit : quelle sera mon devoir, quel sera mon droit? Recourir à l'insurrection! Ce serait trop; l'insurrection n'est jamais légitime. Résister légalement? Ce ne serait pas assez; car la loi peut être injuste, et une loi injuste ne m'oblige pas. Mon droit sera de résister juridiquement, c'est-à-dire de faire respecter en ma personne le droit tel qu'il m'apparaît, affirmé par ma raison. En dehors de cela, je ne connais plus ni droit, ni devoir, ni raison, ni rien de ce qui régit l'humanité, à son insu, je le veux bien; je ne vois plus que le despotisme ou l'anarchie, qui n'est qu'un despotisme à mille têtes; je ne vois plus que le chaos.

. . . .

Voilà, Monsieur, quelques idées que je crois devoir vous communiquer. Faites de ma lettre l'usage qu'il vous plaira. Je n'ai voulu que préciser les termes d'un problème qui, bien compris, ferait cesser bien des malentendus.

II

A l'annonce de la prochaine reproduction des articles que vous avez consacrés à l'examen de la question du *droit*, j'ai dû me rappeler que j'avais été mêlé à cette polémique, et en songeant qu'une nouvelle publication allait donner une vie nouvelle à vos critiques restées sans réponse, quoiqu'elles n'eussent en aucune manière ébranlé mes convictions, j'ai pensé que l'intérêt de la vérité me commandait de revenir sur certaines propositions mal comprises, sans doute parce qu'elles étaient mal formulées, comme aussi de repousser les attaques que les autres ne méritaient pas. Je n'ai pas la prétention de vous ramener en arrière sur le chemin que vous avez jonché de vos négations : la discussion éclaire ceux qui doivent la juger, jamais ceux qui s'y mêlent. Quand je me présentais presque en auxiliaire, j'ai été accueilli presque en ennemi. Je venais déjà trop tard signaler les changements qu'il convenait, selon moi, d'apporter à votre œuvre; votre siége était fait. Mais la vérité a des exigences plus impérieuses, et comme, en définitive, ni vous ni moi n'écrivons pour nous-mêmes, c'est à vos lecteurs qu'il appartiendra de prononcer sur le différend, en faisant leur profit des enseignements qui pourront résulter de ces débats.

La communication que vous m'avez fait l'honneur d'accueillir dans votre journal n'avait, en dernière analyse, qu'un objet, donner une définition du droit. A l'encontre de l'école théocratique, qui ne reconnaît pas le droit, quoi qu'on en dise (car c'est le méconnaître que de n'en faire, comme les plus osés, qu'une abstraction), je disais que le droit se distinguait de la morale, bien qu'il eût là son principe, et qu'il avait nécessairement une sanction, la force toujours, la peine quelquefois. L'idée du droit, dans la doctrine que j'exposais, n'était pas une idée primordiale. Mais comme il me paraissait hors de toute contestation possible que l'homme pût demander à son semblable plus que la liberté d'accomplir sa loi, son devoir, ni qu'il lui fût loisible de renoncer à la pratique de la loi morale, je plaçais le principe du droit dans le devoir, et je le définissais la faculté d'agir selon les prescriptions que le devoir impose. Quoi de plus conforme à la raison? Ne puis-je pas licitement repousser l'agression de l'homme qui menace mon existence, défendre le champ qui me nourrit, me redresser contre l'outrage qui tend à me déshonorer, et enseigner ce que je sais être la vérité? La raison, le sens commun ont dit, de tout temps, que je le puis et que je le dois; et, en sens inverse, ils condamnent l'acte par lequel, en dehors de ces cas, je porterais la main sur mon semblable. Or, si je puis et si je dois rester libre pour faire le bien et défendre ma liberté dans cette limite, naturellement j'ai des droits, dont le principe est dans la loi morale que je suis tenu d'accomplir.

Les idées du droit et du devoir sont si bien corrélatives dans le sens que je dis et non dans celui ou elles sont communément entendues, que l'on ne peut errer sur l'une sans errer sur l'autre, et que, qui en nie une, doit les nier toutes les deux. Voyez l'école théocratique; elle nie le droit, mais elle nie aussi le devoir. La même autorité, placée au-dessus de l'homme, impose les devoirs et dispense les droits, et les proportions sont conservées. Vous vous montrez tout aussi conséquent, Monsieur, et cette question que vous faites dans l'article que j'ai en vue : Qu'est-ce que la conscience? est empreinte d'autant de logique que de naïveté.

Voilà donc où vous en êtes venu, à nier le devoir, la conscience et la raison! Si vous étiez dans la vérité, j'avoue que je ne me sentirais pas la force de réclamer pour le droit; mais la vérité vous échappe en dépit de vous-même. Vous demandez ce qu'est la conscience, et si l'on doit appeler de ce nom ce qui autorise l'emploi de la ruse et de la violence, absout les excès du fanatisme et justifie la lâcheté qui applaudit à tous les succès et maudit après toutes les défaites : je n'ai point à répondre, car, pour ignorer ce qu'est la conscience, vous dites trop bien ce qu'elle n'est pas. D'ailleurs, la diversité des sentiments dans l'appréciation des actes moraux ne saurait rien prouver contre l'autorité de la conscience et de la raison. Ma conscience ne peut m'être suspecte parce qu'il est des malheureux qui n'en ont pas : autant vaudrait nier la lumière par la raison que les aveugles n'y ont jamais ouvert les yeux. La vérité, grâce à Dieu, n'est pas à la merci d'un imposteur ou d'un fou. Qu'il se trompe ou mente à sa conscience, cela n'anéantit pas la mienne. Montaigne et Charron tiraient avantage, au profit de leur scepticisme, de la diversité des opinions et des croyances; mais, plus conséquents, ils ne substituaient pas le raisonnement à la conscience et à la raison.

N'opposez donc pas à la conscience de l'individu la

conscience d'autrui. Etes-vous assuré seulement que telle opinion qui contredit la vôtre est bien réelle et non feinte? Depuis quand une vérité ne peut-elle être reconnue comme vérité qu'à la condition d'avoir pour elle l'assentiment de tous les hommes de tous les temps? Il est des philosophes qui, comme Vico, et Lamennais de nos jours, ont placé le *criterium* du vrai dans le sentiment commun; mais je n'en connais pas qui ne reconnaissent d'autre marque de la vérité que l'unanimité des sentiments. C'est cependant ce qu'il faudrait commencer par établir, si la diversité des sentiments pouvait être un argument contre la conscience, et vous ne le ferez pas, Monsieur; car si l'unanimité était nécessaire à la vérité, il est trop évident que le raisonnement que vous préconisez si haut, serait une arme inutile, supposant précisément la diversité des opinions.

Il y a, dans la doctrine dont vous ressuscitez le principe après Montaigne et Charron, un autre sophisme que je ne puis pas ne pas signaler. On se prévaut des contradictions qui éclatent d'homme à homme, plus que cela quelquefois, de peuple à peuple; on prend l'*espèce*, et, tirant un argument de la lutte des idées entre les individus qui la composent, on conclut à l'impossibilité d'arriver à la connaissance de la vérité.

Mais que peuvent prouver ces contradictions vis-à-vis de l'individu qui affirme, s'interroge, s'examine? L'espèce humaine, en tant qu'espèce, est condamnée à d'insolubles contradictions! Soit, la vérité n'existera pas pour elle; mais cela ne fait pas que l'individu, comme individu, soit dans l'impossibilité de jamais la connaître. Pour attaquer le droit, le devoir, la conscience, la raison, la vérité, enfin, sous toutes ses formes et sous tous ses noms, il fallait signaler ces contradictions, non pas entre la raison de tel ou tel homme, mais dans la raison de l'individu lui-même; il fallait dire et prouver, comme Kant a cru le faire, que la raison de l'homme prise en elle-même, se contredit inévitablement, et que tous les raisonnements renferment une inextricable antinomie. Je vous signale votre auteur, le philosophe qui a défendu le scepticisme avec une force inconnue jusqu'à lui; mais vous comprendrez que je ne m'y arrête pas, n'ayant ni le goût ni la volonté de faire un traité à l'occasion de l'examen de la question du droit.

D'ailleurs, votre pensée ne va pas aussi loin peut-être; en substituant le raisonnement à toutes les définitions qu'on a tenté de donner du droit, vous exagérez même la raison bien plutôt que vous ne la condamnez. Vous dites : « Raisonner est le droit; » mais en quel sens faut-il prendre une telle proposition? Voulez-vous dire que raisonner est *un* droit? Je répondrai que c'est un droit incontestable, comme celui d'aller, de venir, d'enseigner, de s'approprier les objets vacants, etc., et sur ce point il n'y aura jamais de difficulté. Voulez-vous dire que raisonner est tout le droit, de telle sorte que l'individu attaqué d'une manière quelconque ait épuisé tout son droit quand il a achevé son raisonnement? Je ne puis partager votre sentiment ; et je m'imagine que vous-même n'y tiendriez plus beaucoup, s'il vous arrivait de faire de nuit ou à l'écart, quelqu'une de ces rencontres dans lesquelles la force physique ou l'adresse produit des effets plus décisifs que le raisonnement le plus concluant.

Ici encore vous vous recrierez, et je vous entends compléter votre système par le principe de la réciprocité. La réciprocité, pour moi, ne peut être que le talion, *oculum pro oculo, dentem pro dente*, comme dans la loi de Moïse, ou bien comme dans l'ancienne loi des Douze-Tables, *si membrum rupit meum e pacto, talio esto*. C'est le code pénal réduit à sa plus grande simplicité; mais aussi c'est l'enfance de la législation; et je vous assure que, quand six cents ans après la loi des Douze-Tables, la jurisprudence romaine brilla de cet incomparable éclat que nous admirons encore, la loi du talion était parfaitement oubliée.

Si je voulais signaler toutes les contradictions dans lesquelles vous êtes inévitablement entraîné, je grossirais indéfiniment cette lettre; je n'en prends plus qu'une qui me fournira l'occasion de revenir brièvement sur un point que vous contestez dans ma discussion. J'ai dit que le droit a la force pour sanction, et la peine dans certains cas. Vous répondez que le droit qui a besoin de la force porte un nom qui n'est pas le sien. Comment l'appellerez-vous, alors? car, pour moi, il m'est impossible de comprendre comment mon droit sans sanction serait un droit, et comment la sanction envers celui qui le méconnaît pourrait être autre que la contrainte exercée par moi ou en mon nom. Est-ce que le propriétaire qui a été injustement dépouillé et que la justice réintègre dans sa propriété, n'use pas de son droit quand il fait exécuter son arrêt? Loin de cesser d'user de son droit, c'est à ce moment même qu'il l'exerce. Votre erreur, ici comme ailleurs, tient à ce que vous ne vous placez qu'à un point de vue particulier. La contrainte brutale, la force inintelligente vous répugne, je le comprends, et cela vous honore; mais si la force sans le droit n'est qu'un fait, ne prouvant rien, si ce n'est qu'elle est la force, ce qu'on ne conteste pas, veuillez aussi remarquer que le droit sans la force, c'est-à-dire sans la faculté de contraindre (car la force effective peut manquer sans que le droit cesse d'être), n'est plus rien qu'une abstraction, un sentiment, le sentiment que j'ai de l'injustice dont je suis victime.

Ainsi la force ne fait pas le droit; mais le droit qui ne pourrait s'exercer qu'avec la volonté de celui qui y résiste, ne saurait se comprendre, ne serait plus le droit.

C'est parce que la faculté de recourir à la force se rattache ainsi au droit, que j'ai déduit de l'idée du droit que je présentais, la résistance juridique contre tout pouvoir public qui va contre sa mission et devient oppresseur. Admettez hypothétiquement ma définition, et la résistance dont je parle est plus qu'une conséquence, c'est un corollaire. Tous ceux qui ont étudié ces matières songeront aux grandes controverses du XVIe siècle, dont les derniers échos retentissent dans les écrits de Bossuet et Jurieu. De quoi s'agit-il alors? de déterminer les limites dans lesquelles peut s'exercer l'autorité souveraine, et de préciser les cas dans lesquels on peut lui résister. C'était le procès de l'absolutisme et du droit. Or je dis que tout acte de l'autorité contraire à mon droit, c'est-à-dire à l'obligation où je suis d'obéir aux inspirations vraies de ma conscience, rend ma résistance légitime, et c'est ce que j'appelle résister juridiquement.

C'est ce droit, aussi sacré que tous les autres, que vous compromettez, Monsieur, en n'admettant que le raisonnement, c'est-à-dire la raison sans frein. Voyez avec quel avantage vos contradicteurs relèvent le principe d'autorité; ils ne le renferment pas seulement dans la sphère religieuse, son domaine légitime, à la condition qu'il n'en sorte pas; ils le placent partout, et même dans nos pauvres sociétés politiques, où la force a besoin d'un si grand contre-poids pour ne pas devenir oppressive. Mais qu'est-ce, en définitive, que l'autorité ainsi entendue? Quoi donc peut légitimer son action? Où un pouvoir purement temporel peut-il puiser son droit contre le droit? Il serait temps d'en finir avec tous ces sophismes, qui seront trop effacés peut-être par d'autres sophismes de demain. Puisque j'en suis à donner des définitions, je veux donner celle du principe d'autorité ; la voici : c'est la prétention de faire du mal impunément.

Je voudrais n'avoir pas à répondre sur une explication grammaticale que vous demandez. Je distingue la résistance juridique de la résistance légale comme je distingue le droit de la loi. Quand le pouvoir a pour soi la loi mais non le droit, et qu'il le viole à mon égard, je résiste juridiquement avec le droit, et quand il méconnaît à la fois et le droit et la loi, ma résistance est à la fois juridique et légale.

Que devient maintenant votre proposition : « Raisonner est tout le droit ? » Quoi ! raisonner est le droit, et vous avez banni la conscience et la raison ! Pour être conséquent, il vous faut rejeter toutes ces fausses mesures des actions humaines, comme vous les appelez. Mais croyez-vous qu'on puisse faire un raisonnement sans employer des raisons ? Vous contredisez positivement le premier aphorisme du plus humble de nos arts domestiques, que la gravité de la discussion ne me permettrait pas de rappeler ici. Vous admettez le composé en rejetant les éléments. Or l'homme qui doute de sa raison se dément en raisonnant. Montaigne, qu'il faut bien toujours rappeler quand on discute les doctrines négatives, ne raisonnait ni n'affirmait ; sa devise était : *Que sais-je ?* Aussi votre véritable objection contre vos contradicteurs qui affirment, n'est-elle que sous-entendue. Vous ne répudiez pas la raison, quoi que vous disiez; mais ce que vous pensez, sans le dire, ce qu'implique chacune de vos phrases, le voici : c'est qu'il n'y a pas de principes absolus, d'idées générales, d'unité synthétique à laquelle on puisse ramener la vérité apparaissant sous des formes si variées. Et c'est une erreur; car nous ne saurions raisonner sans abstraire, et toute abstraction a pour objet de dégager une vérité première. Mais ce ne peut être ici le lieu de discuter une telle question; j'aime mieux vous renvoyer à Platon, et peut-être en reviendrez-vous avec d'autres sentiments sur le devoir et la raison.

Je finis cette trop longue lettre, Monsieur; mais je m'aperçois que j'ai omis plus de choses que je n'en ai dit. Les objections se pressent sous ma plume, et je dois m'arrêter. Pourquoi faut-il que j'aie à défendre le droit contre le champion de la liberté, qui est le droit ou n'est rien. Tel est le résultat de la négation quand on s'en sert jusqu'à l'élever à la hauteur d'une méthode; on se contredit soi-même d'abord, et bientôt on ne s'entendra plus. Mais le mal le plus grand des doctrines négatives est dans le découragement qu'elles jettent dans les cœurs, dans l'absolution qu'elles donnent à toutes les lâchetés. Vos négations de la conscience et du devoir vont mettre à l'aise bien des gens qui étouffaient sous leurs masques; était-ce à vous à leur fournir un tel secours? La conscience, le droit, le devoir, ne seraient que des mots! Je consentirais à ignorer ce qu'ils sont, à les chercher toujours; mais s'ils n'étaient pas, je me rattacherais encore à leur apparence, au moins comme la plus consolante des chimères.

FIN.

TABLE

III

DE LA GARANTIE DU DROIT.

FIN DE LA TABLE.

Saint-Denis. — Typographie de A. Moulin.

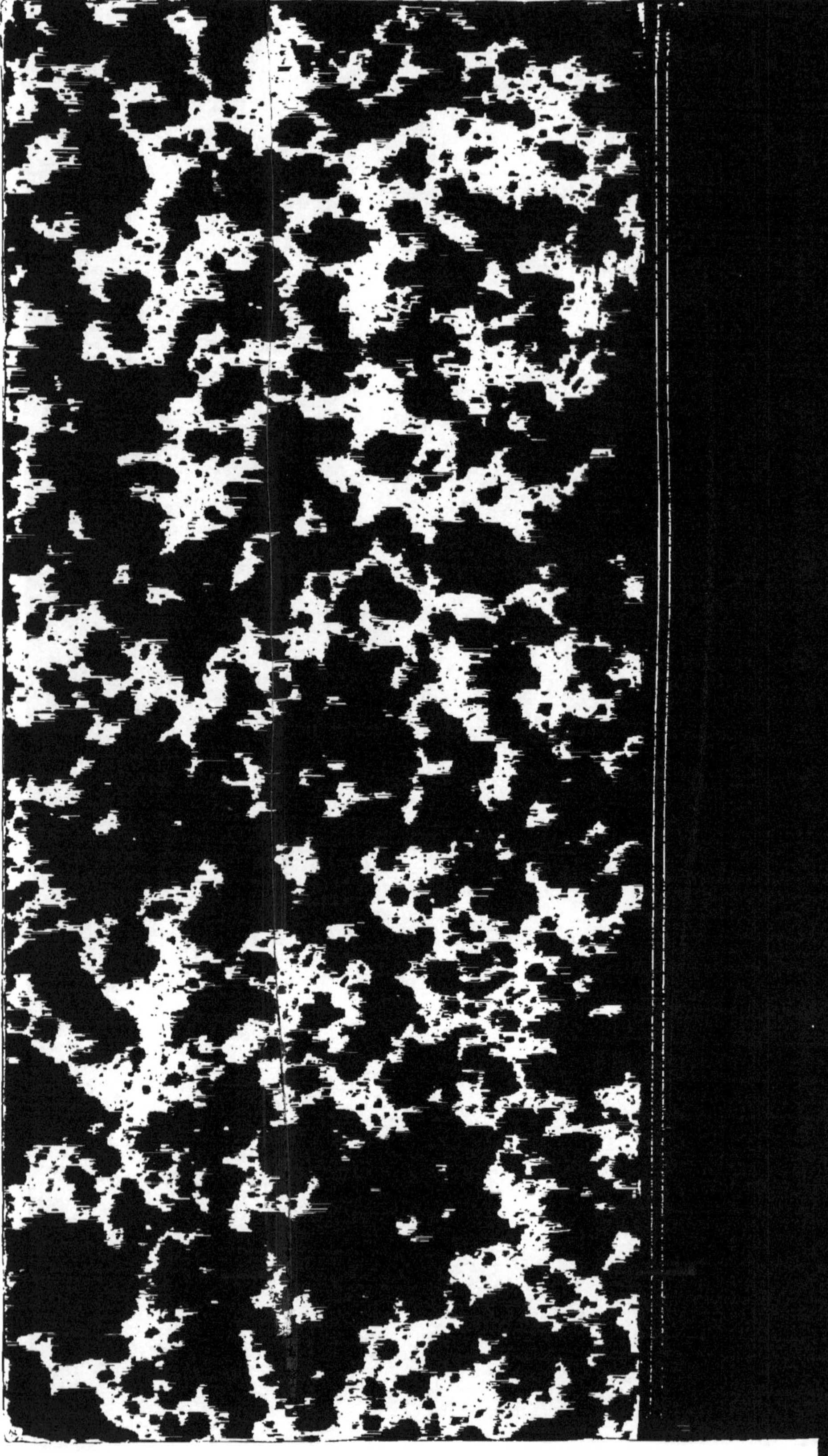

www.ingramcontent.com/pod-product-compliance
Ingram Content Group UK Ltd.
Pitfield, Milton Keynes, MK11 3LW, UK
UKHW020320200726
13857UKWH00001B/237